La nueva música clásica

La nueva música clásica

JOSÉ AGUSTÍN

PRÓLOGO DE
ALBERTO
BLANCO

CODA DE
JOSÉ
AGUSTÍN
RAMÍREZ

1968 / 1985

Grijalbo

La nueva música clásica
1968 / 1985

Primera edición: junio, 2024

D. R. © 1968-1985, José Agustín
D. R. © Margarita Bermúdez Garza Ramos, por la titularidad de los derechos patrimoniales del autor

D. R. © 2024, derechos de edición mundiales en lengua castellana:
Penguin Random House Grupo Editorial, S. A. de C. V.
Blvd. Miguel de Cervantes Saavedra núm. 301, 1er piso,
colonia Granada, alcaldía Miguel Hidalgo, C. P. 11520,
Ciudad de México

penguinlibros.com

D. R. © 2023, Alberto Blanco, por el prólogo
D. R. © 2023, José Agustín Ramírez, por la coda

ISBN: 978-607-383-043-0

Impreso en México – *Printed in Mexico*

Nota editorial

La primera versión de este ensayo se publicó en mayo de 1968
—es quizá el primer libro sobre rock escrito en México—. Ahí,
José Agustín vertió sus reflexiones sobre la dimensión artística
del rock, sus inclinaciones musicales (ofrece al final un exquisito
catálogo mínimo) y algunas consideraciones sobre el contexto
cultural y el espíritu de esa década prodigiosa. Luego, en 1985,
escribió una segunda versión que, más allá de continuar el trabajo
de la primera, reconsidera muchas de sus posturas y suma nuevos
puntos de vista, amén de diversos descubrimientos, para comprender la asombrosa transformación que experimentó la música
durante esas tres décadas.

Recuperadas íntegramente y revisadas para esta edición, estas
dos versiones del texto se enriquecen con un prólogo del poeta
Alberto Blanco y una *coda* escrita por José Agustín Ramírez, hijo
del autor, que continúa el camino trazado por José Agustín hasta
la década presente.

Índice

Coda
Por José Agustín Ramírez

Prólogo

José Agustín y la nueva música clásica

Alberto Blanco

Se están cumpliendo 55 años de la aparición de *La nueva música clásica*, un modesto libro —menos de 80 páginas impresas por el Injuve en los Cuadernos de la Juventud, que dirigía entonces René Avilés Fabila— de José Agustín. Aunque 16 años más tarde —en 1985— publicó una nueva, repensada, refinada y amplificada versión de este libro, la primera edición sigue siendo un tesoro para todos los amantes del rock en México, por más que el propio José Agustín en un arranque de muy severa autocrítica haya confesado en *El rock de la cárcel*, su libro de memorias de 1985, que esa primera versión le parecía más que insatisfactoria:

> Como *Abolición de la propiedad* no me bastó, escribí la primera, excesivamente tierna, versión de mi libro sobre rock *La nueva música clásica*. [...] El libro, por una serie de razones [que José Agustín no hace explícitas], me salió de la patada, y sólo sirvió para dar un panorama global y relativamente confiable, para enfatizar que el rock no era ni moda transitoria ni penetración-imperialista-chico; su única virtud consistió en presentar la idea de que el rock es una nueva música clásica, como también lo es el jazz; ambos constituyen auténticas

formas artísticas y abarcan lo mismo el estrato popular, accesible, y el más culto y elaborado.

Más allá del discutible calificativo de "tierna" y de discrepar de la aseveración de que la obra le salió de la patada, lo que me interesa aquí rescatar es su declaración de que el libro "sólo sirvió" (como si en esos momentos —mayo del 68— esto fuera poca cosa) para dar un panorama global y confiable del rock (sin el "relativamente"), y para enfatizar que no se trataba de una moda transitoria, sino de una forma de arte.

Nadie, que yo sepa, se había ocupado en la literatura mexicana del rock en esa época, y mucho menos se había atrevido a ir tan lejos como José Agustín al calificar al rock como una nueva música clásica. Ninguno de sus contemporáneos hizo cosa semejante. Y tuvieron que pasar todavía algunos años —hasta el advenimiento de mi generación— para que el rock fuera visto como un potente vehículo para hacer arte. Muchos sentimos en aquellos momentos que se gestaba algo muy grande: una serie de músicos geniales estaba transfigurando un género de música popular en un vehículo de alto poder... pero en México, sólo José Agustín lo vio y lo dejó escrito con increíble claridad. Un adelantado.

Ha pasado ya más de medio siglo desde que se publicó *La nueva música clásica*, y no deja de sorprendernos la grata frescura que se desprende de sus páginas. Una visión al alcance de todos los adolescentes de aquellos tiempos y, tal vez, de estos tiempos también, por más que el rock, como género musical, sea considerado por muchos como polvo de la historia y no una realidad vibrante y vigente. Para mí, como para tantos otros chavos en 1968, *La nueva música clásica* se convirtió de inmediato en un mapa y una guía. No sólo desfilaban por sus divertidas páginas todos mis grupos favoritos, sino que allí se hablaba por primera vez en México de grupos que nadie —o casi nadie— conocía entonces.

¿Cuántos amantes del rock en México habían escuchado los discos del Captain Beefheart en 1968, cuando su valedor, Frank Zappa, apenas si aparecía en el radar de unos cuantos conocedores? ¿Quién había oído hablar entonces de The Fugs, la banda de los poetas Ed Sanders y Tuli Kupferberg, o de The Nice, la primera gran banda de Keith Emerson, anterior al muy famoso Emerson, Lake & Palmer? Y no se diga bandas mucho más raras y subterráneas como Rotary Connection, The Peanut Butter Conspiracy y Ultimate Spinach, o como el insigne H. P. Lovecraft, cuyo conocimiento y disfrute le debo a José Agustín.

Gratísimo me resultó leer en *La nueva música clásica* que su precoz autor consideraba *Shine On Brightly* y *A Salty Dog*, de Procol Harum, la cima del rock de aquellos años. Yo todavía sigo creyendo que los tres primeros discos de Procol Harum —el epónimo *Procol Harum*, de 1967; *Shine On Brightly*, de 1968, y, sobre todo, *A Salty Dog*, de 1969— deben ser considerados como parte de la cadena de los Himalayas del rock, entendido éste como un vehículo para hacer arte. El hecho de coincidir en esta apreciación con José Agustín desde un principio cimentó en buena medida nuestra amistad. En su libro ilustrado *Los grandes discos de rock, 1951-1975*, confiesa: "Si trato de ir hasta el fondo, pero de veras hasta el fondo (hasta el fondo) de mí mismo, debo reconocer (yo, Édgar Arturo Kerouac) que mi grupo favorito de todos los tiempos es Procol Harum. Me pega durísimo".

El concierto que dio Procol Harum en 1975 en el viejo Auditorio Nacional de la Ciudad de México fue el primero que pude escuchar como Dios manda. Mi primer concierto de rock en toda forma. ¡Y vaya que Procol estaba aún en toda forma! Casi no se podía creer... Cuando el rock, por decreto presidencial, había dejado de existir... o casi; cuando sólo unos cuantos focos de resistencia como los —más que inenarrables, *inerranables*— hoyos fonquis mantenían de alguna forma la llama encendida en las cavernas; cuando, para acabar pronto, casi no había luz… frente al negro telón de fondo, ¡Procol Harum, uno de los más altos exponentes del rock en México! Y entre la banda sedienta y hambrienta de escuchar buen rock en México, José Agustín, claro, como todo el Auditorio a reventar, en éxtasis.

Para muchos chavos en México en la segunda mitad de los años sesenta los artículos que José Agustín y Juan Tovar escribían en el suplemento cultural de *El Heraldo de México* fueron recibidos como agua en el desierto. Se trataba de notas traducidas de revistas gringas acerca del rock y los grupos entonces en boga, algunas notas sobre cine y artículos y reseñas de la autoría de estos dos escritores. Como bien recuerda el gran conocedor de rock Pedro Moreno:

> Juan Tovar, aunque después se desrocanrolizó, fue también uno de los críticos de rock más inteligentes que tuvimos. El par [José Agustín es el otro] sacó unas antologías fabulosas, donde aparecían las letras en inglés y en español, traducidas por ellos; una selección de canciones de los grupos y solistas de mayor fama; recuerdo, evidentemente, Beatles, Rolling, Dylan, Donovan, Hendrix, Janis, Incredible String Band, Leonard Cohen, Jefferson Airplane, *et al. El Heraldo del Domingo* llegaba casi en la noche a la ciudad de Monclova, donde un adolescente como yo vivía, y la verdad lo esperaba con ansia. Juan Tovar sacó una vez un artículo sensacional en dos partes llamado "El rock del reposo".

Es muy difícil imaginar hoy, bien entrado el nuevo milenio, la atmósfera que privaba en el país en ese entonces, lo cuadrado y pacato que era todo. Conseguir en esos años un buen disco de rock era toda una aventura. Aún puedo recordar perfectamente la noche en que fui por mi disco de los Young Rascals (*Groovin'*) a El Gran Disco, de Balderas; o esa otra vez en que pude conseguir el primer disco de Pink Floyd, *The Piper at the Gates of Dawn*, en Yoko; o el *Last Exit* de Traffic en Hip 70. O el hallazgo punto menos que inverosímil de discos raros, como el segundo de H. P. Lovecraft o el primer acetato de Fever Tree. Difícil también se presentaba el panorama de la radio musical en México, salvo excepciones muy notables y, por ello, dignas de todo encomio, como el legendario programa de Radio Capital, *Vibraciones*, que se transmitía de lunes a viernes de 9:30 a 11:00 de la noche. Como escribió Hugo García Michel, jefe de redacción de la extinta revista *La Mosca*:

> Gracias a *Vibraciones*, muchos conocimos a Janis Joplin and the Holding Company, a Jefferson Airplane, a Bob Dylan, a Canned Heat, a Jimi Hendrix, Doors, Pink Floyd, It's a Beautiful Day... y un largo etcétera. Incluso un grupo que en los años siguientes se haría popularísimo en México. ¿Su nombre? Creedence Clearwater Revival. Los *Cridens*.

Pero para 1968 las cosas comenzaron a cambiar en México. Para todos, en todas partes, y para mí en lo personal. Mucho tuvo que ver en todo ello, por supuesto, el movimiento del 68 que, más que causa de las transformaciones, fue la culminación de éstas. Por muchas razones —entre otras, la edad y las económicas— comencé a tener acceso directo a muchos más discos, y a más y mejores propuestas musicales. Las canciones y los álbumes eran cada vez más sofisticados. Y en poco tiempo estaba ya conspirando con un grupo de amigos para formar nuestra primera banda: La Comuna. Al igual que nosotros, muchos otros chavos hartos ya de soportar el paupérrimo panorama musical de México, decidimos comenzar desde cero y empezamos a componer y a tocar nuestra propia música con mil limitaciones. Pero esa es otra historia.

Entre las muchas cosas excepcionales que sucedieron en México en 1968 y, particularmente, en lo que toca al rock, hay que hacer énfasis en la publicación de *La nueva música clásica*. Es bien poco lo que puedo insistir en el hecho de que el libro, sin antecedentes en México, era una joya en una piara. Es inexplicable cómo le hizo Pep Coke Gin (así le decía Parménides García Saldaña) para tener, escuchar y apreciar tantos discos que para la inmensa mayoría eran inaccesibles; punto menos que mitológicos. El hecho es que en este breve volumen su autor, de tan sólo 24 años, nos ofreció un rico y minucioso mapa —no sin algunas fallas, es cierto, como sucede con todos los primeros mapas— valiosísimo para orientarnos en el complejo panorama musical del rock de fines de los años sesenta.

Cito en extenso el inicio del libro de José Agustín porque es el inicio, porque es pertinente y porque se trata del trabajo de un pionero que tenemos que reconocer sin trabas. *La nueva música clásica* por sí sola colocó al rock en México en otro nivel y permitió captar lo que estaba sucediendo en la música popular en el momento en que estaba sucediendo —un logro verdaderamente asombroso— desde una perspectiva fresca, informada, divertida e inteligente:

El título de este libro es una exageración. En realidad debió ser una nueva forma de la música clásica, o algo así, más cercano a la objetividad. Sería ridículo afirmar que el rock (aunque incorrecto, utilizaré el término por razones de comprensión) es la nueva música clásica, pero creo que ya nadie negaría que el rock se ha convertido en una búsqueda musical digna, compleja y revolucionaria. Leonard Bernstein no titubeó en catalogar "She's Leaving Home", la canción de Beatles, a la altura de los mejores *lieds* de Schubert; y Kurt von Meier, especialista en música clásica, aseguró: "La música popular", *pop music*, "es ya una forma artística. 'Satisfaction' es la canción más grande que se ha compuesto y yo exijo los discos de Rolling Stones y Beatles en mi curso de apreciación musical en la Universidad de California".

Cabe hacer notar que en 1968 alguien tan enterado como José Agustín todavía utilizaba el término 'rock' con cierta reticencia. "Naturalmente, no todo el rock es arte", asevera el autor de *Se está haciendo tarde (final en laguna)*, tal vez la novela más pasada y psicotrópica de la literatura en nuestro idioma, pero "los avances del rock experimental no tienen paralelo en la historia de la música". Y más adelante remataba de forma contundente: "El rock es ya una forma artística porque, simplemente, crea belleza".

Por lo que toca a las cada vez más complejas letras de las mejores canciones del rock, José Agustín —y como escritor es comprensible que se interesara en ellas vivamente— dice: "los Doors, Jagger y Richards, Lennon y McCartney, Frank Zappa, Lou Reed […] dan su visión del mundo a través de metáforas e imágenes que son verdadera poesía. Esta cualidad de los mejores compositores jóvenes tiene su origen en Bob Dylan". Ahora resulta evidente que desde sus inicios Dylan se había interesado en la poesía tanto como en la música, pero dudo mucho que hubiera mucha gente en México, o en cualquier otro país de habla hispana, que se diese cuenta entonces de algo que, al paso del tiempo, fue obvio aun para sus detractores: Bob Dylan era, y es, un poeta en toda forma.

El Premio Nobel de Dylan, por cuestionable que les pueda parecer a muchos, no se le dio sólo por oportunismo de la Academia o por una mera casualidad. Hay una obra. Y el hecho de haber llegado a esta revolución musical y literaria en tan poco tiempo es casi inconcebible. Precisamente de esto trata *La nueva música clásica*; este es el relato de lo que sucedió en unos cuantos años: "el largo [y sinuoso] camino de *'I want to hold your hand'* a *'I'd love to turn you on'*".

Esta nueva edición de *La nueva música clásica* nos invita a adentrarnos en los años *mirabilis* del rock. Hagámoslo con placer y con los oídos abiertos; y de paso celebremos con su lectura el ogro y el logro. Gracias al ogro y gracias por el logro. Gracias a dos bandas, José Agustín.

1968

La nueva música clásica es el primer intento serio que se realiza para crear una historia de los ritmos modernos y de sus principales exponentes; un intento valorativo para hacer notar su real importancia, su trascendencia. En menos de quince años, la nueva música iniciada por Elvis Presley, Chuck Berry, Buddy Holly, por citar algunos, ha adquirido un prestigio mundial que jamás se había visto. Y ahora los actuales intérpretes son dueños de fama increíble. Este tipo de música, que está hecho por jóvenes, indudablemente tiene la categoría de arte, aunque muchos se la regateen; existe como gran arte a pesar de los anquilosados y día a día se supera, se transforma positivamente. De la evolución que ha venido sufriendo el rock and roll (usando el término para totalizar) nos habla *La nueva música clásica*. De cómo se ha ido conformando hasta llegar a los altos niveles que ahora tiene. De cómo a los instrumentos tradicionales del conjunto moderno se le fueron añadiendo otros, clásicos o populares. De cómo aparecieron sonidos más audaces, más elaborados; matices siempre maravillosos. De cómo las letras de las canciones dejaron las boberías para cobrar un sentido poético, social, pero en todos los casos letras inteligentes, bellas, innovadoras. La breve secuencia que se inicia allá por 1955 y que llega a los Beatles, a los Rolling Stones, a los Bee Gees, a los Mothers of Invention, a Bob Dylan, es extraordinariamente enriquecedora para la música moderna en sus diferentes facetas, incluyendo lo que podríamos denominar música culta. Los Beatles, digamos, de un lp a otro corren con botas de siete leguas, obligando al escucha a seguirlos por su mágico y genial mundo de sonidos. Y en general saltan las sorpresas musicales que pasman, que le imprimen otro sentido a la vida. La importancia de este Cuaderno se magnifica cuando pensamos en que por vez primera tenemos a la mano un material de estudio abundante, inteligente y agudo que incluso recurre al análisis sociológico, aparte, claro está, del estrictamente musical. José Agustín es todo un experto en la materia, un investigador a conciencia y un estudioso de los clásicos y de los ritmos modernos. Siempre al día de lo que sucede en el mundo de la música, añade al final de su trabajo una discografía básica.

José Agustín nació en 1944. Es autor de *La tumba* y *De perfil*, dos novelas catalogadas entre lo más importante de la producción de los últimos años. Su autobiografía ha sido sumamente discutida. Multiplica sus actividades culturales, dándole preferencia a la literatura, al cine y a la música.

(Textos de la cuarta de forros original para la edición de La nueva música clásica *en los Cuadernos de la Juventud del Instituto Mexicano de la Juventud, abril-mayo de 1968.)*

La onda

El título de este libro es una exageración. En realidad debió ser una nueva forma de la música clásica, o algo así, más cercano a la objetividad. Sería ridículo afirmar que el rock (aunque incorrecto, utilizaré el término por razones de comprensión) es la nueva música clásica, pero creo que ya nadie negaría que el rock se ha convertido en una búsqueda musical digna, compleja y revolucionaria. Leonard Bernstein no titubeó en catalogar "She's Leaving Home", la canción de los Beatles, a la altura de los mejores *lieds* de Schubert; y Kurt von Meier, especialista en música clásica, aseguró: "La música popular [*pop music*] es ya una forma artística. 'Satisfaction' es la canción más grande que se ha compuesto y yo exijo los discos de Rolling Stones y Beatles en mi curso de apreciación musical en la Universidad de California". Testimonios semejantes, de gente estudiosa, existen por montones y sociólogos, siquiatras, escritores, gurús, sacerdotes, hippies, esotéricos, críticos y compositores de música clásica han formulado opiniones y elaborados estudios sobre las formas musicales de la juventud de todo el mundo: el rock no puede circunscribirse a fronteras, sino que se desarrolla en todos los países aclimatándose a sus características.

El rock no es patrimonio de Estados Unidos, aunque allí haya surgido. Se da en todas partes y existen grupos estupendos en Inglaterra, Estados Unidos, Francia, Alemania, Suecia, Australia, España, Italia, México y muchos países más; el rock no se riñe con el temperamento de un pueblo en particular, sino que se identifica con los sentimientos de progreso, amor y alegría de la juventud de cuerpo y espíritu. Además, Beatles, Rolling Stones y Who —entre otros grupos— han demostrado que se puede —se debe— rescatar las tradiciones folclóricas para asimilarlas en el rock.

Naturalmente, no todo el rock es arte. Aún predominan los cantantes y conjuntos que hacen música comercial, para divertir, bailotear, entretener. Sin embargo, aun en esos conjuntos ha habido cambios: Raiders, Supremes, Dave Clark, Monkees, Association, Box Tops, Animals, etcétera, han empezado a cuidar más sus piezas, a introducir elementos electrónicos e instrumentos no convencionales (desde los barrocos hasta los exóticos) para experimentar. Basta analizar un clásico de la prehistoria ("Hound Dog", por ejemplo) y compararlo con un disco de oro de 1968 ("Daydream Believer", digamos) para advertir la evolución tan extraordinaria que se ha llevado a cabo en doce años en el terreno "comercial". Los avances del rock experimental no tienen paralelo en la historia de la música.

Y no toda la música popular es *tan* comercial: los versos de muchas canciones no dicen trivialidades, sino que exponen un punto de vista fresco e inconforme de la sociedad contemporánea. Que esta inquietud tenga éxito es aún más significativo: hay millones de jóvenes interesados en lo que dicen estos conjuntos y que evolucionan con los rocanroleros. Cada canción de este tipo es un cartucho de dinamita para los convencionalismos y las sagradas costumbres de los sistemas sociales que padecemos. Se puede generalizar un poco y decir que el buen rock, en sus letras, se manifiesta en contra de la hipocresía, la mezquindad, el egoísmo, la mojigatería, el fanatismo, el puritanismo, el patrioterismo, la guerra, la explotación, la miseria social e intelectual; y la lucha por la paz, el amor, la creatividad y el cambio de todo lo obsoleto.

El rock es ya una forma artística porque: simplemente, crea belleza y manifiesta la realidad catalizada, implica mucho esfuerzo y mucha dedicación, y ofrece un nuevo orden estético que ninguna corriente de la música y, por supuesto, ninguna otra disciplina artística puede entregar. Las características anteriores se ajustan, hasta el momento, a un grupo reducido de músicos, pero su influencia abarca de una manera u otra a todos los demás, quienes se esfuerzan por expresar algo distinto: hasta Peter Tork, de los Monkees, dice en "For Pete's Sake": "El amor es comprensión, está en todo lo que hacemos; en esta generación haremos brillar al mundo". Al igual que Tork, otros jóvenes músicos han tenido que cambiar el enfoque de sus composiciones. Sin embargo, subsiste la diferencia: mientras Neil Diamond, el trío Holland-Dozier-Holland, Bonner & Gordon o Tommy Boyce y Bobby Hart son más o menos obvios, los Doors, Jagger y Richards, Lennon y McCartney, Frank Zappa, Lou Reed, etcétera, han aprendido a evitar las concesiones, lo bobo, el panfleto; y dan su visión del mundo a través de la autenticidad y de metáforas e imágenes que son verdadera poesía. Esta cualidad de los mejores compositores jóvenes tiene su origen en Bob Dylan.

Todos los grandes músicos y compositores populares de la actualidad son menores de treinta años: los nacidos en 1940 son ya medio ancianos y la mayoría nació entre 1941 y 1949, hasta Frank Zappa, que aparenta más edad. Esto es importante pues los jóvenes siempre se han inclinado por un cierto tipo de música, mas antes esa música era compuesta e interpretada por gente adulta: Frank Sinatra, Al Jolson y Pedro Infante, por ejemplo, no eran tan jóvenes cuando surgieron como ídolos. De la misma manera, sus orquestas, sus compositores y toda su organización se hallaban formadas por adultos. Pero cuando el rock and roll estuvo en su apogeo, los jóvenes tuvieron intérpretes de su edad. Hasta entonces se rompió, en toda la línea, la creencia de que se necesita edad para tener éxito y para lograr una obra. Y cuando los cantantes se volvieron buenos músicos y compusieron, se pudo plasmar una ideología juvenil y progresista; y pudieron llegar, más que nadie, a conmover e influir en los jóvenes. Esto es muy importante si se toma en cuenta que en Estados Unidos, por ejemplo, se editan más de cien discos sencillos cada semana destinados a un núcleo de personas menores de veinticinco años, y es de ese núcleo de donde salen las personas más entusiastas y activas que transformarán y enriquecerán el mundo, que adquirirán conciencia de los problemas que nos agobian. De esto es responsable, en una buena medida, la música popular; Christopher Porterfield, de *Time*, es objetivo al reconocer que la influencia de los Beatles, en cuestiones de tipo social y aun político, es inmensa. Naturalmente, no todos los músicos jóvenes tienen la influencia de los Beatles, pero su radio de acción es muy considerable: de cada sencillo que graban se venden cientos de miles de copias. Esta influencia es positiva porque ninguno de los grupos en cuestión canta estupideces (eres mi chica ye ye / y bailas a gogó / a mi novia le dicen la Patotas eh eh Patotas / sigue con tus movidotas / Reinalda quítate esa minifalda / cuando bailas a gogó / se te ve hasta la espalda / déjame bailar / y vacilar / y que todos se vayan a volar), o canallas apologías de los asesinos Gorras Verdes, como Barry Sadler. Los nuevos conjuntos tratan de comunicarse y se preocupan por aprender y mejorar; han logrado, a través de un proceso muy rápido, asimilar todas las formas musicales (clásico: cantos gregorianos, Bach, Vivaldi, Mozart, Beethoven, Richard y los Juanes Strauss, Offenbach y Sibelius, Ravel, Villa-Lobos, Revueltas, Boulez, Varèse, Stravinsky, Honegger, Milhaud, Hindemith, Bartók, Cage, Shostakóvich, Britten y Stockhausen; jazz: Jelly Roll Morton, el primer Ellington, Charlie Parker, Miles Davis, Monk y el

Modern Jazz Quartet; folk gringo: Leadbelly, Woody Guthrie; blues: Muddy Waters, Hank Williams; música más o menos folclórica: ragas indias, sones veracruzanos y paraguayos, ritmos cubanos y africanos, sambas, tangos, canciones francesas, austriacas, australianas, chinas, japonesas; etcétera, muchos etcéteras) y el resultado ha sido la música abierta: Zappa y Jefferson Airplane exploran las experiencias del ácido y la mariguana; George Harrison busca en la música india; los Rolling Stones pasan del acordeón francés al arpa con clavecín para trascender los sones veracruzanos. Todos los caminos están abiertos y se sabe cómo recorrerlos. Además, los conjuntos ya no compiten sino que han aprendido a reconocer: lo que alguien descubre es beneficioso para el otro y todos están en la misma onda.

Dave Crosby, de los Byrds, desliza estas ideas: "Los grupos de rock tienen que emplear mensajes telepáticos o no pueden tocar buena música. Se puede obtener un setenta por ciento de calidad con la técnica, mas para lograr la magia hay que estar con tu compañero. Hay que saber qué sucede en niveles que no son expresables con palabras. O puede suceder que a los cuatro nos venzan nuestros egos y olvidemos que nos amamos el uno al otro, que todos somos la misma persona y que es bueno. Cuando recordamos *eso,* tocamos música; cuando lo olvidamos, hacemos ruido". George Harrison asegura en una canción: "Y el tiempo vendrá en que veas que todos somos uno y que la vida fluye dentro de ti y sin ti". Entre los buenos conjuntos se han lanzado casi como consigna las frases de los Beatles: "I get by with a little help from my friends" y "I'd love to turn you on". Además, se hallan seguros de que lo que quieren comunicar bajo esas premisas sea comprensible por todos, pero especialmente por los adolescentes. Frank Zappa, líder de los Mothers of Invention, afirma: "Yo creo que los muchachos están listos para cualquiera de nuestros discos", todos son sumamente experimentales y desconcertantes; y agrega: "Creo que toda esta decadencia es muy asqueante; me gustaría

que se acabara, estoy hasta el copete. Este sistema está basado en fala-
cias. Nuestra moral, por ejemplo. Ningún animal, incluido el hombre, está hecho físicamente para vivir bajo semejante moral. La gente
tiene que dejar de ser hipócrita y tiene que pensar y considerar tanto la mente como el cuerpo cuando redacte sus leyes". Lo anterior se
refuerza con la siguiente declaración: "Los muchachos están tratando
de pensar, pero les es difícil: nunca se les ha enseñado a hacerlo. No
se les ha enseñado a que realmente se vean a sí mismos; yo también he
estado tratando de pensar". Estas palabras pertenecen a Mick Jagger,
de los Rolling Stones, quien fue procesado por fumar mariguana. Y si
alguien *piensa* y crea belleza como Jagger qué importa que fume mariguana, se masturbe o viaje con ácido; a fin de cuentas, cuando Mick
Jagger o Bob Dylan o Jim McGuinn o Frank Zappa o Grace Slick fu-
man mariguana no andan invitando a la gente ni le echan el humo
en la cara. Dave Crosby define el asunto con claridad cuando asegura que fuma mariguana y viaja con ácido porque esa es su onda, pero
en realidad él se realiza cuando toca y compone, *no* cuando se droga;
además, admite que no es necesario el Acapulco Gold o el ácido para
lograr buena música, reconoce que si los Beatles abandonaron las drogas, perfecto ("las drogas fueron para nosotros como tomar una aspi-
rina sin tener dolor de cabeza", dijo Paul McCartney), pero impone
la Ley Dorada de California: "No te metas conmigo y no me mete-
ré contigo, y vive como quieras pero déjame vivir como quiero, y
no trataré de meterte mis ideas si no tratas de meterme las tuyas". Lo
principal es buscar comunicación y amor: para gente que vive en el
paraíso de la enajenación y la mediatización, llevar a semejante ideología es más que ovacionable.

Este espíritu objetivo, respetuoso y progresista se advierte en casi
todos los buenos rocanroleros, ya sea en las canciones que escri-
ben —porque casi todos interpretan sus propias composiciones— o
cuando formulan una declaración. John Densmore, baterista de los

Doors, dice: "Yo trato de tocar melodías, no nada más acompañar con uno-dos-tres-cuatro". Y Paul Kantner, de Jefferson Airplane: "Uno siempre está aprendiendo. Aunque sólo se toque la guitarra, se aprende. Y aprender con otros cuatro amigos aumenta cuatro veces lo aprendido".

Llegar a esta revolución musical es casi inconcebible en tan poco tiempo. Es el largo camino de "I want to hold your hand" a "I'd love to turn you on".

Flashback w\apologies to old Rabelais

en un principio fueron Leadbelly y Woody Guthrie y Muddy Waters y
Billie Holiday y Bessie Smith y Ellington y Gillespie y Monk y Modern
Jazz Quartet quienes empezaban a emparentarse con Ravel y Stravinsky y Sibelius y Varèse y así vino Ray Charles y llegó
Elvis Presley
al lado de Chuck Berry y Fats Domino y Little Richard y engendró a
Gene Vincent y a Buddy Holly y vio surgir a Jackie Wilson y a James
Brown y a Otis Redding y luego a las Supremes y a los Beach Boys
cuando ya existía
Bob Dylan
quien trascendió a Joan Báez y a Peter, Paul and Mary y a Peter Seeger
y engendró a Donovan y a Tim Buckley y a Judy Collins y hasta a
Leonard Cohen e influyó y fue influido por
los Beatles
y los Rolling Stones
quienes engendraron a los Kinks y a los Yardbirds y a los Byrds y a los
Lovin' Spoonful amigos de Mamas & the Papas precursores de Grateful Dead y Jefferson Airplane y Peanut Butter Conspiracy y Country

Joe & the Fish y Butterfield Blues Band que con Blues Project y Big Brother and the Holding Company volvieron a los Stones y Muddy Waters mientras Frank Zappa y sus
Mothers of Invention
estudiaban a Varèse y con Beatles y Stones se interesaban por Stockhausen y Boulez después de pasar por Bach, Vivaldi & Mozart mientras los Doors improvisaban asimilando el jazz y Vanilla Fudge y H. P. Lovecraft conocían a los clásicos y no recurrían a efectos de estudio y Velvet Underground unía a Dylan con Sade y Jimi Hendrix Experience mezclaba a Georgia con Liverpool cuando los Who y Procol Harum y Cream y Pink Floyd experimentaban y dignificaban a Inglaterra y para entonces todas las corrientes podían ser una sola y todos se amaban y no competían y se ayudaban gracias a Maharishi Mahesh y Ravi Shankar y ácido y Che Guevara y Fidel Castro y así hablaban de este mundo y de otros mundos y Fever Tree y Love y Fugs y Blood Sweat & Tears y Electric Flag y Blue Cheer y Spirit y Nazz y Phluph y Janis Ian y Simon & Garfunkel y Steppenwolf y Iron Butterfly y Clear Light y Free Spirits y hasta los Monkees recibían y empezaban a dar lo que ningún otro arte había dado en tan poco tiempo y que al fin se recogió en México donde Angélica María
y los Dug Dugs y Javier Bátiz y sus Finks y Mayita y Tijuana Five aprovechaban las experiencias para ofrecer otras y seguir adelante. |

Flashback inevitable

Elvis Presley empezó a grabar en discos Sun, en Tennessee. Cuando lo contrató la RCA Victor prácticamente inició el rock, porque Bill Haley & His Comets era un grupo de músicos ya maduros. Después de James Dean, Presley fue el más grande ídolo de la juventud, fundamentalmente a causa de su sinceridad y su aspecto anticonvencional. Era una rebelión contra el mundo adulto a través de patillas, ropa y contoneos obviamente sexuales. Los mayores podían admitir a Pat Boone y a Rick Nelson, eran *clean cut kids*, pero tenían que aborrecer a Elvis: significaba una explosión de vitalidad y agresividad y sensualidad intolerable. Pero Elvis sabía cantar: no sólo gritaba al contonearse, sino que su voz era hermosa y capaz de ternuras y violencias. Nadie, ni Beatles ni Monkees, ha podido igualar las hazañas disqueras de Elvis Presley: casi cincuenta discos de oro que significan mucho más de 200 millones de copias vendidas, lps exitosísimos, "Heartbreak Hotel", "Jailhouse Rock", "Don't Be Cruel", "All Shook Up", "Love Me Tender", "A Fool Such As I" y muchísimos otros sencillos estuvieron eternidades en el primer lugar de ventas; llegó a reunir hasta seis canciones en los diez primeros lugares del hit parade en una sola semana;

34

ocasionó motines y disturbios en cada una de sus presentaciones; hasta la fecha sigue vendiendo cada disco que saca y continúa en las portadas de las revistas juveniles.

Ray Charles es tan importante como Presley, porque abrió los mercados del rhythm and blues, la música soul, al público pop. Su extraordinaria voz y el alma que fluye en sus arreglos y al tocar el piano han permitido la calidad de Otis Redding, Jackie Wilson, Aretha Franklin, Sam & Dave, Booker T., las Supremes y muchos otros músicos negros. Desde "Georgia on My Mind" hasta "Hit the Road Jack", pasando por "I Can't Stop Loving You", "Mint Julep", las dos partes de "What'd I Say" y tantas maravillas más, el cantante, compositor y arreglista negro, ciego y drogadicto, ha influido decisivamente en la música moderna.

Buddy Holly, muerto repentinamente en plena juventud, fue otro cantante-compositor cuya música ha servido de lección a todos los grupos contemporáneos. Buddy cantaba primero con los Crickets en discos Brunswick, pero después cantó solo en Coral. De su primera época son "That'll Be the Day" y "Oh Boy!". Después vino la ya legendaria "Peggy Sue" (una canción que se adelantó a su época y que no ha envejecido nada) con "Early in the Morning", "Raining in My Heart", "Maybe Baby", "Rave On", "Words of Love", "Not Fade Away" (las dos últimas revitalizadas por Beatles y Rolling Stones). Todas son piezas clásicas que sobresalen, sin duda, por sobre la producción de la época.

Chuck Berry es un cantante-compositor negro redescubierto por los nuevos grupos y cuyas piezas han sido obligadas para Beatles, Rolling Stones y los grupos de California. La fertilidad y el genio de Chuck Berry permitieron instrumentaciones mucho más complicadas que las de la época y que han sido debidamente asimiladas ya. Sin Berry y "Memphis", "Sweet Little Sixteen" (plagiada siniestramente por los Beach Boys en sus inicios *squares*), "Roll Over Beethoven", "School Days", "Rock and Roll Music", "Johnny B. Goode", "Maybellene", "Brown Eyed Handsome Man" y "Nadine", el rock moderno no sería lo que es.

A mi juicio, éstos son los cuatro grandes precursores del rock actual; por supuesto, quedan compositores como Sam Perkins, Jerry Leiber, Mike Stoller; y cantantes como Little Richard y Gene Vincent y Fats Domino. Sin embargo, su influencia no puede compararse con la de estos cuatro colosos. En sus respectivas grabadoras (RCA Victor, ABC, Coral y Chess) existen lps con los grandes éxitos (cuatro, en el caso Presley) sumamente adquiribles.

El jefe Dylan

El maestro Dylan o el jefe Bob o el genio Bob Dylan nació el 24 de mayo de 1941 en un pueblecito infecto de Minnesota, que aunque lo duden se llama Duluth. Pero no residió en esos parajes, sino que vagó y vivió en Gallup (Nuevo México), Cheyenne (Dakota de Abajo), Sioux Falls (ídem), Phillipsburg (Kansas), Hibbing (Minnesota) y Minneapolis (capital de su estado natal), donde pasó seis aguerridos meses en la universidad. A los quince años tocaba piano, armónica, guitarra y autoharp. En 61 Dylan fue a New Jersey para visitar a Woody Guthrie. Para septiembre del mismo año cantaba en el Village y había despertado el entusiasmo de algunos críticos y de los hips. La Columbia lo contrató y así surgió su primer álbum, *Bob Dylan*, al que siguió *The Freewheelin' Bob Dylan*, *The Times They Are A-Changin'*, *Another Side of Bob Dylan*, *Bringing It All Back Home*, *Highway 61 Revisited*, *Blonde on Blonde* y *John Wesley Harding*. En estos discos desfilan obras maestras como "Song to Woody", "The House of the Rising Sun", "Talkin' New York", "Highway 51", "Blowin' in the Wind", "Don't Think Twice It's All Right", "Masters of War", "A Hard Rains A-Gonna Fall", "The Times They Are A-Changin'", "With

God on Our Side", "All I Really Want to Do", "Spanish Harlem Incident", "Chimes of Freedom", "Motorpsycho Nitemare", "My Back Pages", "It Ain't Me Babe", "Love Minus Zero", "Bob Dylan's 115th Dream", "Mr. Tambourine Man", "It's All Right, Ma (I'm Only Bleeding)", "It's All Over Now, Baby Blue", "Like a Rolling Stone", "It Takes a Lot to Laugh, It Takes a Train to Cry", "Queen Jane Approximately", "Just Like Tom Thumb's Blues", "Desolation Row", "Rainy Day Women No. 12 & 35", "Visions of Johanna", "Leopard-Skin Pill-Box Hat", "Absolutely Sweet Marie", "Sad Eyed Lady of the Lowlands", "John Wesley Harding", "The Ballad of Frankie Lee and Judas Priest", "I'll Be Your Baby Tonight". Eso, sin contar con que el resto del material de Dylan es de una calidad insólita, aunque a veces él no lo cante como uno quisiera.

Aunque en un principio Dylan pertenecía a esa mezcla neoyorquina que es la música folclórica con canciones de protesta, con antecedentes en Hank Williams, Jelly Roll Morton, Leadbelly, Muddy Waters y Woody Guthrie, sus canciones evolucionaron a lo que alguien calificó como folk urbano y de ahí a la personalísima, onírica, comprometida con el arte y la sociedad, onda Dylan que en su último disco (*Harding*) enfila hacia la sencillez, la tranquilidad, la melancolía y la espiritualidad.

Musicalmente, toda la música de Dylan es sencilla: obtiene una tonada (la más de las veces bellísima) y la desenvuelve sin variarla. Pero Dylan es aún más importante como poeta (a lo que puede ponerle música le llama canción y a lo que no, poema). Sus construcciones poéticas son sumamente complejas: a veces utiliza versos largos o no, pero juega con las rimas hasta niveles increíbles. La repetición de una rima durante ocho versos, por ejemplo, combinada con rimas internas (en inglés no son nada leoninas) es alucinante. Su virtuosismo manejando sílabas y rimas y juegos rítmicos no tiene precedente y sólo ha sido asimilado recientemente por los Beatles, Leonard Cohen, Sonny

Bono, Donovan y otros compositores. En su primera etapa, Dylan manifestaba un lenguaje de metáforas más o menos poco complicado con relación directa a su individualidad o a fenómenos sociales. Salvo en un álbum (*The Times They Are A-Changin'*) nunca ha incursionado de lleno en la canción de protesta; y en el contenido, nunca ha estado de lleno, tampoco, en el folk. Después pasó a imágenes oníricas, a veces sumamente agresivas y complicadas; en ellas podía encontrarse una gran ternura, dosis inconmensurables de humor corrosivo, sátira, reflexiones sobre efectos postdrogas y juegos con momentos muy actuales y con personajes literarios o de ficción o de ambiente circense o de la *commedia dell'arte*, pero siempre con una imaginación desbordante, gran facilidad para inventar, para soñar o para transmitir la realidad a partir de lo no directo, lo habitual o los grandes problemas. En su última etapa ha regresado, en cierta forma, a la sencillez en las imágenes, pero con una profundidad que —aunque ya poseía antes— ahora ha alcanzado la máxima madurez. Su poesía sigue siendo bellísima, pero se ha depurado hasta un nivel de perfección.

Dylan es un factor determinante en la música actual: en todos los ámbitos, de Mothers of Invention a Beatles y Rolling Stones. Es, además, un gran instrumentador cuando decide emplear sonidos eléctricos y conjuntos que lo acompañen. Y es, por último, el músico más completo, en esencia, que existe en la actualidad, el más profundo sin pretender crear música trascendente entrecomillas. Es uno de los personajes más complejos del siglo. Creo, sinceramente, que sólo se podrá comprender a Dylan hasta dentro de algunos años: por el momento se halla muy por delante de todos.

Beatles forever

Sgt. Pepper's Lonely Hearts Club Band (Capitol SMAS 2653), es sensacional desde la funda (ya homenajeada por los Mothers of Invention en su *Money*): Beatles camuflados como la banda del sargento Pepper, rodeados por personajes más que identificables (Marx, Dylan, Poe, Laurel y · Hardy, T. H. Lawrence, Marilyn, etcétera: falta Mahesh); todos asisten a un sepelio presidido por el busto de Pepper y por plantas de mariguana entre letras de flores.

Los Beatles, para sus fines aviesos, inventaron la presencia del sargento Pepper, creador de la Orquesta de Corazones Solitarios, y de hecho es ésta la que interpreta todas las piezas, menos "A Day in the Life". El primer número más o menos indica lo anterior y abre el show tras aclarar: el cantante Billy Shears iniciará el fuego. En esta *Sgt. Pepper's Lonely Hearts Club Band* el conjunto hace uso de vibradores y efectos antes de que entren los metales, muy de banda. El cuarteto presenta a la Orquesta y es ésta la que sigue.

El cantante Billy (Ringo Starr) interpreta "With A Little Help From My Friends" y afirma: "I get high with a little help from my friends". Y claro, hay numerosas interpretaciones para ese *high*.

Las partes dialogales entre Ringo y sus compañeros son estupendas. "With A Little" es, más que nada, una canción sencilla y limpia interpretada de la misma manera.

Lo que sigue es una obra maestra cantada por John Lennon: "Lucy in the Sky With Diamonds", cuyas iniciales LSD (accidentales, según los Beatles) anticipan una letra alucinante. Sorprende el manejo del clavecín, del órgano y del bajo. El eco se halla llevado hasta sus últimas consecuencias, al igual que la reverberación y los dubs. Este canto a la muchacha de ojos calidoscópicos es uno de los momentos más altos (en *todos* sentidos) de la música moderna.

"Getting Better" ofrece una letra (Paul canta) más normal, pero autobromeada por los coros canallas de John y George ("no me puedo quejar", "la cosa no está peor"). Nuevamente asombra la electrónica, en especial el timbre del requinto en una nota obsesiva hasta el paroxismo. George Martin ha sabido entender las intenciones beátlicas.

"Fixing a Hole" es una canción que se aprecia mejor cada vez. La letra manifiesta un alto lirismo a través de la realidad inmediata (por el contrario de "Lucy"). El clavecín demuestra una gran utilidad cuando se le utiliza como acompañamiento.

Otra pieza cumbre: "She's Leaving Home", considerada por compositores y críticos de música clásica como digna de Schubert o Schumann. Se abre con arpa antes de narrar meticulosamente la huida de casa de una muchacha. Un gran acierto es incluir lo que opinan los padres, antes de que Lennon y McCartney deslicen una idea bellísima y terrible: "Se va de casa después de vivir sola tantos años". La instrumentación se realizó a través de cuerdas, cuyos antecedentes se remontan a "Yesterday" y "Eleanor Rigby", pero aquí son menos barrocas y más de *lied*.

"Being for the Benefit of Mr. Kite!" no se aprecia como merece a primera instancia, pero después se descubre obra maestra. Aquí hay un tono corrosivo y un juego casi literario en la temática, ya que desenvuelve un círculo a través del show del *Sgt. Pepper* y del que arman Messrs. K. y H. La atmósfera de *merry-go-round* alcanza una intensidad imprevista gracias, claro, al órgano, al clavecín y al *Moog synthesizer*.

El lado dos se abre con la única pieza de George Harrison: "Within You Without You" (anticipada por sus piezas de *Revolver)*. Después de perfeccionar el manejo de la cítara, tambura, tablas, etcétera, en "Within You" es ya maestro, sobre todo cuando se une a las cuerdas. George dice: "Hablábamos del amor que se ha enfriado y de la gente que gana al mundo y pierde su alma, ¿eres uno de ellos?", o: "Con nuestro amor podríamos salvar al mundo" y: "El tiempo llegará en que tú verás que todos somos uno y que la vida fluye en ti y sin ti", aunque: "Trata de comprender que todo está dentro de ti y que nadie", ni nada, "puede hacerte cambiar". Aquí está presente la meditación trascendental de Maharishi Mahesh y las clases de cítara de Ravi Shankar. Al final, los Beatles ríen: de entusiasmo.

"When I'm Sixty-Four" regala el empleo de varios saxos en ambiente de *early thirties*. En la letra juguetona se esconde la burla sangrienta a toda una serie de ideas preconcebidas. "¿Me necesitarás, me alimentarás cuando tenga sesenta y cuatro años?" y: "Tú puedes tejer un suéter al lado de la chimenea. El domingo en la mañana nos vamos a montar: arreglar el jardín, cultivar las plantas, qué más se puede pedir". *Et caetera*.

El ambiente se transforma cuando Paul canta "Lovely Rita" con rimas chispeantes y uso de funky piano. Los instrumentos eléctricos enmarcan el piano y cosas como: "Tomé la cuenta, Rita la pagó. La llevé a su casa y casi se me hizo, sentados en el sofá con una hermana o dos". Al final, viene una sesión *freak*: quejidos, suspiros, jadeos, monosílabos, ayes, casi eructos, gritos, ahes, etcétera.

Sin interrupción entre el canto de un gallo en "Good Morning Good Morning". George canta. Y toca su requinto con fuzztone como nadie. Trompetas muy ríspidas, rugosas: casi se pueden tocar. La pieza tiene una extraordinaria intensidad que se acentúa con el alud de graznidos, ladridos, relinchos, píos, que se enlazan con el ritmo marcado en la batería al iniciar el reprise de *Sgt. Pepper's Lonely Hearts Club Band*, donde se da por terminado el show ya sin orquesta, pero con las guitarras haciendo uso de los vibradores. Se sobreimponen los efectos de multitud. Salvo el fuzz, el cuarteto parece rememorar y despedirse de los *early* Beatles (Paul canta con su voz rocanrolera); pero el show continúa ahora con los Beatles y "A Day in the Life", quizá la obra maestra de la música moderna (con "2000 Light Years From Home", de los Stones), la más inquietante, angustiante y poderosa. Es cantada por John y por Paul en una parte. En el principio está la genial batería de Ringo, una guitarra de sonido muy limpio, sin distorsionador, mucho piano y más eco y reverberación: la voz que ensayó John en "Lucy" que al decir "I'd love to turn you on" desencadena todo un alud de orquesta, conjunto y electrónica, el flujo de los cuarenta y un ejecutantes, las cuerdas como en una sinfonía, las percusiones de Ringo y su manejo de los platillos (una maquinaria de precisión) y la nota sostenida durante cuarenta segundos que pertenece a lo mejor de la música creada en cualquier época. Aquí se constata, pues, el largo viaje desde "I want to hold your hand" hasta "I'd love to turn you on" que ha acabado con todas las ideas musicales preconcebidas: enriqueció la música electrónica y ha dado dignidad de arte al rock, junto con las búsquedas de los Stones, los Mothers y varios grupos más.

En *Sgt. Pepper's* el orden de las canciones no se halla al azar: de una forma u otra cada pieza anticipa, sin adelantar o repetir, los avances de la siguiente. Y si al empezar a oírlo se cree imposible escuchar algo mejor, se va de espaldas al oír lo que sigue. No en balde *Sgt. Pepper's Lonely Hearts Club Band* costó 56 mil dólares, requirió una orquesta de cuarenta y un ejecutantes, varios meses de constante trabajo (que como en "For the Benefit" "garantizan un rato espléndido para todos") y la pasión de los Beatles y de George Martin, el productor.

Sin embargo, la aparición a fines de diciembre de 1967 de *Magical Mystery Tour* (Capitol SMAL 2835), simultánea en varios países, corrobora la certeza de que los Beatles continuarán ofreciendo nuevos caminos y distintos matices de su personalidad.

Magical Mystery Tour es también el título de un film en color para televisión que el cuarteto perpetró después de anunciarlo profusamente. La película se estrenó y según las críticas fue un fracaso total: los Beatles hicieron payasada y media sin orden ni concierto; no obstante, las ganancias del film han sido inauditas y si seguimos al pie de la letra las opiniones de la crítica es posible que el film sea todo lo contrario, por las mismas razones por las que se le impugna. Lo cierto: es un verdadero relajo en la mejor onda, como se puede ver en el comic incluso en el disco.

La funda, aunque no alcanza la espectacularidad de otras, muestra a John Lennon con su atuendo walrus, y tras él al resto del grupo con ropaje *ad hoc*. Se incluye un suplemento a todo color con fotos sensacionales del film. La producción estuvo a cargo de George Martin, quien como siempre refrenó los posibles excesos experimentales. A excepción de "Blue Jay Way" todas las piezas son de Lennon y McCartney. En un lado agruparon las canciones del film, y del otro todas las piezas que han salido como sencillos, salvo "Paperback Writer" / "Rain", que con "I'm Down" parece que ya nunca las oiremos en álbum.

La mayor parte de estas canciones casi no tiene nada que ver con *Sgt. Pepper's,* así como las de éste no tuvieron nada que ver con las de *Revolver.* Hay un estilo, claro, pero los caminos son distintos y el enriquecimiento es notable. Por ejemplo, "Blue Jay Way" no tiene antecedente directo, aunque "The Fool on the Hill", en cierta forma, pueda responder a las premisas de "She's Leaving Home".

El análisis. "Hello, Goodbye" (canta Paul) es el penúltimo disco de oro beátlico. Aunque en EU estuvo tres semanas en primer lugar (según *Billboard*), en Inglaterra se sostuvo ocho semanas. Éste es un dato significativo pues el cuarteto —aunque usa violas, fuzztone, grandes coros— no experimentó demasiado en "Hello". La letra es muy sencilla y resulta exagerado afirmar que encierra la verdad del amor. Sin embargo, es una gran pieza, llena de ritmo, que mereció el éxito a escala de *teenyboppers* que tanta falta hacía al grupo.

"Strawberry Fields Forever" no llegó al primer lugar, pero estuvo entre los diez tops. Es una canción mucho más complicada, la primera donde se hizo uso del melotrón. La letra es enigmática, sobre todo en "nada es real, no hay nada en qué confiar" y "déjame llevarte abajo, porque voy al campo de fresas para siempre"; al final se escucha una cinta al revés y la melodía es tensa, casi opresiva. La canta John. Es muy importante: señala el primer gran cambiazo, en esencia, del cuarteto y preludia a *Sgt. Pepper's*.

"Penny Lane", por el contrario, logra una melodía casi juguetona, muestra un dominio *ad nauseam* de la trompeta a la Purcell y sabe contrapuntearla con coros sincopados. Durante dos semanas fue primer lugar. La letra remite a reminiscencias urbanas, a metáforas alegóricas cargadas de intención: "El peluquero vende fotografías, los niños se ríen de él a sus espaldas", "el banquero nunca lleva su sombrero bajo la lluvia; muy extraño". Canta Paul.

"Baby You're a Rich Man", a pesar de su extraordinaria calidad, no tuvo el éxito que merecía (como "Walrus"). Hay un manejo maestro de percusiones, piano, guitarra y cítara: esta vez con menos aires hindúes y más acid. La canta John y sabe ser endiabladamente bailable y muy compleja. Indica un camino fértil que asimila la preocupación oriental con el rock.

De "All You Need Is Love" ya ni hablar. Por su sencillísimo pero vital mensaje se ha vuelto casi un himno. Además, constituye el primer estreno mundial de una pieza ante 650 mil escuchas, gracias al programa *Our World* transmitido internacionalmente por el Early Bird. Contó con la presencia de Marianne Faithfull, Mick Jagger, etcétera, quienes palmeaban y llevaban carteles con una sola palabra: amor, en varios idiomas. En los coros, el cuarteto se adelanta al tiempo y los canta en un tono más alto al de la instrumentación. Es la pieza de las referencias: se abre con "La marsellesa", desenvuelve la tonada que canta John y después de la última repetición del estribillo se desata un alud de sonidos que incluye partes de un concierto de Purcell, "Patrulla americana" con sax a la Glenn Miller, nostalgias de "She Loves You", ritmo monocorde, cuerdas que van *higher and higher*, violas que tocan una canción tradicional de Escocia. Y aparte de enviar su mensaje de amor, los Beatles se divirtieron como enanos.

El otro lado es distinto: hay otras preocupaciones, es otra onda sin fin. Además, se siente cierta unidad, a causa del film. Abre el tema "Magical Mystery Tour", donde se invita al público a que participe en el viaje mágico y misterioso. Se oyen tres ritmos distintos, a pesar de la brevedad, y sorprende el *tour de force* al incluir los estribillos con dos compases de atraso, lo cual engaña al más listo. El piano —que abundará en el soundtrack— y el órgano llevan una función primordial. La cantan todos.

Paul interpreta una pieza bellísima: "The Fool on the Hill", cuyo título anticipa la temática: el hombre que desde la colina observa y sabe más que quienes lo consideran tonto. "Pero el tonto en la colina ve ocultarse al sol y los ojos en su cabeza ven girar al mundo". Las referencias son obvias. "La cabeza en una nube, el hombre de las mil voces habla perfectamente fuerte". Asombra la voz de Paul respaldada por una flauta ríspida.

"Flying" es el segundo instrumental beátlico. Las guitarras reverberadas ofrecen un órgano que continúa el órgano. Las voces parecen irónicas, pero luego se descubren solemnes. Hay que oírla a *todo* volumen.

"Blue Jay Way" forma —con "Walrus" y "A Day"— lo mejor que los Beatles han compuesto hasta el momento. La técnica de grabación, el eco y la reverberación llevadas a sus máximas consecuencias, el órgano y la gran batería de Ringo enmarca la voz de George (él compuso la canción) en esta balada desgarradora e inquietante. Ni los adjetivos ayudan a reproducir la impresión que causa la melodía, pero la letra ("hay niebla en Los Ángeles y mis amigos perdieron su camino; regresaremos pronto, dijeron, pero se extraviaron a sí mismos, en cambio. Por favor no tardes, por favor no tardes mucho porque me puedo quedar dormido. Pronto vendrá la bocanada del día sentado en Blue Jay Way"), con la repetición del estribillo, conduce a otro estado, otra dimensión. Esta obra maestra es, más que tristísima, desoladora y comunica una sensibilidad enigmática.

"Your Mother Should Know" es una pieza juguetona, descanso entre "Blue Jay" y "Walrus". Paul canta con muchas ganas. El piano es otra vez instrumento base en esta canción sencilla. Los Beatles deslizan: "Arriba corazones y cántenme una canción que fue hit cuando nació su mamá; aunque nació hace mucho tiempo, su mamá debería conocerla".

El lado y el disco termina con la casi nihilista "I Am the Walrus ('No, you're not!', said little Nicola)". La instrumentación sumamente compleja fue respaldada por un trabajo colosal de ingeniería. John canta con ecos y filtros. La electrónica está impecablemente asimilada, la batería rínguica es fenomenal; moog, melotrón, metales, violines, guitarras, la confusión final están allí para quedarse. Ringo termina la pieza declamando una cita de *Rey Lear*, de Shakespeare. La colisión final de voces y sonidos culminan los versos de rimas internas y metáforas tremendas. Dicen más o menos así:

Yo soy él como tú eres él como tú eres yo y nosotros somos todos juntos. Ve cómo corren como cerdos desde un fusil ve cómo vuelan, estoy llorando. Sentado en una hojuela de maíz —esperando que llegue el furgón. Camiseta de fábrica, estúpido martes sangriento hombre has sido niño malo dejaste que tu rostro creciera. Yo soy el hombrehuevo, ellos son los hombreshuevo —yo soy la morsa GU GU GU YUB. Policías urbanos policía sentado bonito policía en hilera. Ve cómo vuelan como Lucy en el cielo —ve cómo corren. Estoy llorando —estoy llorando estoy llorando. Flan amarillo barato goteando del ojo de un perro muerto. Áspera vieja soez sacerdotisa pornográfica muchacho has sido una niña mala, se te cayeron los calzones. Yo soy el hombrehuevo ellos son los hombreshuevo —yo soy la morsa. GU GU GU YUB. Sentado en un jardín inglés esperando el sol. Si el sol no viene te bronceas bajo la lluvia inglesa. Yo soy el hombrehuevo ellos son los hombreshuevo —yo soy la morsa. GU GU GU YUB. Expertos, texpertos fumadores ahogándose, ¿no crees que el bromista se ríe de ti? ¡Ja ja! Ve cómo sonríen como cerdos en pocilga, ve cómo se mofan. Estoy llorando. Sardina de sémola trepando en la torre Eiffel. Pingüino elemental cantando Hare Krishna caray los hubieras visto patear a Edgar Allan Poe. Yo soy el hombrehuevo ellos son los hombreshuevo —yo soy la morsa. GU GU GU YUB.

Sus satánicas majestades

El acontecimiento musical más importante de los últimos meses lo constituye la aparición del álbum once de los Rolling Stones, *Their Satanic Majesties Request* (London NPS-2), que culmina una etapa de creatividad insólita iniciada con *England's Newest Hit Makers* y continuada a través de los lps posteriores (hay que contar también las grabaciones no recogidas en volumen: "Poison Ivy", "Who's Driving Your Plane?", "Dandelion" y principalmente "We Love You").

Pero *Their Satanic* no sólo culmina la primera etapa de los Stones: también significa una revolución en el mercado de discos, desde la producción hasta el aspecto artístico de la portada. Es el primer álbum que no tiene ninguna palabra en la portada, pero muestra, rodeada por nubes algodonadas sobre fondo azul, la fotografía en tres dimensiones del quinteto: cada Stone se mueve ante un castillo oriental/medieval; en el cielo, Saturno y luna-enorme; atrás, volcanes y despeñaderos, pájaros, vegetación y flores coloridas (en el frente: barridas, desenfocadas), y entre ese escenario alucinante se descubren, con buen ojo, las caras de los Beatles. Y la ropa: Mick luce gorro de brujo con medialuna; el resto, ropas del siglo XVII. Keith tiene un laúd entre las piernas.

En la parte central hay, a la derecha, un laberinto cuyo final anuncia "Aquí mero", mas es mentira: no hay manera de llegar. A la izquierda hay un collage inconcebible a la Angélica Ortiz donde se muestran un mapa, muchas flores, figuras griegas, medievales, el observatorio de Monte Palomar, nuevas figuras: egipcias, fenicias, mongoles, chinas, árabes; los rascacielos de la Nouvelle York, Saturno de nuez, detalles de Miguel Ángel, Rafael, Botticelli, Rubens. Lippi, Mantegna, Rousseau; deportistas negros; abstractos y desnudos; animales, soles, ciudades, desiertos, uvas, un surfeador con ola, el águila imperial de Roma, etcéteras (muchos). El collage es obra stoniana y la fotografía de Michael Cooper. En la contraportada se aprecia un dibujo de Tony Meeviwiffen con fuego, olas, nubes, pájaros y amanecer: la salida del caos, el principio de todo. El dibujo rodea e invade el tapete oriental do se hallan los créditos con estupenda tipografía: arreglos de los Stones, al igual que la producción (chao, *faithful* Andrew Loog Oldham).

Esto hace cierta la afirmación del *Billboard*: "Si la portada tridimensional parece *far out*, escuchen el disco". Al hacerlo, nos reta la música más experimental de los Stones: el experimento consciente y maduro. El lado de enfrente se abre con "Sing This All Together", pieza violenta que recurre a piano, metales, mucha percusión, guitarras eléctricas, campanas, güiro, vibráfono; y en la cual se invita al público a que participe del contenido del disco.

La canción se liga sin interrumpirse a "Citadel". En este corte (visión de New York) es notable el uso del bajo (Wyman) y del fuzztone. La letra remite a metáforas corrosivas y hermosas. Mick canta.

Después viene el *tour de force* de Bill Wyman, quien compuso y canta "In Another Land" y habla de alguien que despierta de un sueño para encontrarse en otro sueño. La pieza recurre al melotrón, plus clavecín, efectos, piano y batería. La voz de Bill fue filtrada, pero no los coros agudos, más-que-humanos. Todo termina con unos ronquidos perfectos mientras a lo lejos se intuye el rasgueo de una guitarra.

No hay corte para introducir "2000 Man", que ubica en el futuro las relaciones familiares del presente. Mick Jagger canta de nuevo mientras el requinto (sin amplificar) de Brian lo sigue y hace eco, o al revés; entra el coro después de que Mick desliza: "Soy el hombre del año dos mil y mis hijos no me comprenden en absoluto".

Toses y voces se oyen cuando la guitarra inicia la segunda parte de "Sing This All Together", ahora con el subtítulo "(See what happens)". Ritmos muy marcados de la guitarra y una voz: "¿Dónde está la hierba?", hasta que paulatinamente viene la descomposición que ofrece una música inexplicable donde la voz juega un papel vital a través de grititos, quejidos, palabras y frases sueltas y jadeos; se van escuchando los instrumentos: metales, cítara, flauta, marimba, campanas, requinto y auxiliares, salterio, piano, alaridos y percusiones (batería, pandereta, tabla, tambores, etcétera, que remiten a atmósferas progresivamente orientales, polinesias y aztecas incluso). A todo lo largo hay un concienzudo trabajo de ingeniería para introducir efectos. Sólo hay letra al final y la música fue improvisada, después de que al abrir el disco se pidió la colaboración del escucha. La pieza se cierra con campanas y efectos electrónicos, verdaderamente cósmicos, o como dice Keith Altham, cos-Mick.

Si se considera: es imposible que los Stones den más, el error es enorme: aún falta el lado de atrás y su primera pieza, la obra maestra-maestra "She's a Rainbow" (gran éxito en versión recortada). Ésta se halla precedida por un pequeño corte de voces mezcladas que gritan desde "la Bamba, la Bamba" hasta "the Beatle show". "She's a Rainbow" regala notas muy claras y casi infantiles de piano que despliegan el tema, con respaldo de guitarra, platillos y *full drums*. Con la voz de Jagger aparecen las trompetas lejanas y los coros muy agudos. Más tarde surgirán los violines (gracias, J. P. Jones), que tienen impecable calidad schubertiana. En su momento llega la electrónica y las cuerdas coquetean con la dodecafonía mientras el piano imperturbable ("la maldad de la inocencia", asegura Altham) sigue variando el tema. La batería de Charlie Watts está mejor que nunca; la pandereta participa en la instrumentación como jamás se hubiera creído. Mick Jagger se halla en su mejor momento: contención en los versos: "¿La has visto de azul? Ve el cielo frente a ti. Y su rostro es como vela, mancha de blanco tan tersa y pálida. ¿Has visto una dama más blanca? ¿La has visto toda de oro? Como reina en días antiguos. Proyecta colores hacia todas partes, como crepúsculo que se hunde". Ella *es* colores, arcoíris, orden cromático de otra dimensión. "Rainbow" termina con un acorde sostenido de cuerdas que se une a la siguiente creación:

"The Lantern", que ilumina a quienes buscan el vacío y hace acopio de ecos y reverberación para ofrecer el tono de guitarras y piano con notas quebradizas, eco de sí mismas, hasta tejer una pieza extraña e intensa, inclasificable, quizás uno de los experimentos más importantes de los Stones, dependiente de la asimilación y el dominio de todas las técnicas. "The Lantern" es distinta aun a la música stoniana, que es distinta a todo.

"Gomper" permite constatar una vez más que Billy Wyman es el mejor bajista que hay. Brian Jones manipula su cítara como nadie. La melodía también es insólita en su estructura y requiere órgano y voces conjuntas (Mick y Keith, los compositores de todo el material) en un plano similar. Pero "Gomper" es más que nada una asimilación de las ragas y aúna, a la percusión hindú, la batería de Watts; y a las guitarras —pleno despliegue de distorsionadores—, el manejo del órgano para contrapuntear la improvisación maestra de Brian Jones.

No hay corte para introducir otra de las canciones más intensas y revolucionarias que se han compuesto (tan magistral como "A Day in the Life"): se llama "2000 Light Years From Home" y la canta Mick con los instrumentos base más *Moog synthesizer*, efectos de todo tipo, percusiones y, fundamentalmente, órgano. El bajo también juega un papel vital en esta obra maestra de cinco minutos. Todo: voces, coros, efectos, moog, electrónica y órgano, confiere la sensación del verdadero viaje astral, el que deja atrás la música acid y que se adentra en el espacio. Ésta, más que ninguna otra, es la música del futuro. Queda la impresión de que los Stones se han adelantado a todo y de que el valor real de este arte sólo se aquilatará mucho después.

Their Satanic Majesties Request se cierra con otra pieza de Jagger y Richards cantada por el primero: "On With the Show". La voz de Mick se oye distorsionada, como a través de un mal micrófono, salvo en una estrofa, y la instrumentación va preparándose para proseguir el experimento iniciado en "Sittin' on a Fence" (de *Flowers*): la revitalización/actualización del son veracruzano, haciendo uso de guitarras de madera y del arpa. Sólo el genio de los Stones podía haber asimilado tan bien el espíritu de ese folclor (aunque los Who, en *Sell Out*, ya han dado su punto de vista sobre el asunto). Sin embargo, así como en "Sittin'" el clavecín jugó un papel fundamental junto a las guitarras, aquí el órgano lo desempeña junto al arpa y la marimba, y contrapuntea en tiempo y espacio: el equilibrio sólo es explicable por la sensibilidad del quinteto. Las voces murmuran, hablan, blasfeman, discuten en el final, mientras el piano reemplaza al arpa para equivocarse: desafina como si el pianista llevara noches y noches y tragos y tragos en un cabaret (en *este* cabaret, donde según el anunciador "tenemos todas las respuestas y también bellas bailarinas"); así, aunque dé un último acorde muy convencional, la música no termina, el show sigue y seguirá *ad eternum*; mientras, el escucha deberá volver a oír el disco varias veces para descubrir siempre algo nuevo, sonidos que solos habrían sorprendido e inquietado a cualquiera, pero que en *Their Satanic Majesties Request* forman parte de un contexto vital mucho más importante, más vivo, donde la creatividad y la belleza no tienen fin.

Rolling Stones: Mick Jagger, cantante; Brian Jones, requinto; Keith Richards, acompañamiento: Billy Wyman, bajo; Charlie

Watts, batería. Todas sus canciones han sido compuestas por Jagger y Richards, salvo "In Another Land". En Inglaterra graban en Decca; en México y Estados Unidos, en London. Entre sus piezas legendarias se cuentan: "Not Fade Away", "Heart of Stone", "Time Is on My Side", "Satisfaction", "The Last Time", "Get Off of My Cloud", "As Tears Go By", "19th Nervous Breakdown", "Lady Jane", "Mother's Little Helper", "Paint It, Black"; "Under My Thumb", "Goin' Home", "I've Been Loving You Too Long", "Have You Seen Your Mother, Baby, Standing in the Shadow?", "Ruby Tuesday", "Let's Spend the Night Together", "Back Street Girl", "Sittin' On a Fence", "2000 Light Years From Home", "She's a Rainbow", "Dandelion" y "We Love You".

Puertas que *no* se cierran

Los Doors grabaron su primer álbum a fines de 1966 en un estudio alquilado. Durante ese tiempo nadie los conocía y el grupo tocaba en pequeños *nightclubs* de Los Ángeles donde la gente se emborrachaba y ellos, sin remordimiento, aprovechaban la poca atención del público para experimentar con sus instrumentos y para afinar la improvisación. La improvisación.

En 1967, discos Elektra los contrató y ellos hicieron entrega de las cintas grabadas: sólo tuvieron que doblar un poco de bajo ocasional: desde un principio los Doors se negaron a contratar un bajista cuando ya se sentían unidos y completos; simplemente trampeaban el bajo con el órgano de Ray Manzarek y la guitarra de Robby Krieger.

Elektra lanzó al mercado un sencillo, el primero de los Doors —"Break on Through (To the Other Side)"—, muy Lewis Carroll, que tuvo un éxito discutible. Decididos a lanzarlos en forma, la Elektra recortó uno de los números del conjunto y lo dio a conocer. El sencillo se llamó "Light My Fire" y fue un cañonazo. Llegó al primer lugar, vendió el millón de copias y Elektra aprovechó el éxito del *single* para sacar en el acto el álbum preparado casi un año antes: se llamó

The Doors (Elektra EKS 74007) y tuvo aún más éxito que el sencillo. Desde entonces se vio que los Doors ingresaban en la categoría de
mejores vendedores de lps que de sencillos. Mientras que "People Are
Strange" y "Love Me Two Times" y ahora "Unknown Soldier" no
alcanzaron el éxito de "Light", el segundo álbum de los Doors, *Strange Days* (Elektra EKS 74014), sí igualó las ventas del anterior. Actualmente se halla entre los primeros lugares con el certificado de ventas
de un millón de dólares.

Es normal que en el mercado de los *singles* los Doors no lleguen
a los primeros lugares: son demasiado buenos; en cambio, el mercado de lps es suyo, porque ese mercado está compuesto por gente más
preparada. Y digo que los Doors son demasiado buenos porque la
unidad armónica es perfecta, las composiciones (es el primer grupo
que firma siempre colectivamente) son equilibradas en cuanto a ritmo, sensibilidad e intención.

En *The Doors* todas las piezas son estupendas: van desde el ritmo
bailable hasta la sátira, pasando por la ternura, la lucidez y la violencia.
Tanto "Break on Through", "Soul Kitchen", "The Crystal Ship",
"Twentieth Century Fox", "Back Door Man", "I Looked At You",
"End of the Night" y "Take It As It Comes" son grandes piezas que
sorprenden por la economía de elementos, pero lo grande viene en la
versión de la canción que Kurt Weill y Bert Brecht hicieron para *Ma-
hagonny*: "Alabama Song (Whisky Bar)"; en "Light My Fire" (la versión no recortada) y en "The End", el *tour de force* de doce minutos
donde Jim Morrison improvisa seguido por el conjunto, así como en
otro nivel habían hecho los Rolling Stones y Mick Jagger en el legendario "Goin' Home". Estas tres piezas bastan para que los Doors sea
uno de los conjuntos más importantes de la actualidad.

Sin embargo, en *Strange Days*, el siguiente lp, hay una superación inconcebible. Sería normal que se superaran porque son magníficos músicos con inquietudes, pero sorprende porque lo hicieron sin apartarse

de los moldes anteriores (salvo en una pieza experimental a la Byrd: "Horse Latitudes"). Encontramos así que "Strange Days", "You're Lost Little Girl", "Love Me Two Times", "Unhappy Girl", "Moonlight Drive", "People Are Strange", "My Eyes Have Seen You", "I Can't See Your Face in My Mind" y, principalmente, "When the Music's Over" fueron concebidas sobre los hallazgos anteriores, pero revitalizadas con overdubs de clavecín, marimba, percusiones y efectos electrónicos. Esto significa que los Doors apretaron las tuercas hasta llegar a la madurez completa. Enigmáticos y *freaks*, los Doors desafían abiertamente a todo lo bueno a secas y han sabido mostrarse como los más dotados de espíritu poético al hacer sus letras. Con *Strange Days* se pueden ver muchas cosas: el afianzamiento del virtuosismo: Robby Krieger, el requinto, se coloca a la altura de Hendrix, Clapton, Jones y Bloomfield; Manzarek obtiene maravillas del órgano, piano o clavecín; Jim Morrison canta como nadie; John Densmore logra percusiones insólitas; la depuración de los elementos ásperos, la madurez en la composición y el pulido de lo que quieren decir: si en "The End" Jim Morrison —el niño terrible del rock— gritaba: "Padre, quiero matarte… Madre, quiero… ¡Aaaag!", en "When the Music's Over" clama: "Queremos el mundo y lo queremos ahora. ¡Ahora!". Y dice también: "Antes de hundirme en el gran sueño quiero escuchar el grito de la mariposa", y también: "¿Qué han hecho de nuestra hermana más querida? Saqueada y despojada y desnudada y mordida. Penetrada con dagas en el costado del alba y atada con bardas y arrastrada y hasta el fondo". Ésta es la voz de los Doors.

El conjunto se halla compuesto por Jim Morrison, cantante; Ray Manzarek, teclados; Robby Krieger, guitarra; John Densmore, batería y percusiones. El productor: Paul A. Rothchild. Joel Brodsky logró los extraordinarios *close ups* del primer álbum y la gran composición fotográfica —juglaría, feria, circo con el póster del cuarteto en la pared— del segundo.

La invención

Frank Zappa es uno de los personajes más importantes de la música contemporánea. A los veintiséis años parece tener cuarenta no sólo en su aspecto sino en la madurez que ha obtenido en sus experimentos musicales.

A él, el más *freak* de los *freaks*, se debe la existencia de los United Mutations, que reúne a los principales *freaks* y canaliza el término *freak out* (nivel personal: proceso mediante el cual la persona abandona los estándares anticuados y represivos de pensar, vestir y comportarse para expresar CREATIVAMENTE su relación con su desarrollo inmediato y con la estructura social como un todo. Las personas menos perceptivas se refieren a las personas que han escogido esta manera de sentir y PENSAR como "*freaks*" —monstruosos, extravagantes, raros, anormales—, de ahí el término "*freaking out*". Nivel colectivo: cuando un número de *freaks* se reúne y se expresa creativamente a través de la música y el baile hay que utilizar el término FREAK OUT. Los participantes, ya emancipados de la esclavitud social, vestidos con sus atuendos más inspirados, comprenden como grupo la potencia que tienen para su libre expresión). También organizó, en 1966, a los Mothers of

Invention, el grupo musical más desconcertante, experimental y progresista que hay en los Estados Unidos.

Mothers es un grupo que en tres lps sólo ha logrado conservar a Roy Estrada (bajo, guitarrón, cantante, asma), quien con Zappa ha colaborado con músicos como Ray Collins, Jim Black, Elliot Ingber, Billi Mundi, Don Preston, Euclid Sherwood, Bunk Gardner, Jimmy Carl Black (el indio del grupo) e Ian Underwood. Todos han sido dirigidos por Zappa, compositor, gurú, pianista, guitarrista y cantante ocasional (también habla al público y arma escándalos bajo las palabras que Edgar Varèse emitió en 1921: "¡El compositor contemporáneo se niega a morir!"). Todos son auxiliados por una bola de amigos que canta, habla, grita, jadea, insulta, fornica, baila y toca instrumentos de su propia invención. Los miembros base de Mothers tocan desde el guitarrón hasta la pandereta. No utilizaron efectos electrónicos, sino que crean sonidos electrónicos con sus propios instrumentos.

El grupo se dio a conocer con un álbum sin ninguna potencialidad comercial llamado *Freak Out!* (Verve V6-5005-2), compuesto por dos discos de larga duración que agrupaba en un orden preciso la descomposición del rock formal, el acid rock, la sátira a lo comercial hasta llegar al experimento, el varèse rock. El álbum se inicia con "Hungry Freaks, Daddy", que aunque Zappa insiste en su falta de mensaje, de ella se desprende una visión corrosiva de la sociedad estadounidense. Poco después se encuentra "Who Are the Brain Police?", pieza aterradora donde se anuncia a los futuros Mothers. "Go Cry on Somebody Elses's Shoulder", como su nombre indica, es un pitorreo de la canción de amor anodina, en letra y música. "Wowie Zowie" es una tonada juguetona, inofensiva, que encierra letra siniestra ("ni siquiera me importa que te rasures las piernas o que te laves los dientes"), que se canaliza con más profundidad en "I'm Not Satisfied". El segundo disco ofrece "Trouble Every Day", una pieza terrible que Zappa compuso a raíz de los disturbios de Watts; "Help, I'm a Rock", dedicada a Elvis Presley, donde se inicia la experimentación en voces y percusiones, hasta llegar al ballet inconcluso "The Return of the Son of Monster Magnet" con sus dos partes: "Ritual Dance of the Child-Killer" y "Nullis Pretti". Este ballet, verdadera y única sesión existente de *freaking out*, desconcierta por la libertad, la agresividad, la espontaneidad y el desenvolvimiento progresivo de un tema que conduce al caos y a una etapa del viaje elesediano. Hasta aquí hallamos, fundamentalmente, la rebeldía ante todo lo establecido: en plano musical, expresivo, social y político, pero en esencia se busca la renovación total: haciendo acopio de la música clásica, jazz, folclore y las formas musicales legítimas. Por eso es sumamente desconcertante.

Todo esto se encuentra con mayor madurez y en un sentido muy distinto en *Absolutely Free*, el siguiente álbum (Verve V6-5013) de los Mothers of Invention, que es inclasificable: aprovecha todas las ventajas de los instrumentos eléctricos, y a manera de collage reúne las principales manifestaciones musicales del siglo en un corte antológico y sorprendente: "Brown Shoes Don't Make It" y "America Drinks & Goes Home", donde hay dodecafonía, rock, acid rock, reminiscencias de Stravinsky, Varèse y Orff, burlas sangrientas, deseos de epatar ("si fueras mi hija... ¿Qué harías, papi? Si fueras mi hija, mmmmm..."), regreso a la inocencia y paseos por la maldad: muchas cosas más. En otra pieza, "Invocation & Ritual Dance of the Young Pumpkin", se hace una loa al vegetarianismo mientras se introduce la improvisación de una flauta en sol y un requinto con fuzz al mismo nivel de balance de grabación y simultáneo en la ejecución. Hay burlas sangrientas (después de presentar al presidente de los EU, de que parodian la voz de Johnson, dicen: "Perdónenlo, ha estado malito"), loas a las verduras ("hay muchas posibilidades de que una calabaza te responda"). Las cintas han sido editadas, como en el cine. Las voces forman parte activísima y a veces homenajean a la comedia musical o a los trabajos de Varèse o de Boulez.

The beat goes on en el tercer álbum Mother: *We're Only in It for the Money* (Verve V6-5045X). En la portada, para hacer más claro el título, los Mothers están vestidos de prostitutas baratísimas; y en la parte central hay una parodia sensacional de la portada de *Sgt. Pepper's*: figuras de cera, los Mothers actuales con sus atuendos *slut*, entierro con letras formadas con verduras, y personajes (Jimi Hendrix, Elvis Presley, Tom Wilson, Hopalong Cassidy, Theda Bara, Johnson con una tira de censura en los ojos, una mujer embarazada, busto de Beethoven también censurado, *et caetera*); las letras sobre fondo rojo y el grupo dando las espaldas: hay incluso una hoja para recortar botones, barbas, un billete con el ombligo de Zappa, una placa con un pezón con pelos y cosas así de sicodélicas. Uf. El disco reúne maravillas, todas compuestas como siempre por Zappa: "Who Needs the Peace Corps?", burla a los *phony, fake* o *plastic hippies* (o sea: hippies falsos, de a peso); "Concentration Moon", donde se pide: "rompa la cara de cada tarado con una roca"; "Mom and Dad", pitorreo al *american way of boring life*; "Harry, You're a Beast", con su jugueteo pornográfico; "What's the Ugliest Part of Your Body?", que es, por supuesto en los *plastics*, la mente; "Flower Punk", cotorreo de "Hey Joe" para volver a fustigar a los falsos hips; "Let's Make the Water Turn Black", una estupenda melodía pegajosa con letra siniestra; "The Idiot Bastard Son", el papá es nazi y miembro del congreso; "It's His Voice in the Radio", donde se denuncia ahora a las niñas de la moda mod, vacías, y se anuncia una época sin hipocresías y con verdadero amor y comprensión; "Mother People", que es en realidad un comercial del grupo; y finalmente "The Chrome Plated Megaphone of Destiny", que sólo se puede oír después de haber leído a Kafka y que es en realidad la mejor asimilación de la música concreta, el homenaje a Varèse, con dimensiones distintas.

En todo el disco se advierte un inmejorable uso del pedal (o gua, como se le conoce en México) sólo comparable al de Eric Clapton en las piezas de *The Cream*, y de los aditamentos para guitarra. Pero hay instrumentaciones complejísimas, edición estupenda de nuevo y arrobas de talento. En realidad, la música de Zappa no es comercial y es poco digerible porque, como en los casos importantes, ofrece un canje de valores: Zappa entrega un orden distinto y el escucha, cuya mente y formación corresponden a otro sistema estético, no puede aprehender el sistema de los Mothers of Invention. Pero ya llegará a hacerlo: Zappa logra depurarse cada vez más y, al afinar sus medios de expresión, ofrece la posibilidad de que el escucha entre en su sistema sin obstáculos innecesarios.

Los azules

Con Muddy Waters asimilado por Bob Dylan y los Rolling Stones, el blues se hizo eléctrico en los Estados Unidos y se constituyó en saxofones, armónicas y guitarras en Chicago, principalmente. De allí salió Paul Butterfield, quien se unió a uno de los mejores guitarristas que existen, Mike Bloomfield, y a Elvin Bishop para crear su Butterfield Blues Band que graba en Elektra y ha ofrecido tres lps: *The Paul Butterfield Band*, *East-West* y *The Resurrection of Pigboy Crabshaw*, este último ya sin Bloomfield. En los tres discos hay una evolución cualitativa sorprendente: los fraseos de la armónica de Butterfield y su voz negra, pastosa, más el equilibrio del grupo han dado una vitalidad insólita al blues. Las improvisaciones llegan a la maestría y se emparentan a cada momento con el jazz, sobre todo en "East-West" y en "Driftin' & Driftin'", pero el ritmo y la sensibilidad se manifiestan siempre con nuevos matices, como en "One More Heartache", "Walkin' Blues", "Get Out of My Life, Woman" y en el ya clásico "Born in Chicago" (en 1941, no en 1944 como bromea Javier Bátiz).

Bloomfield consideró que podía desarrollar una serie de ideas distintas y por eso dejó a Butterfield para formar su Electric Flag.

En discos Sidewalk dejó el sountrack de *The Trip*, el film de Roger Corman sobre las drogas sicodélicas. Para este disco reunió una banda que incluye órgano, piano, clavecín, trompeta, corno, saxofón, violín eléctrico, *Moog synthesizer* y percusiones; y con ella buscó efectos *ad hoc*, reminiscencias a los *twenties*, experimentó con el sonido pero no pudo dejar su sensibilidad blues, que sin embargo desarrolló mucho mejor en su siguiente disco (ahora Columbia): *A Long Time Comin'*, donde desarrolla sus improvisaciones magistrales con el fondo de *full blues band*, después de haber demostrado que es un arreglista y compositor lleno de ideas frescas.

Blues Project es otro de los grupos clásicos. Para Verve ha grabado un *Live at The Cafe Au Go-Go*, otro *Live at Town Hall* y su *Projections*. Los genios del grupo son Al Kooper y Steve Katz, quienes arreglaron "I Can't Keep From Crying" y "Wake Me, Shake Me", "Two Trains Runnin'" y la pieza de Chuck Berry, "You Can't Catch Me". Pero también crearon dos obras maestras: "Steve's Song" (de Steve) y "Flute Thing" (Kooper), donde muestran su asimilación de las músicas clásica y oriental. El grupo puede variar del hard y acid rock y llegar a matices de ternura magistrales.

Como Bloomfield, Al Kooper y Katz se independizaron para formar su propio grupo, ahora uno de los más importantes del blues: Blood, Sweat & Tears. Y como todas las bandas mencionadas, ésta se halla formada por blancos que han asimilado el blues negro a la perfección. Su primer disco, *Child Is Father to the Man* (Columbia), es magnífico, lleno de imaginación.

Big Brother and the Holding Company han grabado un disco mainstream: *Big Brother and the Holding Company*, que tiene material original y, principalmente, la voz de Janis Joplin, una muchacha que hace olvidar los arreglos simples y las improvisaciones sin brillo del conjunto. Janis canta con una potencia que estremece en "Bye, Bye Baby", "Women Is Losers", "Light Is Faster Than Sound" y "Call on

Me", pero en momentos se excede en el arte de gritar y no logra la coherencia y el equilibrio de Grace Slick o de Mama Cass.

Otro guitarrista magistral, lleno de capacidad y sensibilidad, es John Mayall, que formó a los Bluesbreakers y grabó un lp, *Crusade*, para discos London. Haciendo uso del *speed back*, Mayall destruye amplificadores pero electriza al público.

Canned Heat es un grupo de negros que, paradójicamente, no ha alcanzado la calidad de los *whitebluesmen*. En su primer disco Liberty, *Canned Heat*, alcanza estupendos momentos con la pieza legendaria de Muddy Waters "Rollin' and Tumblin'" y en "Catfish Blues", pero en el resto de los tracks aún hay rutinas comunes. En su nuevo lp, *Boogie*, Canned Heat se muestra más versátil, pero sin perder la vitalidad ya demostrada.

Honoris causa

Los Lovin' Spoonful estrenaron una grabadora que en serio se llama Kama Sutra. El primer disco del cuarteto fue un exitazo: *Do You Believe in Magic*, al cual siguieron clásicos como "Did You Ever Have to Make-up Your Mind?", "You Didn't Have to Be So Nice", "Daydream", "Butchie's Tune", "Younger Girl", "Summer in the City", "Nashville Cats", "Darlin' Be Home Soon", etcétera. Mientras contó con la presencia de Zal Yanovsky, requinto, todo fue de maravilla, pero cuando Jerry Yester se unió al genio John Sebastian, a Joe Butler y a Steve Boone, los Spoonful no pudieron alcanzar la calidad anterior (algo parecido sucedió con los Yardbirds: cuando se fue Eric Clapton, los Yardbirds se acabaron). Pero quedan las composiciones de John Sebastian y sus arreglos (se incluyen los soundtracks de *You're a Big Boy Now* y *What's Up, Tiger Lily?*) que revolucionaron el rock y anticiparon todo el riquísimo movimiento actual. Los Spoonful fueron los primeros en utilizar los overdubs para tocar hasta dieciséis instrumentos en una sola canción: manejaron sabiamente requintos y bajos de seis, ocho y doce cuerdas, eléctricas, steel y de madera; grabadoras en los shows, banjo, piano, todo tipo de cuerdas,

66

todo tipo de percusiones, silbatos, armónicas, cláxones, órgano, etcétera, pero dando una función a cada instrumento para no caer en el caos, como sucede muchas veces. El espíritu Spoonful reunió toques de country, de rhythm and blues, de soul, folk, urban-folk y de psychedelics, y sin el cuarteto, los grupos actuales habrían tenido que sortear muchísimos obstáculos.

Otro grupo precursor es The Mamas & the Papas, un conjunto vocal compuesto por John Phillips, guitarra, y Michelle Gilliam, ambos compositores; Denny Doherty y la tremenda Cass Elliot, ambos exmiembros de los Mugwumps, un cuarteto demasiado bueno para la época en que salió. Mamas & the Papas grababan en discos Dunhill y dejaron (porque el grupo se separó ya) cuatro lps estupendos: *If You Can Believe Your Eyes and Ears*, *The Mamas & the Papas*, *Deliver* y *Farewell to the First Golden Era*. La unión de las voces, con los arreglos de John, logró prodigios por la limpieza, la honestidad y el swing. En "Words of Love", el cuarteto introdujo por primera vez una pianola y desató así la onda *art nouveau*, que después sería (en tipografía y dibujos) factor decisivo de la sicodelia musical. Cass Elliot es sin duda una de las mejores cantantes que han existido en la música popular. Y sin opiniones sectarias, el cuarteto es un antecedente decisivo para la explosión musical que actualmente ha transformado todo.

The Byrds do fly

En 1965 aparecieron los Byrds (discos Columbia) con una canción de Bob Dylan: "Mr. Tambourine Man". En esa época eran Jim McGuinn, requinto; Chris Hillman, bajo; Dave Crosby, acompañamiento; Gene Clark, cantante, y Mike Clark, batería. Todos ellos grabaron juntos los dos primeros lps: *The Byrds* y *Turn! Turn! Turn!* Gene Clark se salió cuando apareció *Fifth Dimension* y los cuatro restantes hicieron *Younger Than Yesterday*, pero Dave Crosby y Mike Clark salieron y los Byrds ahora son McGuinn, Hillman y Kenny Kelly, quienes lograron el bellísimo álbum *The Notorious Byrd Brothers*. Si desde el principio los Byrds influyeron decisivamente para transformar la música popular (en esa época los conjuntos buenos sólo eran tres: Beatles, Stones y Byrds), actualmente siguen formando el conjunto más importante de los Estados Unidos, porque descubrieron primero que nadie los hallazgos fundamentales de la música que disfrutamos en estos días, en teoría y en práctica. Los Byrds dieron conciencia a los músicos jóvenes, les enseñaron a instrumentar, a componer, a experimentar, a crear belleza. Sin los Byrds no se explican los Mothers, ni Jefferson Airplane, ni Peanut Butter, ni

Love, ni Doors ni toda la ideología que sustenta al movimiento musical de importancia. Desde el primer álbum era difícil creer que fuese posible tanta calidad, tanta belleza, y al oír el último la impresión sigue siendo la misma, aunque los Byrds ya no sean los mismos y hayan recorrido una evolución cualitativa fundamental. En *Notorious Byrd Brothers*, para citar un ejemplo, se encuentra un estilo único aunado a la experimentación equilibrada. Hay piezas maestras como "Change Is Now", "Draft Morning", "Tribal Gathering", "Wasn't Born to Follow" y "Get to You". De los discos anteriores se puede afirmar lo mismo. Los Byrds son un caso aparte porque nadie logra comunicar tanto amor y esperanza y ternura como ellos. Quizá son menos espectaculares, pero en esencia son más completos, más trascendentes. Para poder calificar los discos de los Byrds hay que recurrir a los coloquialismos: no tienen madre.

Wear flowers in your hair

Al mismo tiempo que el movimiento hippie buscó el conocimiento y alzó su bandera *freak*, en San Francisco principalmente, una serie de conjuntos musicales se dio a la tarea de traducir en arte esa premisa (hasta la fecha, la única aportación de importancia). En el Fillmore y el Avalon se dieron a conocer varios de los grupos más importantes de la actualidad: Jefferson Airplane, Grateful Dead, Country Joe & The Fish, Love y Peanut Butter Conspiracy. En todos ellos hay cierta unidad conferida por una ideología semejante y porque aparecieron por las mismas fechas. Siguiendo la consigna byrd, no compiten entre sí, pues saben que lo que uno descubre ayuda a los otros.

Jefferson Airplane, el *delicious* Airplane, es quizás el grupo más conocido por sus éxitos "Somebody to Love" y "White Rabbit". El grupo cuenta con la presencia bellísima de Grace Slick, cuya voz sólo puede compararse con la de Mama Cass; pero también se encuentran los músicos-compositores Paul Kantner, acompañamiento; Jorma Kaukonen, requinto; Jack Casady, bajo; Marty Balin, guitarra; y Spencer Dryden, batería. En el primer lp RCA Victor, aún sin Grace: *Takes Off!*, el grupo no demostró lo que podía hacer, pero en

Surrealistic Pillow, el avioncito quedó como uno de los mejores grupos existentes. En *Surrealistic* hay lucha contra lo establecido, mensajes de amor y comprensión, referencias a Lewis Carroll que esconden fraseología sicodélica ("White Rabbit"), desenmascaramiento de la sociedad de plástico, vacía ("Plastic Fantastic Lover"), y obras de extraordinario lirismo ("Comin' Back to Me", "Embryonic Journey"), mientras que el hard/acid rock se empezó a mostrar ("She Has Funny Cars", "3/5 of a Mile in 10 Seconds"). Sin embargo, la proeza continuó en el siguiente álbum: *After Bathing at Baxter's*. Salvo un track lleno de *groovy sounds* y voces *freaks*, la experimentación del Airplane dejó frutos desconcertantes en el hard rock ("Ballad of You & Me & Pooneil", "Martha", "Watch Her Ride"). Las composiciones de Grace Slick y de Paul Kantner exploran el sonido y obtienen resultados imprevisibles. *After Bathing* es otro disco importantísimo: es ya el resultado de un equipo que trabaja como una sola persona, consciente de lo que quiere; por eso, la música es extraña, aunque aparentemente siga siendo hard rock.

Grateful Dead sólo ha grabado un lp Warner: *Grateful Dead*. Lo forman Jerry Garcia (*Captain Trips*), Billy the Drummer, Bob Weir, Pigpen y Phil Lesh. Con Grateful Dead sucede un poco lo que con el último disco de Airplane: aunque en apariencia digerible, ofrece construcciones y estructuras poco comunes. Por un lado manipula hard rock ("The Golden Road (To Unlimited Devotion)", "Good Morning, School Girl"), y por otro, acid rock con armonías que se van encabalgando y tejiendo con una progresión apenas advertible ("Morning Dew", "Viola Lee Blues"). En otro momento, Grateful Dead se adentra de lleno en el flashback y en "Beat It On Down the Line" el rock and roll resurge con tonalidades distintas. Por todas estas razones me explico que el quinteto no haya tenido la difusión que merece, aunque en la onda sea uno de los grandes.

Country Joe & the Fish también participa de una dualidad. En su primer lp Vanguard, *Electric Music For the Mind and Body*, y en el segundo, *I-Feel-Like-I'm-Fixin'-to-Die*, a veces es Country Joe y en otras, The Fish. En el primer caso: blues, búsquedas en el folk, armónicas, instrumentaciones más sencillas; en el segundo: música más *far out*, sonidos e instrumentos distintos. Pero también existe el sonido de Country Joe & The Fish: la reunión de ambas corrientes más letras de intención sutil, efectos, etcétera. En la primera categoría se pueden incluir "Death Sound Blues", "Flying High", "Rock Coast Blues", "Thought Dream"; en la segunda, "The 'Fish' Cheer/I-Feel-Like-I'm-Fixin'-to-Die Rag", "The Masked Marauder", "Not So Sweet Martha Lorraine", "Superbird"; y en la tercera, "Who Am I?", "Janis", "Eastern Jam", "Section 43" y "Pat's Song". Como sea, siempre es fascinante por sus características: imaginación, ternura, *feeling*, poco uso de figuras barrocas, mucha sensibilidad y letras que van de lo cotidiano a lo directo y a referencias crípticas. Hay obras maestras: "Janis", "Pat's Song" y "Eastern Jam". Joe McDonald compone y canta y dirige a The Fish: Bruce Barthol (bajo), David Cohen (órgano y requinto), Barry Melton (requinto) y Chicken Hirsh (batería). Entre todos tocan también salterio, clavecín, cítara, múltiples guitarras, armónica.

En sus inicios, Love sonaba casi totalmente byrd (*Love*, discos Elektra), pero después (*Da Capo*) el grupo fue adquiriendo su propia personalidad y actualmente, en su último álbum (*Forever Changes*), la depuración en el manejo de la guitarra de doce cuerdas, más una mayor riqueza de instrumentaciones con cuerdas y metales, han dado un sonido muy limpio, *cool*, desprovisto de las asperezas iniciales. En *Forever Changes* el *mood* es muy distinto al de *Love*, en el cual predominaba un ritmo fuerte. Ahora, en piezas como "Alone Again Or", "A House Is Not a Motel" y "Live And Let Live", principalmente, la sensibilidad está más contenida y sólo explota a través del fuzztone. Arthur Lee es el principal compositor del grupo y ha mejorado mucho al cantar.

Peanut Butter Conspiracy también fue influido por los Byrds y por Jefferson Airplane, y en momentos, por Mamas & the Papas. El grupo es decididamente prodrogas. Su himno, "Turn on a Friend", ya es bastante elocuente. El deseo de mostrar las alturas los llevó a crear "Too Many Do", una pieza complicada y bellísima que alcanza un verdadero clímax sin recurrir a otros instrumentos o a efectos. Oír a Peanut Butter siempre es fascinante porque se descubren nuevos valores. Detalles que parecían planos cobran otro significado. Hay piezas bastante lamentables en el único lp, *The Great Conspiracy* (Columbia), pero no son ni tres.

Una palabra acerca de Moby Grape (Columbia): es deprimente cómo buenos músicos (Bob Wesley, Skip Spence, Jerry Miller) se hayan prestado a formar un grupo dirigido por la Columbia, así como Colgems dirigió a los Monkees. Es el tipo perfecto de *plastic freak*, a pesar de que su hard rock es buenísimo.

Far out

Pink Floyd es un grupo inglés que sacó un álbum en discos Tower: *The Piper at the Gates of Dawn*. En él se incluye el sencillo de regular éxito "See Emily Play", donde ya se advertían las ansias experimentales del cuarteto (Syd Barrett —requinto—, Roger Waters —bajo—, Rick Wright —órgano y piano— y Nicky Mason —batería—; los dos primeros cantan, la mayor parte de las composiciones son de Barrett). En el álbum hay un verdadero alud de fuerza a través de los instrumentos eléctricos, de moog y de otros efectos. En ciertas piezas ("Pow R. Toc H." —entiéndase toque poderoso—, y "The Scarecrow", "See Emily Play"), los experimentos se conservan en un nivel equilibrado, pero en el máximo ejercicio ("Interstellar Overdrive") hay excesos notables entre hallazgos verdaderos. De cualquier manera, es un grupo que puede mejorar muchísimo.

The Fugs están en la onda *freak*, y en cierto sentido son el equivalente del este de Mothers of Invention. Aquí los genios son tres: Ken Weaver, Tuli Kupferberg y, principalmente, Ed Sanders; los tres tipo Rasputín. Los acompañan Charles Larkey, Dan Kootch y Ken Pine. Es quizás el grupo más decididamente sicodélico: su tema se llama "Turn On, Tune in, Drop Out", que como se sabe es la consigna de Tim Leary. Una de sus piezas está basada en un poema de Ginsberg ("Hare Krishna"). Acostumbran también las *freak sessions* (una genial: "Exorcising the Evil Spirits From the Pentagon"), pero estando en la misma onda de Zappa es imposible dejar de notar que mientras Mothers está adelantadísimo, Fugs continúa en el acid rock con ocasionales escapadas a la esencia. Pero son muy buenos (*Tenderness Junction*, Reprise).

Nice es la versión estadounidense de Pink Floyd. Su álbum *The Thoughts of Ermerlist Davjack* (Immediate) incluye piezas estupendas como "Flower King of Flies", inquietantes ("Rondo", que no es otro que el "Blue Rondo à la Turk", de Brubeck, pero transformadísimo y mejorado) e interesantes ("War and Peace", "Tantalising Maggie" y "The Cry of Eugene"). Firman unas piezas como Emerlist Davjack, que es una combinación de sus nombres: Keith Emerson (órgano, piano, clavecín), Lee Jackson (bajo), David O'List (requinto, trompeta, flauta) y Brian Davison (percusiones). "The Cry of Eugene" tiene las características de "Interstellar Overdrive" de Pink Floyd: reúne grandes aciertos, pero padece excesos insufribles.

Freak Scene es un grupo de Nueva York que sacó un disco Columbia: *Psychedelic Psoul*, muy emparentado con Mothers of Invention y con los Fugs. Coincide en anotar epígrafes de Timothy Leary, pero incluye otros de Lenny Bruce, Baudelaire, McLuhan, Bob Dylan y Stephen Schneck. Esta mezcla tan heterogénea de mentores espirituales indica un poco la confusión del disco: sesiones típicamente *freaks*, repeticiones obsesivas de frases musicales, y aciertos notables, sobre todo en el terreno de las percusiones.

Loners

La influencia de Bob Dylan se muestra en muchos aspectos, pero principalmente en toda una serie de cantantes-compositores que, como él, pasaron de la música folclórica a estilos personales que reúnen instrumentaciones eléctricas. Donovan es el más importante, porque su estilo y su sensibilidad es muy distinto al de Dylan. Desde sus canciones iniciales para discos Hickory ("Universal Soldier", "The Summer Day Reflection Song") se mostraba una gran ternura y relajamiento en sus composiciones, cualidades que conserva hasta la fecha. Donovan dejó la guitarra de madera para cantar con grupo a partir de su primer disco Epic, *Sunshine Superman*, que lo lanzó a la popularidad en gran escala. Siguió con *Mellow Yellow*, que no tuvo ni la mitad de la calidad de *Sunshine* aunque sí tanto éxito. Más sencillos se sucedieron, siempre con resonancia, y a través de ellos grabó lps con estupendas composiciones, generalmente mejores que los *singles*. Sin embargo, Donovan aún no maduraba lo necesario para dar un álbum magistral. Después de conocer a Maharishi Mahesh lo logró: se llama *A Gift From a Flower to a Garden* e incluye 24 canciones estupendas, de las que destacan "Mad John's Escape", "Wear Your Love Like Heaven",

"Little Boy in Corduroy", "Someone Singin'" y "Oh Gosh". Sus acompañamientos incluyen cuerdas, flautas, ritmos jamaiquinos, vibráfono y guitarras eléctricas. Él ejecuta el requinto y canta con una voz perfectamente relajada sus canciones: prodigios de dulzura, tranquilidad, relajamiento y poesía a través de imágenes hermosas y limpias. Donovan está decididamente *turned on.*

Simon and Garfunkel se dieron a conocer con varias canciones magníficas: "The Sounds of Silence", "Homeward Bound", "I Am a Rock". Los dos componen y han logrado una buena fusión de voces. Sus arreglos pueden incluir grandes instrumentaciones, grupos pequeños o sus guitarras nada más. Su álbum *Parsley, Sage, Rosemary and Thyme* tiene eternidades en la lista de lps y sigue subiendo. Hicieron la música de *The Graduate,* el film de Nichols, y su álbum más reciente, *Bookends* (Columbia), incluye un sencillo magistral: "Fakin' It".

Arlo Guthrie es hijo de Woody Guthrie, pero aún le falta mucho para lograr el genio de su padre. Sin embargo, su disco Reprise *Alice's Restaurant* está lleno de buenos momentos y anuncia una evolución rápida y positiva para Arlo.

Leonard Cohen surtió de material a Judy Collins en sus últimos discos y al fin se decidió a grabar sus canciones (*The Songs of Leonard Cohen,* Columbia). Es un compositor genial, con la profundidad y la fuerza de Dylan, pero con otro tipo de metáforas que logran rescatar lo cotidiano para darle valor de mágico. "Suzanne" y "Dress Reherseal Rag" son magistrales.

Judy Collins, a su vez, también empezó cantando con su guitarra, pero en sus dos últimos lps (*In My Life* y *Wildflowers,* Elektra) canta con orquestación y sube muchísimo, porque aumenta la fuerza de su antología de "Marat/Sade", de Peaslee; de "La Colombe", el clásico de Jacques Brel; de las canciones de Cohen, y de su material, siempre bien escogido y que reúne canciones de los Beatles, de Dylan y de Kurt Weill y Bertolt Brecht. La voz de Judy Collins contiene emoción, potencia y mucho oficio.

Otro cantante-compositor sensacional es Tim Buckley, que graba también para Elektra. Tiene dos discos: *Tim Buckley* y *Goodbye and Hello*. Sus instrumentaciones sorprenden por la riqueza imaginativa, acorde a sus poemas musicados, llenos de imágenes y simbolismos. "Pleasant Street" se vanagloria de una figura pianística que desciende, desciende hasta conjugarse con el sonido de un órgano de catedral. "Phantasmagoria in Two", "Hallucinations", y "Once I Was" y "Goodbye and Hello" son otras maravillas.

Groupies

El alud de nuevos grupos parece no cesar por el momento. Semana a semana las grabadoras de vanguardia o las establecidas lanzan al mercado conjuntos con nombres extravagantes que en muchos casos resultan siniestros pero que a veces son cuando menos muy respetables, si no es que magníficos.

Iron Butterfly es uno de los mejores grupos aparecidos en California últimamente. Para discos Atco grabó un lp —*Heavy*— que ha obtenido buen movimiento en las listas. Darryl DeLoach y Doug Ingle componen la mayor parte de las canciones del quinteto y las cantan. El órgano juega un papel muy importante junto al fuzztone en canciones como "Iron Butterfly Theme", "So-Lo", "Possession", "Unconscious Power" y en versión heavy de "Get Out of My Life, Woman".

Steppenwolf, aparte de homenajear el clásico de Hermann Hesse, tiene —en su disco Dunhil *Steppenwolf*— un lado flojo y otro muy digno. El inicio de "Desperation" con órgano y fuzz es notable; "The Pusher" es una filípica contra los traficantes de drogas a niveles obsesivos de maledicencia; "A Girl I Knew" y "Take What You" son canciones sencillas, bien instrumentadas; y "The Ostrich" muestra un buen dominio del distorsionador con ritmo puro. Las voces son estupendas; por desgracia, la otra parte del disco, aunque el material es original, brilla por su mediocridad.

Vincebus Eruptum es el nombre del álbum Philips de otro grupo espléndido: Blue Cheer. Con una terrífica versión, en sencillo, de "Summertime Blues", el conjunto se ha hecho de buenos lugares en las dos listas ya que posee la violencia y el ritmo que encaja dentro del blues y de la música de vanguardia. Su manejo del fuzztone es de los mejores.

Con otro sencillo también, First Edition, cuarteto mixto, ha logrado bombardear los mercados. El sencillo, con voces un poco distorsionadas, es "Just Dropped In (To See What Condition My Condition Was In)" y el lp, Reprise, se llama *First Edition*. El material es desigual, pero contiene aciertos innegables.

También hay aspectos interesantes en la producción reciente de los siguientes grupos: Ultimate Spinach (MGM), Rotary Connection (Cadet), Hour Glass (Liberty), United States of America (Columbia), Clear Light (Elektra), Sopwith Camel (Kama Sutra), Lemon Pipers (Buddah), Kaleidoscope (Epic), Candymen (ABC), Hook (Uni), Strawberry Alarm Clock (Uni), Fever Tree (Uni) y Phluph (Verve). También se halla *The Time Has Come* (Columbia), de los Chambers Brothers: verdaderamente bueno.

Groovy

Sin embargo, lo mejor que se ha dado últimamente en los Estados Unidos (claro, aparte de Doors, Mothers y los grupos de San Francisco) son tres conjuntos importantísimos que han hecho música totalmente distinta a toda la existente. Ninguno es de California.

H. P. Lovecraft sólo tiene un álbum: *H. P. Lovecraft* con datos breves del escritor y poeta del terror, inventor de los mitos de Cthulhu (1890-1937). El grupo se halla compuesto por George Edwards (acompañamiento y bajos: eléctrico de seis y de doce, acústico de seis y guitarrón; canta y compone), Dave Michaels (piano, órgano, clavicordio, clarinete, grabadora; canta y compone), Tony Cavallari (requinto, canta y compone), Jerry McGeorge (bajo, canta), Michael Tegza (batería, timbal y percusiones; también canta). Una pequeña orquesta que incluye clarinete, flauta, corno inglés, saxofones bajo, alto y tenor; corno francés, trombones, tuba, vibráfono y campana. Las voces del grupo son extraordinarias y todo su material de una forma u otra tiene que ver con la obra literaria de Lovecraft. También son dueños de una versatilidad que les permite pasar del hard rock al *art nouveau*, a la asimilación de la música clásica, a la armonización vocal, al rock con huellas de ritmos latinos, al rhythm and blues. Después de jugar a los *roaring twenties* en "The Time Machine" con referencias a la mariguana y a las drogas, manipulan los instrumentos bases en "Country Boy and Bleeker Street". Pero la pieza cumbre es "The White Ship", con un arreglo sensacional por la precisión: los cornos, el clavicordio, las percusiones y las voces recuerdan a Ravel fundamentalmente, pero sin caer en el efecto.

Vanilla Fudge también apareció sin sencillo y con un álbum sensacional: *Vanilla Fudge* (Atco). En él no hay ninguna composición original, pero como si lo fueran: piezas de los Beatles, de Sonny & Cher, de las Supremes, de los Zombies son radicalmente reestructuradas y no tienen el más mínimo parecido con las canciones originales. El grupo está compuesto por órgano (Mark Stein), requinto (Vince Martell), bajo (Tim Bogert) y batería (Carmine Appice). Todos cantan y llegan a registros altísimos o a niveles de tersura. Pero las instrumentaciones y el manejo orgásmico del órgano y del fuzz, más las voces y los arreglos, confieren una atmósfera densa que casi puede tocarse. Hay que escuchar el disco en riguroso orden, desde "Ticket to Ride" hasta "Eleanor Rigby" para adentrarse paulatinamente en el clima terrible, alucinante. Vanilla Fudge toca sin recurrir a músicos e instrumentos extras, sin overdubs ni efectos de ningún orden. Pero no lo necesita: con los cuatro instrumentos pueden reproducir todo lo que quieren para sus fines. Desgraciadamente, en su siguiente álbum, *The Beat Goes On*, los experimentos intentados no florecieron como debían. El track "The Beat Goes On" sirve de enlace entre las piezas: una brevísima historia de la música, con Bach, Miller, Presley y Beatles, que nunca llega, a la altura de los modelos. Las versiones de "Para Elisa" y la "Claro de luna" (Beethoven) resultan mucho mejor logradas. Después, con saña escogieron pasajes claves de discursos de gente famosa, pero es el fondo musical el que las hace más sólidas. Por último, cada miembro del cuarteto improvisa hasta cerrar con otra versión de "The Beat Goes On". La diferencia entre un disco y otro es abismal, y puesto que el primero prometía tanto, el segundo desilusiona mucho, aunque se reconozca el talento y el virtuosismo ya mostrados de antemano.

El matrimonio secreto entre Bob Dylan y el marqués de Sade es la frase que mejor resume a la música de Velvet Underground. Verve ha prensado dos discos, ambos sensacionales, del grupo: *The Velvet Underground & Nico* y *White Light/White Heat*. Las composiciones de Lou Reed, que él canta casi siempre, permiten las instrumentaciones con guitarras que se entretejen y se mezclan con las variaciones fuzzy y la aparente falta de orden y de estructura. La viola eléctrica cumple también esa función, al igual que el bajo y las percusiones. El ritmo en puro, en su manifestación más vital, puede apreciarse en toda la música de Reed y el Velvet Underground. En el primer lp destacan "I'm Waiting for the Man", "Femme Fatale", "Run Run Run", "Heroin" y "European Son", aunque todo el material es excelente a pesar de la presencia fría de Nico y su voz plana. Todo el material del segundo lp sigue siendo tan bueno, pero con mayor trabajo consciente para obtener la confusión y la dislocación de los elementos tradicionales. "The Gift" narra la historia de Waldo, quien se autoenvía por correo para darle una sorpresa a Marcia, pero ella, al no poder abrir el paquete, termina atravesando paquete, envoltura, cojines y cerebro de Waldo con un serrucho. Lou Reed cuenta con naturalidad y la música (compuesta por todos) va deslizando una serie de improvisaciones que contrapuntean con la historia (sádica) que se narra. Y en "Sister Ray" se ofrece la versión madura de "European Son": un torrente de ritmo graduado a través de los instrumentos improvisantes: órgano y guitarra. La voz de Reed entra en momentos, da la atmósfera o la corrobora, y vuelve a salir. La guitarra: en grosero, con zumbidos del fuzz y otras distorsiones stonianas. La música de Velvet Underground, con su estructura, ritmo y letras agresivas, líricas y epatantes, resulta una experiencia poco frecuente. Requinto: Lou Reed (compositor y cantante). Bajo, viola, piano, órgano: John Cale. Acompañamiento: Sterling Morrison. Percusión: Maureen Tucker.

Move over & let England take over

El órgano de Steve Winwood dio vida al mejor material de Spencer Davis Group. A su debido tiempo se separó para formar su conjunto, un trío: Traffic, que desde su aparición despertó mucho interés. A Winwood se le encomendó la música de *Here We Go Round the Mulberry Bush* con la colaboración de su excompañero Spencer Davis y su grupo. En todo el soundtrack (United Artists) predomina la música de Traffic, llena de ritmo y profesionalismo.

Antes, en Australia, los hermanos Gibb formaron los Bee Gees desde que eran unos niños. El trío tuvo mucho éxito y se mudó a Inglaterra, donde reunió un par de músicos más para grabar dos lps (Atco): *1st* y *Horizontal*. Los Bee Gees, llenos de reminiscencias beátlicas, han hilado estupendos hits: "New York Mining Disaster 1941", "To Love Somebody", "I Can't See Nobody", "Holiday", "Words", "Massachusetts", "World"; en los Bee Gees predomina la instrumentación —muchas cuerdas, clavecín, metales, alientos— muy acordes con las composiciones de los hermanos Gibbs: baladas llenas de sensibilidad.

Eric Clapton, a su vez, enriqueció a los Yardbirds. Después tocó con John Mayall y por último se unió con dos músicos sensacionales:

el bajista (seis cuerdas) Jack Bruce y el baterista Ginger Baker. Eric Clapton es, por su parte, uno de los requintos más increíbles que existen (los otros: Jimi Hendrix, Mike Bloomfield, Pete Townshend, Robby Krieger, Brian Jones). En su primer álbum Atco, *Fresh Cream*, el trío aún no llegaba a canalizar bien el triple virtuosismo (salvo "Dreaming" y "I'm So Glad"), pero en el segundo, *Disraeli Gears*, la cosa cambió: en "Strange Brew", "Sunshine of Your Love", "Tales of Brave Ulysses", "We're Going Wrong", "Outside Woman Blues" y "Take It Back" el trío se alzó hasta colocarse como uno de los mejores grupos actuales. Ya no es el blues un poco caótico homenaje a Muddy Waters, sino la música propia, estilo y vitalidad.

My Generation, *Happy Jack* y *Sell Out* son los tres lps Decca que Kit Lambert produjo para The Who, el cuarteto dirigido por Peter Townshend. El margen de experimentación y calidad de Who es ilimitado. Desde el humor en "Boris the Spider" y "Whiskey Man", el hard rock en "Don't Look Away", "Run Run Run", "So Sad About Us", "I Can See For Miles"; la miniópera en "A Quick One, While He's Away"; la violencia en "My Generation"; la poesía en "Our Love Was", "Is it in my head?" y "Mary Ann With the Shaky Hand"; la pornografía y el erotismo en "Pictures of Lily" y "Tattoo"; lo enigmático y terrible en "Armenia City in the Sky" *et al.* Cada miembro de Who es un virtuoso y el grupo se entiende y sostiene una interrelación envidiable. En *Sell Out* la música compone un show de radio y por eso no hay cortes entre canción y canción, sino ligues a través de jingles canallescos ("Radio London reminds you: go to the church of your choice"). Who insiste en actuar en vivo, para no supeditarse a overdubs, orquestas y efectos. La comunicación debe hacerse frente a frente. Roger Daltrey es el cantante. John Entwistle toca bajo, corno francés, corneta y tuba. Peter Townshend, requinto: el iniciador del feedback y de la distorsión pegando la guitarra al amplificador, hasta que explote. Keith Moon, uno de los mejores bateristas del mundo con Ginger Baker, Ringo Starr, Charlie Watts y Mitch Mitchell. Cada show de Who es la destrucción: acaban con baquetas, tambores, amplificadores, micrófonos y guitarras (Fender).

Procol Harum se dio a conocer con "A Whiter Shade of Pale" (Deram) y sólo tiene un lp: *Procol Harum*. Las letras son del poeta Keith Reid y la música, de Gary Brooker. El conjunto lo forman Brooker (piano y cantante), David Knights (bajo), B. J. Wilson (batería), Robin Trower (requinto) y Matthew Fisher (órgano). Su sonido es sumamente complejo, pero tan denso que casi se puede tocar: se amuralla en el interior del escucha gracias al órgano de Fisher; no un órgano místico (Vanilla Fudge) o cósmico (Stones), sino muy intenso. Pero esa atmósfera también se logra con la voz de Brooker y el requinto fuzzy. Los solos se construyen con pocas figuras, sosteniendo y raspando las notas. Entre las obras maestras hay que contar: "A Whiter Shade of Pale", "Repent Walpurgis", "She Wandered Through the Garden Fence", "Salad Days (Are Here Again)", "Something Following Me", "Cerdes (Outside the Gates Of)", "A Christmas Camel", "Conquistador" y "Kaleidoscope".

La experiencia. Jimi Hendrix no es inglés. Su grupo, The Experience, sí: Noel Redding (bajo: sin duda el mejor después de Billy Wyman) y Mitch Mitchell (batería). Hendrix compone, canta y toca todo tipo de guitarras —el uso más eficaz hasta ahora del fuzz y del pedal— en todas posiciones. Hendrix crea los sonidos más extraños, sensuales y violentos: su requinto llora, sangra, ladra, aúlla. El álbum inicial Reprise, *Are You Experienced*, sólo puede compararse con la inicial de los Stones. En él se entra en la experiencia, y como afirma Hendrix: "Prepárate. Entrar en una experiencia antes significaba tener un poco de más edad. Esta experiencia te hace amplio: rompe el mundo en fragmentos y luego los reordena. Tendrás nuevos oídos después de estar experimentando. Prepárate". Por eso es capaz de gritar: "Move over and let Jimi take over!" y "Not necessarily stoned, but beautiful". El segundo lp, aunque estupendo, no es tan genial como el primero. En *Axis: Bold As Love*, Jimi procuró afianzar su ideología para transmitirla depurada, precisa ("Up From the Skies", "If Six Was Nine", "You've Got Me Floatin'", "She's So Fine" y "Bold as Love"), pero lo terrible, lo inquietante, lo genial continúa en "Purple Haze", "Manic Depression", "Hey Joe", "Foxy Lady", "Are You Experienced", "The Wind Cries Mary", "I Don't Live Today", "May This Be Love", "Love Or Confusion", "Fire" y "The Third Stone From the Sun", el *tour de force* de seis minutos. Todo se sale de lo convencional, de lo habitual; la música de Jimi Hendrix Experience no se parece a ninguna y posee un estilo único, terrible. La grabación recurre a la aceleración, a las pistas lentas, a efectos, al feedback. El grupo usa ocho amplificadores.

Otra onda en la onda

Las últimas grabaciones de las Supremes, a partir de *You Keep Me Hangin' On* (Motown) han empezado a recurrir a instrumentaciones que se apartan por completo de las tradicionales. Los Four Tops, en *7 Rooms of Gloom* (Motown), desarrollaron un tipo de soul que carece de lo simple y posee una estructura distinta. Los Rascals (Atlantic) han logrado dominar un estilo magistral que se inició en forma a partir de "How Can I Be Sure" y ha llegado a la madurez en el álbum *Once Upon a Dream*. Aretha Franklin (Atlantic), cuando descubrió el material de Otis Redding, emergió hasta ser la primera voz soul femenina de los Estados Unidos. Otis Redding (Volt), antes de morir en este año, dejó una herencia musical vastísima y llena de sensibilidad, de oficio y depuración. Steve Wonder (Tamla) ha alcanzado, como showman, la estatura de James Brown (King) y como cantante, las sutilezas de su maestro Ray Charles (ABC). Los Beach Boys han dado un hermoso *Smiley Smile* (Brothers). Y los Monkees, un grupo formado y dirigido por Colgems/RCA, se ha escapado de los fines comerciales que le impusieron y, en la medida de sus posibilidades, han evolucionado y experimentado mucho en su lp *Pisces, Aquarius, Capricorn & Jones Ltd.*

La renovación en México (negro)

En el campo de la música juvenil mexicana los verdaderos artistas son pocos: Angélica María, Tijuana Five, Dug Dug's, y fundamentalmente, el *magister* de maestros Javier Bátiz, nacido en el *muy* importante año 1944. En 1959, según sus propias y macabras revelaciones, Bátiz tuvo su primera guitarra y dos semanas más tarde ya había formado su primer grupo (ocho ejecutantes, todos de Tijuana). Desde entonces Javier Bátiz no dejó de practicar y experimentar con su guitarra y de buscar cohesión con otros elementos, de Tijuana o del De Efe, hasta dirigir más de diez grupos. Participó también en films tocando, cantando y componiendo. Para la Peerless grabó un álbum (*Javier Bátiz and the Famous Finks*), que él llama "disco de cagada" con su proverbial autocrítica. Siguiendo el ejemplo de James Brown y sus Famous Flames, a quien Bátiz venera, ha llamado a *todos* sus conjuntos los Famous Finks, a excepción de su último grupo que con más modestia se denomina Finks mientras no obtenga la fama merecedora del Famous.

Bueno, hasta aquí la información más o menos necesaria. Lo demás: Javier Bátiz, en el *show bizz*, es un personaje legendario: por su locura sanísima, sus dibujos pasados-pasados, su melena dylanesca, sus lentes antielesedianos y, principalmente, por el talento que le brota por arrobas.

Pero lo importante en Bátiz y sus Finks es que están llenos de vitalidad y oficio y sentimiento y profesionalismo y deseos de renovar el ambiente anquilosado de nuestra música, o casi, popular. Casi todo eso lo canalizan a través de la *soul music*, en la cual no hay nadie capaz de competir con ellos, a excepción de Mayita. Bátiz y sus Finks han asimilado la mejor onda de Otis Redding, Steve Wonder, James Brown, Sam & Dave, Ray Charles, Aretha y toda la onda Stax; pero también se han interesado por el blues, por el material de Frank Zappa y los Mothers of Invention (Bátiz es el único *freak* de a deveras en Mexiquitolímpico), de Procol Harum, de Jimi Hendrix, de Al Kooper y Blood, Sweat & Tears, *et caetera*; y cuando tiene que hacer concesiones (en la música mexicana es difícil evitar las concesiones), transforma por completo y da vida a piezas como "In the Midnight Hour", "Land of a Thousand Dances", "Shotgun", "Gimme Little Sign", "Funky Broadway" *et al.*

El grupo Fink que dirige Bátiz en la actualidad es uno de los mejores que ha reunido. Compacto a pesar de la economía de sus elementos (Bátiz ha intentado formar pequeñas bandas de blues con sax, trompetas, etcétera) y ofrece un sonido que llena completamente, un sonido limpio y poderoso. Los Finks actuales son Ángel Miranda, *el Cartucho*, en la batería; Ramón Rodríguez, bajo; y *el Borrado*, alias Héctor Martínez, quien toca el pandero, el órgano cada vez mejor y que ha demostrado ser una gran mancuerna para la voz negra, potente y sincera de Javier. La versión de *You've, Lost That Lovin' Feelin'*, ambas veces, *estupenda est*. Pero lo principal de los Finks: todos, como alardearía Zappa, son *músicos*. Ramón, en el bajo, logra tejer una serie de armonías que se apartan completamente de las rutinas tediosas de los grupos mexicanos. Y el Cartucho ha llegado a una gran madurez interpretativa en la percusión; sus solos, en las *jam sessions* del grupo, poseen unidad y belleza: no simple golpear los tambores como acostumbran los bateristas a la hora de mostrar que tienen agilidad para mover las baquetas. Cuando Michel se les une en la flauta, y principalmente en la armónica, inunda de swing y sentimiento sus improvisaciones.

Por su parte, Bátiz se ha convertido en un virtuoso de la guitarra: normalmente utiliza una Fender de seis cuerdas, pero también maneja una Vox de doce; su equipo incluye fuzztone, pedal, amplificador de 100 watts. También toca la cítara hindú, la guitarra española y el órgano. Ya es famosa su calidad para improvisar y para obtener sonidos desgarradores y profundos a la altura de Eric Clapton, Jimi Hendrix o Robin Trower. Sin embargo, hay que oírlo cantar, ya sea "A Whiter Shade of Pale", "You've Lost", "Misty", "Georgia on My Mind", "Born in Chicago" (Bátiz dice "en 1944", no "en 1941", como Paul Butterfield). Su voz electriza y vuelve más sensible la epidermis. Y si se tiene la fortuna de oír "Stand By Me" cantado a dúo con Mayita, el público llega a sentirse en todas partes, menos en México.

Cuando Bátiz y sus Finks tocan para público universitario, o cuando no se les ocurre qué pieza interpretar, entonces inician sus *jam sessions* que deberían quedar grabadas por la frescura, la creatividad y la fuerza de las interpretaciones. Las piezas generalmente se vuelven larguísimas y se inician sin ningún tema ya conocido. Es allí donde se advierte qué tan acoplado está un grupo, y el de Bátiz lo está. El bajo y la batería deslizan su acompañamiento cuando Javier toca solo, y lo mismo sucede cuando improvisa Ramón o el Cartucho. En ocasiones, Javier deja la guitarra y toma asiento frente a otra batería para tocar a dúo con el Cartucho. El índice de calidad de estas *jam sessions* supera con mucho a todas las falsificaciones de nuestros grupos de seudojazz o de algunos conjuntos (a excepción de los Dugs) cuando quieren impresionar tontos y dan rienda suelta a su falta de talento al repetir rutinas a pasto mientras fingen improvisar. Con los Finks no pasa eso, todo lo contrario: puede haber imperfecciones, excesos, pero el resultado final es ovacionable.

Hay veces en que el grupo toma una tonada gris y la utiliza para desbocar toda su locura y sus deseos de hacer juegos *freaks* con una intención criminalmente satírica. El mejor ejemplo es "Louie Louie", una pieza que ha tocado medio mundo a causa de su falta de complicaciones y su comercialidad. Bátiz la inicia comodiosmanda, pero con un sabor especial: al llegar al puente, empieza a trascender la canción con sus improvisaciones; da una vuelta más al tema y entonces empieza el *freaking out*, encabezado por Javier y el Borrado, mientras bajo y batería los secundan. Desde jadeos, frases inconexas, referencias a otros músicos ("not necessarily stoned, but beautiful": Jimi Hendrix), partes de Zappa ("Suzy Creamcheese! What's got into you?"), de los Beatles, y gritos, voces, monosílabos, aullidos, ronquidos, etcétera, se van mezclando con orden y ritmo sorprendentes. El resultado final es la verdadera locura. La buena.

Yo espero que el nuevo grupo de Javier Bátiz siga unido por mucho tiempo, porque la razón —una de las razones, más bien— por la que Javier no ha podido dar todo lo que tiene dentro ha sido la falta de material humano que esté a su altura en calidad y sensibilidad. Mientras Javier cambiaba de músicos no lograba realizarse plenamente: para poder florecer al máximo se requiere un equipo unido y compacto que se ame y se respete; que comprenda, como decía el byrd Dave Crosby: cuando los músicos de un grupo recuerdan que son uno solo y se aman y se comprenden, crean música; si lo olvidan, hacen ruido.

También es necesarísimo que a la brevedad posible Javier y sus Finks empiecen a dar a conocer su propio material para trascender la mera interpretación magistral (y a veces lo obtienen) y ofrezcan su punto de vista, su creatividad para enriquecer nuestra música. Lo más probable es que esto se logre con la próxima grabación de un álbum que ya preparan.

En lo que se produzca y se edite este disco hay que reconocer a Javier Bátiz como a uno de los pocos músicos (en el sentido Zappa) que ha dado este paisín, y a un intérprete de la música negra que sin ningún titubeo mereció hallarse en Macon, Georgia, durante el entierro de Otis Redding; al lado de James Brown, Steve Wonder, Wilson Pickett, Aretha Franklin, Percy Sledge, Carla Thomas, Jackie Wilson, Booker T., Sam & Dave, Joe Tex, Arthur Conley, Joe Simon, Tousaint McCall, Johnnie Taylor y la presencia espiritual de Ray Charles.

La renovación en México (blanco)

Armando Nava, de Durango, Durango, llamó Dug Dug's al grupo que formó con muchachos de Tijuana. En esa época, Jorge de la Torre, *la Borrega* —cantante oficial del quinteto—, aún no utilizaba su sombrero a la Zal Yanovsky como atuendo oficial. Genaro García perdió un bajo estupendo y durante un tiempo pudo obtener grandes armonías con un viejo Fender; ahora tiene ya el mejor Gibson que hay en el mercado. Gustavo Garayzar fue el primer requinto mexicano en conseguir distorsionador, vibrador, fuzztone y pedal para reforzar su poderosa Rickenbacker stoniana (es capaz de crear sin cansancio una cantidad increíble de *groovy sounds* con su guitarra y aporreando el amplificador —Vox— para reforzar sus *tours de force* interpretativos). Por suerte, Jorge Galván, alias *Carcacho*, regresó al grupo después de separarse unos días y de nuevo la batería de los Dugs suena maravillosamente. Armando toca guitarra de acompañamiento, órgano Farfisa al que agregó un teclado de piano eléctrico, compone y canta.

Mientras Bátiz y sus Finks se interesan por el blues, lo *freak* y la *soul music*, los Dugcitos se inclinan por la música blanca. Los Beatles son sus grandes maestros y lo demuestran con versiones estupendas, con estilo Dug, de piezas legendarias y dificilísimas como "A Day in the Life", "I Am the Walrus", "The Fool on the Hill" (Gustavo y la Borrega tocan, y se intercambian, sendas flautas de madera), "Hello, Goodbye". Pero también recrean, con sus propios elementos, "She's a Rainbow" (Stones), "Light My Fire" (Doors), "You Keep Me Hangin' On" (Vanilla Fudge), "Words" (Bee Gees), "Purple Haze" y "Fire" (Jimi Hendrix). Todo este manejo de piezas dificilísimas hace que superen las versiones originales de "Pushin' Too Hard" (Seeds), "Good Vibrations" (Beach Boys) o "Incense and Peppermints" (Strawberry Alarm Clock). A los Dugs les encanta lo difícil y lo emprenden porque si hay algo que les sobra es calidad, oficio, tablas, buen oído y creatividad sin fin. Para el film de Carlos Velo, *Cinco de chocolate y uno de fresa*, el quinteto arregló varias piezas y por primera vez se escuchó a Angélica María con un acompañamiento a su altura. Crearon también, en un lapso brevísimo, un tema donde el vibrador de Gustavo trasciende el sonido de una gaita. En las presentaciones en vivo (Tiberio's, 5 à Go-Go, Pista Olímpica, La Esfera) logran crear la histeria y el público se les entrega sin reservas. Los Dug Dug's han llegado a convertirse en uno de los conjuntos más populares de México sin haber grabado un solo disco. Esto es importantísimo porque es el primer caso en nuestro país en que un grupo adquiere popularidad sin hacer concesiones. La RCA Victor les exigió que cantaran en español y con canciones que la grabadora elegía. Como era de esperarse, los Dugs prefirieron no grabar para hacer lo que ellos considerasen correcto. El resultado era previsible, el quinteto ha sido llamado de Nueva York para que elabore un álbum Columbia con su propio material. Sólo en los Estados Unidos hallaron posibilidades de grabar buena música.

Jorge, *la Borrega*, aparte de tocar pandero, maracas y flauta estupendamente, ha ido desenvolviéndose como un cantante de mucha fuerza y personalidad. Sabe cómo dominar al público, por agresivo o siniestro que sea. Canta con ganas y transmite su emoción. Ha aprendido a deslizar humor ("everybody smokes pot, everybody is supossed to be smoking pot", en "Walrus") y a crear atmósfera. Gustavo es un requinto inmejorable que cada día descubre nuevas formas, sonidos que transmite con su Rickenbacker; y siguiendo el edificante ejemplo Who, puede llegar al clímax destruyendo guitarras. Armando es el eje y alma del grupo, quien dictamina los arreglos y responsable de la maravillosa unidad del grupo, de la interrelación y la compenetración, no sólo musical, que existe entre ellos. Además, canta y obtiene una ternura desgarradora con facilidad. En el bajo, Genaro es de lo mejor: lejano a lo convencional, puede construir armonías alucinantes sin repetirse jamás. Carcacho es otro gran músico, que llena de pasión cada golpe de su batería; y como el Cartucho (del grupo de Bátiz), elabora sus líneas percusivas sobre moldes armónicos, no de simple acompañamiento.

El quinteto es un grupo muy muy unido, con una ideología e intereses semejantes. Ya ha empezado a componer, pensando en el álbum que grabarán en Estados Unidos. Aparte de ideas musicales que dejan florecer, han elaborado una canción, "Mundo de amor", que por instrumentación, vitalidad y calidad bien podría pasar como algo del mejor material de los grupos más avanzados del mundo (y me refiero a Beatles, Stones, Vanilla, etcétera). Los Dugs parecen todo menos un grupo mexicano: mientras nuestros rocanroleros siguen obnubilados por lo comercial, o por buenos deseos carentes de talento en el mejor de los casos, los Dugs han avanzado a pasos inmensos y su desarrollo anuncia a un conjunto de categoría internacional, capaz de enriquecer todo el movimiento musical, al lado de los grupos legendarios. Cada vez que se les escucha hay nuevas experiencias musicales que asimilar. Parece que los sonidos no surgen de los instrumentos, sino de un solo espíritu que ama, respeta y enriquece la música.

La única y verdadera cantante mexicana

Es Angélica María. Y no hay vuelta de hoja. Y no porque yo lo quiera; porque: do, es la única que *sabe* cantar: maneja su voz hasta los registros que quiere; re, es la única que posee un ángel sobrehumano: una vez que se le mira es imposible dejar de hacerlo simplemente porque siente lo que canta, lo proyecta, lo trasmite y pone en trance al público; mi, no hay otra cantante que posea las virtudes anteriores.

Cierto público que se autopontifica como culto cree que Angélica María es superficial; no se explica, ni quiere explicarse —para eso es entrecomilladamente culto— por qué desde que grabó su primer acetato ha tenido un éxito inconcebible que conserva hasta la fecha, por qué es uno de los poquísimos y auténticos ídolos que existen en México, capaz de ocasionar disturbios cuando se presenta en público; no, simplemente cree en los chismes periodísticos: no analiza ni *escucha*. De ahora en adelante deberá hacerlo.

Por principio, aunque cantante popular —para el público— Angélica no ha sido una rocanrolera que copie las versiones de otras cantantes, como la gran mayoría de las intérpretes mexicanas. Por ejemplo, Armando Manzanero difícilmente habría comido si Angélica no hubiera grabado sus canciones, aun en contra de la voluntad de la Musart: lo mismo sucede ahora con Lolita de la Colina. Esto ya la separa completamente del resto. Por otra parte, no hay canción traducida que cantada por Angélica se parezca a la versión original, sino que ella les da nueva vida con su estilo (un estilo que han tratado de copiar hasta la repugnancia pero que nadie ha podido lograr), con su sensibilidad y con las ganas que pone en cada canción. Lo que sucedía con Angélica era: la gente que seleccionaba su material y que hacía sus arreglos no era especialmente talentosa, sino que quería conservarla en una onda, la onda Novia de la Juventud, para no arriesgarse; Angélica comprendió esto, lo asimiló y cortó de raíz: dejó Musart y aceptó los ofrecimientos de la RCA Victor pero condicionándolos: material digno, arreglos decorosos y margen para experimentar en los caminos que ella considere prudentes. Por eso es de vital importancia oír las nuevas grabaciones RCA de Angélica que están por aparecer: en arreglos, selección de material y letras son insólitas en México.

Eso no quiere decir que las canciones de la *early* Angélica fueran malas, *au contraire*: a pesar de malos arreglos y mal material ella supo convertirlas en piezas limpias y cañonazos de público —y conste: aquí incluyo éxitos como "Edi Edi", "Dominique", "Fortachón", etcétera—; y es más, nos encontramos con que Angélica ha convertido en canciones bellas, simplemente con su genio, a material como "Dile adiós", "El día", "Amar y ser amada", "Paso a pasito", "Pobres besos míos", "Yo te quiero todavía", "Sabía", "Yo que no vivo sin ti", "Tonta", "Yo no sé qué fue", "Pasto verde", "Pobre viejo mundo", "Más fuerte que tu amor", "Pinta mi mundo", "Sin pensar en mí", que con otra voz hubiera sido mediocre. Resulta imprevisible lo que Angélica María puede hacer cuando hay alguien que la acompañe a su nivel. La colaboración que ya ha empezado a tener con los Dug Dug's, por ejemplo, ha ofrecido frutos estupendos. Y eso es sólo el principio.

Angélica tiene un dominio absoluto de su voz: sabe conducirla a registros altos o a niveles de susurro que acarician como sábana limpia. El tono en que canta es rarísimo y quizás ése sea un factor que hace tan especial a su voz. Y por otra parte: su estilo, que nadie podría traducir o definir, se adhiere perfectamente a la calidad de su voz y sólo así es posible ese fenómeno extraño y hermoso: no hay ninguna voz que se le parezca y que sea tan accesible y compleja, capaz de conmover a cualquiera que se entregue.

Pero eso no es tan importante como su sensibilidad, causante directa de su ángel. Su capacidad para sentir no tiene precedente: si se trata de algo alegre, su voz es fresca, limpia, sin caer en monotonías ni trampas, vicios, efectos falsos; y cuando se trata de una balada, su voz transmite una emoción que difícilmente llegó a suponer el autor. Ella no finge nunca, se entrega con honestidad y entusiasmo, y por eso comunica autenticidad, verdadera emoción, verdaderas ganas de vivir, de disfrutar y comprender la vida aun en momentos dolorosos. Angélica está viva, es consciente del momento en que transcurre y de su responsabilidad, y se ofrece a su oficio con profesionalismo, sin descuidos ni pedanterías. Siempre se halla aprendiendo y ese hálito vital está presente en toda su obra: no se contenta con interpretar, sino que busca crear belleza, hacer arte.

Angélica María, por todas estas razones, es un caso insólito en este medio conformista. En la actualidad es un modelo de artista que avanza a pasos agigantados —lo prueban sus nuevas grabaciones, su participación en *Marat/Sade* y en films como *Cinco de chocolate*—, pues sabe qué puede hacer y está dispuesta a hacerlo, que revolucionará en esencia nuestro medio artístico para elevarlo hasta un nivel de dignidad y creatividad que nunca ha poseído. De nadie, *nadie*, se puede afirmar lo mismo en estos momentos y sólo hasta después de ella contaremos con un antecedente en la música popular que verdaderamente haya llegado a ser clásico.

ANÁLISIS (ETAPA MUSART)

"Dile adiós" (de *Angélica María*, Musart ED 750) contó con la traducción de Armando Manzanero sobre la letra de Wilkin y Burch; pero mientras en inglés tuvo una repercusión modesta, con AM fue un exitazo. La pieza es de una sencillez ejemplar, y como el arreglo del fallecido Cuco Valtierra respetó esto, hasta la fecha sigue fresca y contemporánea. No ha envejecido, aunque la voz se sienta más juvenil, un poco más aguda. Las armonías del piano y las rutinas del bajo rescatan lo convencional de las cuerdas. No hay coros y eso es una fortuna para la interpretación impecable.

"Paso a pasito" (de *Angélica María Vol. 2*, D 814) es una hermosa canción de Manzanero que fue el mejor *playback* del lamentable film *Mi alma por un amor*. El arreglo (solemne, a toda orquesta, recargado de cuerdas, metales y coros aleluyanos) de Jorge Ortega ahora suena implacablemente anciano. En cambio, AM cantó con su sensibilidad y limpieza habituales: resolvió las invitaciones al exceso y pudo dignificar esta buena canción.

"El día" (de *Angélica María Vol. 3*, D 903) es la única composición tolerable de Luis Demetrio. Se inicia con un abuso de trompetas (el arreglo *ad hoc* debe de ser de Nacho Rosales), pero se compone en el acto cuando entra AM, en esta ocasión más ronca y susurrante, más intensa. El estilo aquí ya se halla perfectamente definido a través de la pronunciación de las "v", y las "y" y "ll", las aes aspiradas, la forma de alargar y acortar las sílabas casi con simultaneidad, el poco uso de vibratos, etcétera.

"Pobres besos míos", perpetrada por Manzanero, figura en un álbum (*Angélica María Vol. 4*, D 971) donde casi todo el material es original e incluye piezas de Manzanero, Luis Demetrio, Vicente Garrido, Palito Ortega, *et al.* En el arreglo, Jorge Ortega utilizó *ad nauseam* los inevitables violines, pero tuvo el tino de incluir saxofones, líneas de órgano y de instrumentos eléctricos. Formalmente la canción es un poco caótica, pero no se advierte por lo bien que está cantada. Angélica se halla más suelta, con más aire, y su experiencia le indicó la mejor forma de pasar al lamento después de la contención emotiva.

"Yo te quiero todavía" (de *Angélica María Vol.* 5, D 1065) es una italianada desconcertante. El arreglo (Ortega) es muy convencional, más bien hecho; ésta es una de las veces en que se descubren imperfecciones en Angélica: inicia el fraseo con demasiados gemidos, en momentos desliza su voz plana y sin matices, hay una que otra desafinada audible; pero posee frescura y algo imprecisable que le da validez. Por supuesto, hay grandes momentos, mas por sí solos no bastan. La pieza aguanta mucho, no sé por qué.

El sexto volumen de AM (D 1193) tiene tres joyas: "Sabía" es una composición de los *spaniards* Guijarro y Algueró y creo que el arreglo se hizo en España. En todo caso, es el primer corte de AM con una técnica de grabación profesional y eficiente: basta advertir el manejo del eco. Las percusiones son notables, así como los acordes sostenidos de los violines, y al final se escucha un corno o una trompeta muy acornada que hacen insólito al arreglo. Con este buen fondo, claro, AM está insuperable. Su voz baja, sube, da el swing justo y se empiezan a intuir las maravillas que esta cantante puede hacer con un buen fondo. Lo mismo se advierte, aún más magnificado, en "Yo que no vivo sin ti", sin duda una de las obras maestras de AM. La grabación es perfecta y el arreglo también (incluye, oh sorpresa feliz, en 1966, un clavecín). La pieza está cantada con muchas ganas. La versión italiana y la inglesa, de Dusty Springfield, son muy inferiores a ésta. "Tonta" es otra composición de Manzanero que él mismo arregló y dirigió, con mucho tino. Es de lo mejor de Manzanero y dan ganas de llorar al oír "Tonta" junto a tarugadas como "Esta tarde vi llover". La de AM es la mejor versión de la pieza porque incluye un prodigio de sentimiento y de técnica.

Manzanero y Ortega son responsables del cúmulo de monosílabos "Yo no sé qué fue". Los Sumisos del Rock hicieron un acompañamiento sin brillo. Los coros: abyectos, pero la pieza es sincera, mezcla de casipop y onda latina y por eso es audible. Salvo unas payasadas, la interpretación-creación de AM es sorprendente y ovacionable por naturalísima, honesta, desprovista de trucos. La entrada es admirable por la seguridad y el oficio, capaces de elevar una canción plana. (De *La novia de la juventud* —vol. 7—, D 1257.)

"Pobre viejo mundo" (de *Angélica María Vol. 8*, DM 1309) es una pieza importante: muestra por primera vez que AM quiere decir algo en sus canciones. Ya en el track anterior ("Pinta mi mundo") se advierte la saludable intrusión de una flauta en sol, gaitesca, y de buenos coros (¡al fin!) en el arreglo. AM, en "Pobre", canta con sensibilidad especial porque no está diciendo babosadas. Dice, a este mundo: "¿Dónde está el amor y la verdad, dónde está la paz, la libertad? Todos te querían disfrutar, pero te quieren destrozar". No importa que resulte un poco elemental, pero es el principio.

Del mismo disco es "Sin pensar en mí", una balada italiana cuya versión se debe achacar a Lola de la Colina y el arreglo, a Jorge Ortega. AM canta con gran calidad y ya no hay arma del oficio que no maneje bien; ha sabido equilibrar su aire, su entonación, su dicción, sus arranques de emotividad, hasta llegar a la madurez y a un nivel artístico que nadie posee en México.

En general, este último disco que Angélica María grabó para la Musart es el mejor: las versiones de "No" y "Esta tarde vi llover" son mucho mejores que los licomanzanerazos, y son estupendas "Pinta mi mundo", "Yo te quiero a ti", "Cuando me digas sí" y "Más fuerte que tu amor".

Las grabaciones recientes para la RCA Victor ("Cuando me enamoro", "Es que estás enamorado", "Voy a inventar" y "Quiero ser libre") y las que están por aparecer son caso aparte porque responden a una nueva época, así es que con el último álbum Musart se cierra la primera gran etapa de esta gran artista.

Discografía elemental

Bob Dylan

Blonde on Blonde, Columbia C2S 841.

John Wesley Harding, Columbia CS 9604.

The Beatles

Sgt. Pepper's Lonely Hearts Club Band, Capitol ST 2653.

Magical Mystery Tour, Capitol SMAL 2835.

The Rolling Stones

Between the Buttons, London PS 499.

Flowers, London PS 509.

Their Satanic Majesties Request, London NPS-2.

The Doors

The Doors, Elektra EKS 74007.

Strange Days, Elektra EKS 74014.

The Mothers of Invention

Freak Out!, Verve V6-5005-2.

Absolutely Free, Verve V6-5013.

We're Only in It for the Money, Verve V6-5045X.

Elvis Presley

Elvis' Gold Records Vol. 4, RCA Victor LSP 3291.

Chuck Berry

Greatest Hits, Chess 1485.

Buddy Holly

The Buddy Holly Story, Coral CRLS 57279.

Paul Butterfield Blues Band

The Paul Butterfield Blues Band, Elektra EKS 7294.

East/West, Elektra EKS 7315.

The Resurrection of Pigboy Crabshaw, Elektra EKS 74015.

The Blues Project

Live at The Cafe Au Go Go, Verve Forecast FTS 3000.

Projections, Verve Forecast FTS 3008.

Live at Town Hall, Verve Forecast FTS 3025.

Blood Sweat and Tears

Child Is Father to the Man, Columbia CS 9619.

Electric Flag

The Trip, Sidewalk ST 5908.

A Long Time Comin', Columbia CS 9597.

Big Brother & the Holding Company

Big Brother & the Holding Company, Mainstream S 6099.

John Mayall & the Bluesbreakers

Crusade, London PS 529.

Canned Heat

Canned Heat, Liberty LST 7526.

Boogie With, Liberty LST 7541.

The Lovin' Spoonful

The Best Of, Kama Sutra KLPS 8056.

The Best Of Volume Two, Kama Sutra KLPS 8064.

The Mamas & the Papas

Farewell to the First Golden Era, Dunhill DS 50025.

The Byrds

Younger Than Yesterday, Columbia CS 9442.

The Notorious Byrd Brothers, Columbia CS 9575.

Jefferson Airplane

Takes Off!, RCA Victor LSP 3584.

Surrealistic Pillow, RCA Victor LSP 3766.

After Bathing at Baxter's, RCA Victor LSO 1511.

Grateful Dead

Grateful Dead, Warner WS 1689.

Country Joe & the Fish

Electric Music for the Mind and Body, Vanguard VSD 79244.

I-Feel-Like-I'm-Fixin'-To-Die, Vanguard VSD 79266.

Love

Love, Elektra EKS 74001.

Da Capo, Elektra EKS 74005.

Forever Changes, Elektra EKS 74013.

The Peanut Butter Conspiracy

The Great Conspiracy, Columbia CS 9590.

Moby Grape

Moby Grape, Columbia CS 9498.

Wow, Columbia CS 9613.

Grape Jam, Columbia MGS 1.

The Kinks

Greatest Hits, Reprise RS 6217.

The Yardbirds

Greatest Hits, Epic BN 26246.

Pink Floyd

The Piper at the Gates of Dawn, Tower ST 5093.

The Fugs

Tenderness Junction, Reprise RS 6280.

Nice
The Thoughts of Emerlist Davjack, Immediate! Z12 52004.
Freak Scene
Psychedelic Psoul, Columbia CS 9456.
Donovan
A Gift Form a Flower to a Garden, Epic L2N 6071.
Simon & Garfunkel
Parsley, Sage, Rosemary and Thyme, Columbia CS 9363.
Bookends, Columbia KCS 9529.
Arlo Guthrie
Alice's Restaurant, Reprise RS 6267.
Leonard Cohen
Songs of, Columbia CS 9533.
Judy Collins
In My Life, Elektra EKS 7320.
Wildflowers, Elektra EKS 74012.
Tim Buckley
Tim Buckley, Elektra EKS 74004.
Goodbye and Hello, Elektra EKS 7318.
Janis Ian
Janis Ian, Verve Forecast FTS 3017.
For All the Seasons of Your Mind, Verve Forecast FTS 3024.
Leadbelly
The Library of Congress Recordings, Elektra EKL 301/2.
Woody Guthrie
The Library of Congress Recordings, Elektra EKL 271/2.
Ravi Shankar
At the Monterey International Pop Festival, World Pacific WPS 21442.
Gabor Szabo
The Sorcerer, Impulse! AS 9146.
Ritchie Havens
Somethin' Else Again, Verve Forecast FTS 3034.

The Mugwumps
The Mugwumps, Warner Bros. WS 1697.

Peter, Paul and Mary
Album 1700, Warner Bros. WS 1700.

Iron Butterfly
Heavy, Atco SD 33-227.

Steppenwolf
Steppenwolf, Dunhill DS 50029.

Blue Cheer
Vincebus Eruptum, Philips PHS 600-264.

Kenny Rogers and the First Edition
The First Edition, Reprise RS 6276.

The Hook
Will Grab You, Uni 73023.

Ultimate Spinach
Ultimate Spinach, MGM SE 4518.

Rotary Connection
The Rotary Connection, Cadet Concept LPS 312.

Hour Glass
Power of Love, Liberty LST 7555.

The United States of America
The United States of America, Columbia CS 9614.

Clear Light
Clear Light, Elektra EKS 74011.

Sopwith Camel
The Sopwith Camel, Kama Sutra KLPS 8060.

The Lemon Pipers
Green Tambourine, Buddah BDS 5009.

Kaleidoscope
A Beacon from Mars, Epic BN 26333.

The Candymen
The Candymen, ABC S 616.

Fever Tree
Fever Tree, Uni 73024.
Phluph
Phluph, Verve V6-5054.
Strawberry Alarm Clock
Incense and Peppermints, Uni 73014.
The Chambers Brothers
The Time Has Come, Columbia CS 9522.
Bobbie Gentry
Ode to Billie Joe, Capitol ST 2830.
The Delta Sweete, Capitol ST 2842.
Scott McKenzie
The Voice of, Ode Z12 44002.
The Rascals
Once Upon a Dream, Atlantic SD 8169.
H. P. Lovecraft
H. P. Lovecraft, Philips PHS 600-252.
Vanilla Fudge
Vanilla Fudge, Atco SD 33-224.
The Beat Goes On, Atco SD 33-237.
Velvet Underground
The Velvet Underground & Nico, Verve V6-5008.
White Light/White Heat, Verve V6-5046.
Traffic
Here We Go Round the Mulberry Bush, United Artists UAS 5175.
Bee Gees
1st, Atco SD 33-223.
Horizontal, Atco SD 33-233.
Cream
Fresh, Atco SD 33-206.
Disraeli Gears, Atco SD-232.

The Who

Sings My Generation, Decca DL 74664.

Happy Jack, Decca DL 74892.

Sell Out, Decca DL 74950.

Procol Harum

Procol Harum, Deram DES 18008.

The Jimi Hendrix Experience

Are You Experienced, Reprise RS 6261.

Axis: Bold as Love, Reprise RS 6281.

The Supremes

Greatest Hits, Motown MS 2-663.

Four Tops

Greatest Hits, Motown MS 662.

The Spencer Davis Group

Greatest Hits, United Artists UAS 6641.

Otis Redding

Live in Europe, Volt S 416.

History of, Volt S 418.

The Dock of the Bay, Volt S 419.

James Brown

I Can't Stand Myself When You Touch Me, King 1030.

The Beach Boys

Smiley Smile, Brothers ST 9001.

The Monkees

Pisces, Aquarius, Capricorn & Jones Ltd., Colgems COS 104.

The Birds, the Bees & the Monkees, Colgems COS 109.

Angélica María

Vol. 8, Musart DM 1309.

DF, abril 26, 1968

1985

José Agustín, autor de *La tumba, Se está haciendo tarde, Ciudades desiertas* y otras novelas, ha ganado fama también como crítico y promotor periodístico de música rock, tema en el que, a través de los años, ha acumulado gran experiencia. Los lectores de José Agustín esperábamos un libro escrito por él donde presente un panorama completo del rock, el principal vehículo expresivo de las nuevas generaciones. Así nació *La nueva música clásica*.

A José Agustín le tocó vivir el explosivo surgimiento del rock y su dinámica evolución durante las últimas tres décadas. Fue testigo de una moda que "llegó para quedarse", no una moda pasajera, sino un fenómeno perdurable que produjo la aparición de innumerables conjuntos e intérpretes que hicieron época y a quienes sus fans convirtieron en héroes como Ricardito, Jimi Hendrix, Janis Joplin, Bob Dylan, Jim Morrison, Beatles, Rolling Stones y muchos más.

La coexistencia generacional es un hecho establecido en el rock; hay rockeros de más de cincuenta años, de cuarenta, de treinta, de veinte y, por supuesto, adolescentes. El rock se presenta como un lenguaje universal y hermético a la vez; todos pueden llegarle, pero no todos penetran realmente en su esencia, en su espíritu revolucionario.

El rock se extiende hacia diversos países, aunque siempre va a la vanguardia en Estados Unidos e Inglaterra. En México, el rock cobra un impulso importante que hace surgir muchos grupos que crean un "rock mexicano" que transmite la visión del mundo de los sectores juveniles marginados, una música que habla por muchos chavos de las ciudades.

Con frescura, fuerza y poder narrativo, José Agustín platica del rock de aquí y de allá en este libro memorable, saturado de aventuras y anécdotas que ofrecen la visión de una época con la que muchos lectores se identifican profundamente. En *La nueva música clásica* el lector encontrará acertadas y completas descripciones de corrientes y estilos generados por el rock, así como de sus intérpretes. Incluye una discografía básica del movimiento artístico y musical que es el grito de guerra de las nuevas generaciones… la nueva religión: el rock.

(Textos de la cuarta de forros original para la reedición de La nueva música clásica *publicada por Editorial Universo, mayo de 1985.)*

Yo no quiero competir contigo,
derrotarte o engañarte o maltratarte,
simplificarte, clasificarte,
negar, desafiar o crucificarte;
lo que de veras quiero,
nena, es ser tu amigo.

Yo no te quiero falsear,
atrapar, zarandear o abandonar,
ni quiero que sientas lo que yo,
que veas como yo, que seas como yo;
lo que de veras quiero,
nena, es ser tu amigo.

Bob Dylan, "Lo que de veras quiero"
("All I Really Want to Do")

El que avisa no traiciona

En un principio Lalo Morfín me pidió hacer un libro que recopilara los artículos que he escrito sobre rock desde 1965 en todo tipo de publicaciones. La pila llegaba al metro. La idea de leerlos me aterró, y me decidí por una mirada rápida. La mayor parte eran reseñas para periódicos y revistas, pero también encontré que había ensayos más extensos y supuestamente más profundos (de hecho, a partir de mis colaboraciones en la *Piedra Rodante*). Naturalmente, hice una selección y después una selección de la selección y fui armando un libro que me pareció merecer los honores de la publicación. En ésas estaba cuando Carlos Chimal me pidió una colaboración para *Crines: lecturas de rock*. No quise darle nada viejo. Me puse a escribir y lo que me salió fue el textículo de cuarenta cuartillas "Grandes bolas de fuego" que, desde un punto de vista totalmente personal, seudoautobiográfico, daba cuenta de mi visión del rock desde 1955 hasta los primeros ochenta. Deliberadamente escribí ese texto de una sola tirada, más emotivo y visceral que intelectual: no quise revisar mis libros sobre rock, ni siquiera mi colección de discachos. Quería hacer algo que no pudiera clasificarse ni como ensayo, ni como autobiografía ni como literatura:

más bien algo con naturaleza propia que estuviera lo más cerca posible del rock: rock escrito.

Desde que corregí las galeras de "Grandes bolas de fuego", es decir: ya en un punto irreversible, me di cuenta de que había incurrido en una infinidad de afirmaciones tajantes, juicios apresurados y en algunos errores en donde me traicionó *my good judgement*. Era tarde para introducir cambios, matices y precisiones, así es que me concreté a eliminar lo más posible. Ya se me había ocurrido reescribir todo con más extensión y mayor abundancia contextual. No quería alterar lo que me parecían buenas ondas de la concepción original, sino desarrollar más ciertas áreas, y también *of course*, corregir los que para mí eran errores de apreciación en terrenos que no domino y que no he tratado de estudiar con mayor atención por mil razones. Revisé, en especial, las partes finales, después de volver a oír discos de grupos nuevos y de escuchar otros que no conocía. Cuando tenía el libro cercano a su final, hice una lectura pública de un fragmento en Culiacán, Sinaloa, ante un público que había ido a oír hablar de literatura, pero que resultó no sólo interesado sino conocedor de rock. Allí pude confrontar ideas, revisarlas y discutirlas en muy buen tono con gente del público. Muy tarde me llegó la edición de *Crines*, que seguramente me habría iluminado y orientado hacia otras buenas ondas. Ni modo.

Por supuesto, pienso que, con sus limitaciones, este libro puede presentarse al público. No es tan acelerado como la versión chica, pero el tono sigue siendo estimulante (en algunas partes quizá lo es más). Me parecería normal que mucha gente estuviera en desacuerdo con muchas o la mayoría de las tesis; sigue siendo un texto personal, camaleónico, que no pretende dar juicios definitivos sino meras aproximaciones subjetivas, exentas de rigor investigativo y demás *requirements of the Members of the Board*. Además, dentro del rock es inobjetable e incluso casi tradicional llevar a cabo versiones largas de rolas cortas, el ejemplo es "Enciende mi fuego", de los Doors. Naturalmente la parte más exigua sigue siendo la final, en gran medida porque en ella no se dispone de perspectiva. Esto tampoco me preocupa gran cosa. Ya la habrá a su debido tiempo. Así pues, sin hacerla más de tos, ecualicen su mente y lléguenle a esta enredadera espinosa.

Los primeros freudianos

El rock me llegó como un relámpago, sin que me diera cuenta. Tenía diez años de edad, vivía en la frontera norte de la colonia Narvarte, o Medianía, según *Pasto verde*, y desde siempre la música había sido alimento sagrado para mí. En aquella época, antes del fogonazo inicial de rock, oía mis primeros discos de música clásica: el buen Beethoven, uno que otro wagnerazo, caramelitos de Bizet y de Léo Delibes. Ondas así. En el radio de mi casa se escuchaban chachachás sabrosos y efectivos, boleros (como era de rigor), rolas rancheras (*mainly* Pedro Infante y Joseph Alfred Jiménez) y por supuesto las canciones de mi tío José Agustín Ramírez, que en mi familia eran reverenciadas. Los cuates de la cuadra oían música gabacha; estaban de moda las bandas: Ray Anthony (no se midió con aquella mamada: "El baile del conejo"), Billy May (que a su vez salió con el nefasto "Hokey Pokey"), Les Elgart y Les Brown. Todavía no hacía estragos Ray Conniff. Las bandas eran de rigor en las pachangas junto con las ondas guapachosas (seguían en acción Enrique Jorrín y la Orquesta Aragón, sin saber que a la vuelta de la esquina ya estaban Lobo y Melón y la fiebre de las rumbeadas). Los chavos finos, como mi gran cuate y entonces cuasi mentor Gerardo de la Torre (alias Geloco, Amory Blaine, Putrillo y otros autoapodos), eran fans de Eddie Fisher, de Billy Eckstine y, en el mejor de los casos, de Johnnie Ray o de Guy Mitchell.

Ahora sabemos que para esas fechas los negros gabachos prácticamente ya habían inventado el rocanrol en su modalidad de rhythm and blues, y que, ante el creciente éxito de esta música, que le quitó el azote al blues, los blancos se disponían al abordaje: tomaban las rolas negras de éxito, les quitaban la grasa y el grosor, las peinaban, las acicalaban, las dejaban asépticas como supermercado gringo y las entregaban a cantantitos inanes. "Sh-Boom", por ejemplo, que en 1954 fue uno de los primeros éxitos negros, de los Chords, que invadieron el mercado blanco, al instante fue despojada de su sabor popular, de su expresividad natural, y acabó en la versión de los Crew-Cuts (imagínense, un pinche grupo de chavos blancos que se atrevían a llamarse los Casquetes Cortos), con un correspondiente éxito masivo en toda Gringolandia. Este fenómeno se repitió incontables veces: rolas de los Spaniels, Sam Cooke, los Penguins, Fats Domino o Little Richard eran desensibilizadas, desideologizadas, y obtenían todo el apoyo comercial en las versiones asépticas de las McGuire Sisters, los Crew-Cuts, Teresa Brewer y Pat Boone. No sólo se trataba de continuar marginando a los negros, y de vampirizarlos, sino de domesticar cualquier producto que rompiera con los patrones del sistema.

Todo eso lo ignoraba yo en aquel entonces, pues sólo disponía de lo que pasaba el radio, y el radio mexicón a su vez era dócil a todo lo que enviaban los gringos. Pero, quién sabe cómo, de repente se empezaron a oír los batucazos célebres de "Rock Around the Clock" ("El rock del reloj", se debió haber llamado en español), del gordito Bill Haley. En realidad, lo que me impresionó vivamente fue el sonido de la guitarra eléctrica (que ahora, de tan humilde, parece casi de palo) y de la batería, machacona y fácil, pero que me hacía mover las patitas. La guitarra eléctrica, ligada a los avances tecnológicos, es clave en el rock, sobre todo cuando llovieron los aparatitos para producir todo tipo de efectos: en gran medida le daba su carácter de modernidad. Y el ritmo de la canción me daba una nueva energía, era una invitación a moverse, a brincar, a balancearse, a romper con las rigideces que entonces imponían los convencionalismos; era una música liberadora. Supe que la rola era la canción tema de *Semilla de maldad*, una de las primeras películas sobre rebeldes-sin-causa, lo cual hizo que, desde un principio, el rock estuviera ligado a la rebeldía, a la inconformidad y las inquietudes antisistema. No pude ver (entonces) la película, pero la canción me bastaba. De hecho, como supe después, era mejor oír a Haley que verlo: al poco tiempo empecé a llegarle a las primeras películas de rock (*Rock Around the Clock* y *Don't Knock the Rock*), casi todas insulsas y pendejas, hechas por mercaderes, en las que salía el buen gordinflas. Bill Haley tenía una expresión bonachona, su ricito en la frente era una invitación a ponerle una bolsa de pedos en la silla y, además, ni siquiera bailaba. Era bien ranchón el buen Billy: usaba camisas vaqueras a cuadritos y botones de broche, y aunque se esforzaba, distaba mucho de ser un auténtico arquetipo roquero: siempre daba la impresión de que iba a pararse y a cuadrarse al oír el himno nacional, o que estaba listo a decir sí-señor, sí-señor, a cualquier pendejada que le dijeran. En Acapulco (Acapulco siempre estará ligado al rock para mí), y en casa de mi primo Alejandro el Intelectual, vi y oí entero el primer elepé de Haley y sus Cometas (otro que se quebró la cabeza para ponerle nombre a su grupo), que traía "Shake, Rattle & Roll" (mucho mejor en la original de Joe Turner, o en la afamada versión presleyana), "Dim, Dim the Lights", "Don't Knock the Rock", la clásica "Ahí nos vemos, cocodrilo" y "Crazy Man, Crazy (Crazy News)". Aunque ninguna de las ondas de Haley se puede comparar con "Rock Around the Clock" o "See You Later, Alligator", no hay duda de que este maestro sabía elegir las canciones. Tomaba mucho de las listas de rhythm and blues, y fue de los primeros en dar al gran público (porque tuvo un éxito internacional extraordinario) letras escritas en términos juveniles y coloquiales, ricas en *slang* y cuestiones cotidianas. Diré entonces que Haley fue excelente onda mientras no hubo más (lo cual, por suerte, duró bien poco, o más bien: casi nada), y que su mérito consistió en haber sido el umbral de las puertas de la percepción: el aviso de que los verdaderos gruesos ya estaban a la vuelta. Haley en realidad era tan despistado que años después lo tuvimos en México tocando twist, porque para esas tristes alturas Billy estaba dispuesto a echarse "El zopilote mojado" si algún seudodirector artístico le hubiera dicho que con eso vendería discos (¿no grabó aquí la "Negra consentida" del gran Joaquín Pardavé? Por cierto, no del todo mal). En 1980 el *magister* murió y realmente el mundo no se conmovió, pero se nos removió la nostalgia a varios.

Bill Haley, pues, fue la puerta de la buena onda, Al poco rato ya andaba yo bizco ante un verdadero panteón, el alud de los primeros pesos completos: por supuesto, Elvis Pelvis; el frenético Ricardito; Jerry Lee Lewis, el Seducechavitas; el finísimo Chuck Berry; el gran Buddy Holly; los Everly Brothers; Gene Vincent y sus Blue Caps. También la hicieron gente como Carl Perkins, el autor de "Zapatos de ante azul", que fue algo así como el hermano mayor de Elvis.

En 1956 la riqueza rocanrolera ya era notable, una verdadera invasión. Elvis Presley a la cabeza indiscutible, pero eran visibles dos grandes estratos: uno "grueso", que provenía directamente del rhythm and blues de los negros (Little Richard, Fats Domino, Chuck Berry, Jerry Lee Lewis, Gene Vincent, Bo Diddley, los Coasters), y otro "ligero", que venía más bien de la tradición ranchera, o country (Buddy Holly, los Everly, Carl Perkins, Jimmie Rodgers, que era conocido como "rockabilly" o "hillbilly rock"). Sólo Elvis, Chuck y Jerry Lee se desenvolvían con naturalidad en ambos estratos. Los de la corriente prieta por lo general utilizaban saxofones, y los ranchones enfatizaban más la lira eléctrica. Los negros producían rocanrol muy fuerte, a veces virulento, un ritmo más pesado; los rancheros le daban mucho más a la balada, a una música no tan agresiva pero que resultaba más melodiosa y abierta. Ambas eran corrientes popularísimas, manifestaciones de expresividad profunda y auténtica, y por eso desde un principio la chaviza del cuadrante no se inclinó ni a una ni a otra, sino que se alimentó indistintamente de lo grueso y lo ligero. Entre estas dos grandes vertientes se hallaban los rocanroleros más fugaces, que dependían de uno o varios éxitos, y que de alguna manera se hallaban más circunscritos a las tiranías industriales: los Platters, Frankie Lymon, Brenda Lee, Danny & the Juniors, los Del-Vikings, los Silhouettes, los Diamonds, Buddy Knox, los Royal Teens, Jan and Dean, The Big Bopper, Bobby Day, Fabian, Ricky Nelson, Llyod Price, Eddie Cochran, los Teddy Bears, Phil Phillips, los Crests, los Impalas, Freddie Cannon, Jack Scott, Dion and the Belmonts, etcétera, etcétera. Todos estos rocanroleros (unos más cargados al ridumanblús, otros al contri) a la larga caían más en la indefinida, imprecisable categoría "pop", cuya única tabla de medida eran las ventas; todos ellos, y muchos más, produjeron rocks memorables, pero no tuvieron ni la creatividad, ni la consistencia ni la personalidad suficientes para perdurar, para influenciar a otros, o para producir cambios sustanciales: se convirtieron en alimento de la nostalgia y material para excelentes antologías de la primera etapa. A mí, la verdad, me gustaban todos ellos, y algunas de sus rolas realmente me enloquecían, pero a la larga me iba más a la tendencia grasosa de los grupos prietos: las siemprefectivas rolas suspirantes de los Platters, o los rocks con coros de muchas voces (un bajo-bajo en especial) que decían cosas como "dip dip dip dip" o "ah-uhm" o "shananana, shananana" o "bom bom bom" o "bup bup bup"; eran las rolas que le fascinaban a Frank Zappa (como lo demostró en su *Ruben and the Jets*) y al gran jefe George Lucas (cf. *American Graffiti*): la fuerte prietez, de sacos largos, mucha brillantina: "Get a Job", "Yakety Yak", "Little Darlin'", "Silhouettes", "Personality". Sin embargo, los roqueros blancos tendían más al rock rápido, al acelere, como "Tallahassee Lassie", de Freddie Cannon, o "Leroy", de Jack Scott, "Party Doll", de Buddy Knox; "El rock del angelito", de Ray Smith; "Tigre", de Fabian. Los negros tendían a formar grupos, a utilizar mucho las posibilidades vocales, a tratar a las voces como instrumentos; creaban mayor atmósfera, eran más terrenales, más sensuales y muchas veces cachondísimos o tan plácidos que invitaban a gritar "¡mátame, hueva!". Los blancos, por su parte, eran más desenfrenados, acelerados, más amelcochados en las baladas, más aéreos. Los chavos blancos y negros le cantaban inocentemente a su propia superficialidad: rolas al suéter, a la sinfonola, al bailongo, a los zapatos, a los ligues adolescentes (muy escasas, pero había tragedias de muertes de chavitos), a los coches (apabullantemente), pero también, significativamente, todos coincidían en relacionar el amor con el cielo puro, o con la religión en abstracto; paraíso juvenil, infinidad de ángeles, querubines: "Earth Angel" ("Ángel de la tierra"), "Heavenly Father" ("Padre celestial"), "Chapel of Love" ("Capilla de amor"), "Ten Commandments of Love" ("Los diez mandamientos del amor"), "Heaven and Paradise" ("Cielo y paraíso"), "Teen Angel" ("Ángel juvenil"). Los adolescentes, que sostuvieron el rock, por primera vez en la historia se estaban expresando: habían encontrado un lenguaje para hacerse presentes, un lenguaje musical que en un principio abarcaba a los adolescentes de todo Estados Unidos, de todas las clases sociales y grupos raciales. Los jóvenes universitarios, en esa época, no eran afectos al rock: la onda seguía siendo el jazz (un territorio que ha perdido todo riesgo social pero que a la vez ha conservado su marginalidad) y la música folclórica, la de Pete Seeger y el Kingston Trio, primero, y Peter Paul and Mary y Joan Báez después. No les gustaba el rockito. En esa época se celebraba el éxito masivo de "Dieciséis toneladas", la rola sobre la explotación a los obreros en la voz efectiva de Tennessee Ernie Ford. Así es que eran los muy chavitos los que oían rock en discos de cuarenta y cinco revoluciones, los del agujerote, ni pensar entonces en rock en discos de larga duración. Cuando éstos salían, por lo general traían el único o los únicos éxitos del roquero y el resto (seis rolas, religiosamente, de cada lado) era puro material de desecho; en el mejor de los casos, refritos de los éxitos de otros rocanroleros tan fugaces como ellos.

El que verdaderamente le dio la máxima altura a esta expresividad de los chavos fue Chuck Berry. Un verdadero poeta. Nadie como él para capturar el estado de ánimo, la conciencia y lo inconsciente colectivos, la *Zeitgeist*: él fue el primero en rendir homenaje al rocanrol, en convertir al rock en término absoluto, punto de convergencia, esencia de identidad, arquetipo puro; en la segunda mitad de los años cincuenta Chuck Berry encarnó una de las caras del rock: la idílica, mítica, gozosa, saludable, el lado luminoso. Como los Beatles después. La cara opuesta, la oscura, la rebelde, despeinada o grasienta, agresiva, irreverente, correspondió a Elvis Presley, y tras él a Little Richard y Jerry Lee Lewis. Chuck Berry le cantó a los chavititos: arquetipizó a la niña de dieciséis años, describió el paisaje juvenil: la escuela, buena para salir de ella e ir a rocanrolear a la nevería, al compás de la sinfonola, o más bien: rockola. Era un rocanrolero tan genuino que no titubeaba en decir: "¡rocanléale Beethoven y enséñale a Chaicovski cómo está la onda!". Realmente, Chuck Berry era un caballero: divertido, aéreo, inteligente y muy creativo: era, además, efectivísimo como requinto y los mejores solos de la primera época sin duda se debieron a él; el requinto de "Sweet Little Sixteeen", por ejemplo (como el de "Peggy Sue", de Buddy Holly), sigue sonando vigente, contemporáneo, y no como la mayoría de solos de los cincuentas, que con el tiempo han dejado ver su extrema simpleza. En público, era un agasajo: divertidísimo con sus pasotes por el escenario. Chuck Berry también es emblemático porque fue el primero que, constantemente, componía e interpretaba sus canciones, lo cual casi no hacía nadie

(Fats Domino, Carl Perkins y Buddy Holly) y lo cual, con el tiempo, se convirtió en un rasgo distintivo del mejor rock: creatividad y capacidades de ejecución en vivo y en estudio. Las letras de Berry son sencillas, pero denotan inteligencia y facilidad para metros y rimas, y sus melodías, aunque no rebasan ciertos límites personales, son siempre fluidas, redondas, adecuadas. Este maestro era un fenómeno natural, probablemente no tenía la conciencia suficiente para advertir lo que representaba ni conocía el valor de lo que estaba haciendo, pero sí tenía intuición poderosa, un instinto creativo nato y un sentido de la proporción que lo conservó estable, satisfecho, tranquilo; hasta ruco, cuando siguió produciendo e interpretando rocks del mismo corte de antes, pero ahora más limpios y depurados. Berry construyó una especie de feria con juegos mecánicos, y una casota, pero no cayó en el ridículo, como Bill Haley; en la traición a sí mismo, como Presley; ni en la carta cero del tarot, como Jerry Lee. En los sesenta los chavos de la siguiente generación rindieron homenajes reverentes a toda la vieja guardia, pero Chuck Berry fue el más apreciado de todos, y con razón.

Buddy Holly no fue tan consistente, pero su creatividad era de primer orden. Produjo rolas impecables, como "Early in the Morning" (uno de los primeros cuarentaicincos que me trajo mi piloto papá de los Esteits) o "Peggy Sue", verdaderamente clásica, y una gran cantidad de buenos rocanroles que tuvieron gran éxito y que después fueron material para otros grupos. En sensibilidad, es antecedente directo de los Beatles. Podía ser capaz de una gran melodiosidad (que los productores arruinaban a veces con cuerdas supuestamente finas) y de notables matices de ternura y suavidad. Si Berry, como buen negro, tenía más cerca la tradición del blues, Holly estuvo más cerca de la vertiente ranchera. Como se sabe, murió (junto con el Big Bopper y Ritchie Valens, cuya versión de "La bamba" es tan efectiva que los Beatles le piratearon el arreglo en "Twist and Shout") cuando iba en un avión a una tocada. Fue el primer gran rocanrolero que murió y fue mitificado desde fines de los cincuenta. Hasta una película, bien chafa, se hizo de su vida.

Jerry Lee Lewis también vino de la tradición ranchona, al igual que Holly y los Everly Brothers; era un rancherote definitivo, no entendía por qué los ingleses se azotaron tan gacho a fines de los cincuenta cuando fue a cantar y llevó a su chava, que tenía trece años de edad y era su tercera esposa. Pero tenía un brío al roquear que lograba dar una idea de verdadero salvajismo. Nunca olvidaré cuando lo vi por primera vez en la fresísima película *High School Confidential* (que aquí traducían, jiar, jiar, como "Confidente de secundaria"): Jerry Lewis se reventaba la canción del título con una ferocidad delirante mientras aporreaba su "pumpin' piano" hasta con los pies, qué energía tan bien desbordada, impecabilidad total en la rola. Jerry Lee incendió a los chavos con "Whole Lotta Shakin' Goin' On" ("El baile está de ambiente", ni modo), "Great Balls of Fire" ("Grandes bolas de fuego") o "Breathless" ("Sin aliento"). Con Presley, Jerry Lee Lewis es poseedor de una de las mejores voces en el rock. Es tan correcta que puede pasar a la convencionalidad perfecta (como hizo Presley), pero sus matices son inagotables y explosivos: el grito desgarrado, los tonos bajos, de cómplice, la perfecta voz negra, recursos instantáneos y excelentes. Siempre dio la impresión de ser un gandalla natural. Un niñote metido en broncas. Jerry Lee nunca ha parado de darle al *show bizz*: muchísimas canciones en clubes nocturnos y discos a pasto, todos definitivamente audibles; este jefe rarísimas veces falla; a fines de los setenta y principios de los ochenta, ya casi en la cincuentena, ha llegado a un punto de madurez como cantante poco igualable. Su repertorio incluye rolas rancheras, rocanroles, rhythm and blues y rocks *sui generis*, casi siempre efectivísimos. Es el más ranchero de todos, el que puede ir tranquilo al Grand Ole Opry y hacerla sin problemas. Sigue sin domesticarse, y aunque su inconsciencia no le permita cuestionar lo que lo rodea, es bien congruente con su propia onda y todavía tiene para rato.

Little Richard iba aún más adelante en el acelere. Como Jerry Lee, tocaba el piano con el pie, con los puños, con los codos; entraba en un trance que sólo puede explicarse por sus años juveniles cantando gospels y por su profunda, aunque poco ortodoxa, religiosidad. Era vitriólico, virulento, devastador. Componía también sus rolas y las cantaba con el máximo de intensidad, gritando y aullando, convirtiendo las letras en trabalenguas rapidísimos. La pura fonquez. Fue de los primeros en tener un éxito aplastante, con sus versiones de "La plaga" (lo mejor que Enrique Guzmán hizo en su vida fue traducir "Good Golly, Miss Molly" como "Ahí viene la plaga"), "Lucille", un número clásico; "Baby Face", "The Girl Can't Help It" y varios rocanrolones más. Ricardito no perseguía ni la belleza, ni el ingenio, ni el equilibrio, sino la máxima explosión de vigor. Pocas veces un gritón rocanrolero ha demostrado tanta intensidad. El señor Penniman, por otra parte, era incapaz de aliarse al sistema o de competir en la carrera de las ratucas: a fines de los cincuenta dejó azorados a todos cuando, como buen capricornio, rompió radicalmente con todo; tiró al mar sus anillos de más de veinte mil dólares y dejó de grabar, de cantar en público. Se dijo que se había metido de sacerdote, lo cual no me extrañaría nada. Y durante varios añejos no se supo nada de él. Después, ya a fines de los sesenta, se dio varios volteones por México y dio varios shows en clubes nocturnos. Ya estaba rucón, y sin embargo nos dejó estupendejos la virulencia del gran maestro. Venía bien maquillado, con la boca pintada (como después harían Jagger y muchos de los travestistas roqueros), así es que a los cinco minutos, con el saltadero y la gritada, el maquillaje se le había corrido como a las viejas putas de Fellini. Pero eso era lo de menos: ahí estaba el maestro Ricardito con una energía que nunca me había visitado, verdaderamente posesionado por el rock más virulento, absolutamente fuera de sitio en ese cabaret de lujo lleno de reputados borrachones que no sabían ni qué onda, pero que no podían evitar el ser arrastrados por la furia ricardesca. Yo no cabía de felicidad, al igual que Margarita, mi esposa. Si estando ruco Ricardete era capaz de elevarnos de tal manera, ¿cómo habría sido en sus años gruesos, cuando todos los chavos nos prendíamos a la menor provocación? A veces, en sus discos, Ricardito resulta monótono: tal intensidad de diapasón sólo puede sostenerse poco tiempo.

Fats Domino, el gordísimo, en cambio, puede ponerse como música de fondo. No llega a ser muzak ante Little Richard, pero sí era de una sensibilidad mucho más accesible, sabrosona, con cierta cachondería, sobre todo a la hora de los solos de sax a la mitad de la rola. Su pieza arquetípica es "Blueberry Hill", que como buen clásico es siempre gozable. En realidad, el Panzas era mucho más vetarro que los demás (nació en el 28, el año de García Márquez, Carlos Fuentes y otros pesos completos) y estaba mucho más impregnado de convencionalismos musicales, ¡hasta grabó "Jambalaya"!, pero su onda era netísima. Él también componía sus canciones, siempre con Dave Bartholomew, y las cantaba con voz entre ronca y aguda, que invitaba a tranquilas pedas íntimas; las rolas eran rocks buenaonda, raras veces rápidos, y el Fats le daba un buen aire de barrio de negros jodidos, densidad y un barniz de pesadez.

El rey criollo

¡Qué persona! Mis mansas orejas los salmos oían y mis claros ojos se me humedecían. En el radio, nada menos que Radio Mil, se oían las de Elvis, las de Chuck, las de Ricardito, porque todas fueron exitazos de ventas. Yo enloquecía también con Buddy Holly, y me quedaba estúpido (más aún) ante los feroces trabalenguas de Gene Vincent, que, según los doctos locutores, querían decir "Carrera con el diablo". Pero, la mera verdad, el que me mataba, más que nadie, era Elvis. Me valía madre que estuviera carita (lo cual era importante para Parménides), que oscilara las caderas como ombliguista desaforada o que trepidara las piernas como Dostoievski durante sus místicos ataques de ¡epi-epileeepsia!; yo, pobre subdesarrollado, sólo de oídas sabía que Elvis era un acto ritual en sus presentaciones, que generaba estados de trance, posesiones, furores uterinos y tremendas paralizadas de chilam balam, pero oírlo en el radio, y después en los discos, me era suficiente. Me emocionaba constatando cómo Presley llenaba de rocks el hit parade y rezaba porque el Rey ocupara todos y cada uno de los diez primeros lugares. Realmente, del único que fui fan devoto fue de Elvis, aunque no era consciente de mi fanatismo, que en otros era motivo de orgullo y pase directo a iniciaciones. Y es que ninguno de ellos tenía el carisma de Presley; sólo hasta casi diez años después Mick Jagger generó algo semejante; pero no, a Presley le tocó lo grueso, la época máxima de los prejuicios y el qué-dirán (deportes que ahora son más practicados por los intelectuales). Fue objeto de todo tipo de censuras, que él pasó sin problemas por su incurable inconsciencia. Sus primeros discos Sun resultaron magistrales, casi sin excepción. Presley era una llamarada que no se consumía, en verdad alguien que merecía ser glorificado y satanizado: un joven y bello dios Pan del sur gringo. Su estilo, incomparable, disponía desde un principio de toda la gama de recursos y posibilidades; su voz era varonil, tersa, con volumen, en las baladas, o ctónica, primordial, como perro que le ladra a la luna. También era capricornio. Tenía un aire de gandalla, ladino y cínico, que no se le quitó ni cuando se volvió un gordo-cerdo. Sus discos Sun lo muestran incontaminado, sin barreras ni limitaciones, puro y terrenal, como en "Mystery Train", "Lawdy Miss Clawdy", "Good Rockin' Tonight" o "I Forgot to Remember to Forget" ("Se me olvidó acordarme de olvidar", qué buena onda). Había asimilado a los negros sin darse cuenta, y dominaba el rhythm and blues como nadie, pero el aire campirano, lo que envuelve la palabra *hillbilly*, le daba aires que no tenían los cantantes negros de las ciudades: profundidad natural, cierto salvajismo como de felino en el monte, la libertad del que tiene todo el espacio abierto. La etapa RCA, por supuesto, lo empezó a joder. Muy poco a poco le fueron imponiendo cartabones y supuestos refinamientos, o elección siniestra de repertorio. Pero entre 1956 y 1958, antes de irse al ejército, prosiguió su racha de piezas sensacionales, algunas obras maestras del género, como "No seas cruel", "Perro callejero", "El hotel de los corazones solitarios", "El rock de la cárcel", "I Was the One", "All Shook Up", "Trátame bien", "Te quiero, te necesito, te amo", "Un tonto como yo". Los dos primeros elepés RCA son impecables, no hay paja, sino genio puro. La cosa se empezó a descomponer con el cine, que resultó una verdadera camisa de fuerza para el gran Presley. Y el golpe mortal, una verdadera castración, fue cuando lo mandaron al ejército para que la gente se enterara de una vez que no había tal chavo desmadroso, provocador de desmanes. Fue de revolcarse de la risa cuando aquí en los Méxicos corrió el rollo de las afamadas declaraciones presleyanas: "prefiero besar a tres negras que a una mexicana", lo cual, por otra parte, tiene sentido dependiendo de qué negras y qué mexicanas. La satanización de Elvis fue casi inmediata, aunque en realidad no duró mucho, sobre todo porque Elvis se integraba velozmente en el *star system* que le estaban confeccionando hasta en los más mínimos detalles. Un caso de manipulación total e inobstruida. El nefasto coronel Parker y los siniestros promo-men del cine y de los discos acabaron convirtiendo a Elvis, sin que él presentara la menor resistencia, en un objeto de consumo para treintañeros de clase media alta, *Las Vegas-type*. Le rompieron la madre con todas las de la ley, de una manera absolutamente criminal e irresponsable. El maestro era un fenómeno natural, y no le dejaron desarrollarse como sólo a él le correspondía, que madurara en su onda neta de arquetipo viviente, creador y destructor. Él, en el fondo, era bien inocente, como Jerry Lee, y no tenía malicia: estaba enajenado por el *american way of life* hasta la médula. Creyó que lo que le decían era exactamente lo que había que hacerse, y ni siquiera se dio cuenta de la frustración esencial que tuvo lugar en él a partir de los treinta años, cuando literalmente se tiró a la mierda y al abandono. El caso de Presley al final es de un patetismo insoportable, porque aún brilla el genio puro, el artista nato, instintivo, entre los pliegues de la marranez interna y externa. Sinceramente, pobre cuate. Qué desperdicio gigantesco.

Pero a mediados de los años cincuenta, Elvis estaba en la plenitud de su gloria, y a una buena cantidad de chavitos nos inyectó vida pura, nos transmitió algo intraducible pero bien concreto, que abarcaba una gran cantidad de nuestros actos, algo que podría considerarse el espíritu del rock a pesar de lo limitante que resulta la aparición de cualquier frase, y más de una tan riesgosa como ésta. Por muy grueso que haya petardeado después, lo que hizo en unos cuantos años fue suficiente, un rimbaudazo efectivísimo. Yo a Elvis lo disfruté de todas maneras: oyéndolo, cantando con él y bailando. Siempre me costó trabajo agarrar las cadencias del cachondísimo chachachá, reprobé en los caderazos de la rumba y la hice más bien mal en las ondulaciones del mambo (aunque no por ello dejé de intentarlo en todo, y de ponerme a bailar por el gusto de bailar, valiéndome madre cómo lo hacía), pero, en cambio, me resultó facilísimo, natural, bailar rocanrol. El ritmo del rock y yo éramos uno. ¡Simón! Nací para ejecutarle al rockciano. Bailar también representaba una especie de limpia, le metía con tantas ganas que todo se me suspendía, caía en un agujero de eternidad. Bailaba a Lo Desenfrenado, y en especial me pasaban las rolas intensas, aceleradas y estridentes. Las canciones románticas (en especial cuando las cantaba Elvis, cómo se atrevía) me cagaban por lo general (no tanto: siempre hubo baladas rock que me gustaron muchísimo, o que me taladraron áreas fortificadas de mi alma: como "Sea of Love", o "Sorry (I Ran All the Way Home)"). Pero mientras más frenética era la rola, yo entraba con mayor facilidad en trance roncanrolero: ondas veloces y animosas como "At the Hop", de Danny and the Juniors, que todavía (pobres cuates) se ponían tacuche y corbata de tirita. En realidad, los rocanroleros aún distaban de friquear al respetable con atuendos locos o, de perdida, poco convencionales, como ocurriría en los sesenta (en sus gandallescos principios, antes de ser domesticados por Andrew Loog Oldham a los Stones los corrían de *nightclubs* por tocar sin traje, sin corbata, por darle la espalda al público, por comer papas fritas y beber chelas entre pieza y pieza); en ese momento de transición todavía se respetaban viejas y nefastas convenciones: el-público-siempre-tiene-la-razón, hay-que-darle-a-la-gente-lo-que-quiere-siempre-y-cuando-sea-lo-que-la-industria-quiere.

Ruedas de fuego

Sin embargo, nunca de los nuncas, admití a Pat Boone; ni siquiera a Ricky Nelson, que, toda proporción guardada, era mejor onda; o Tommy Sands, Frankie Avalon, Fabian, que venían a ser lo mismo: el niño modelo, que rocanrolea "sanamente" (Paul Anka, claro, se cuece aparte). Me di cuenta de que había rock bueno y rock de chicle, comercial, que sólo servía para rumiarlo un rato y escupirlo después. Supe que uno siempre trataba de mediatizar al otro, como ocurrió desde un principio con "Sh-Boom". Si muchos caían en las trampas de la comercialidad, yo prefería la virulencia y el desmadre. Por supuesto, soñaba con ser rocanrolero, oía las rolas acompañándolas con una guitarra imaginaria, o, si no, armaba en la sala de mi casa una pirámide de cacerolas, tapas, bongos viejos, cucharones a guisa de baquetas y me arrancaba tocando la batería con el "Bongo Rock" de Preston Epps o las rolas de batucazos de Sandy Nelson a todo volumen en el tocadiscos. Siempre oía los rocks a todo volumen, la estridencia era mi cuataza, y, como a muchísimos otros, a mí también me gritaron: "¡ya quita esa música del demonio!".

Pero mis jefecitos realmente tenían poco de represores; les sorprendía, eso sí, que a la sagrada hora de la fiesta de sábado en la noche yo suspendiera lo que fuese, hasta mis primeras y reverendas chaquetas, para correr al radio más cercano a mi corazón y sintonizar Das Hit Parade. Pluma en mano, página ya cartografiada, anotaba minuciosamente y con mi inglés más bien fonético los ires y regresares de las canciones, ¡chin, sigue en primer lugar la hediondez del "Tema de un lugar de verano"! Mi historia roquera era tan común que yo también, cada vez que llegaba a una lonchería, echaba todos mis tostachos en las rockolas para oír "Lucille" o "Nena, vamos a jugar a la casita". Mi papá me preguntaba para qué me iba a servir en la vida llevar listas tan meticulosas de rocanroles, y yo no sabía qué decirle, hasta años después, cuando todo eso me representó una magnífica base para entrarle a la crítica y a la promoción periodística del rock.

Sip, mi entrada en el rocanrol fue a través del radio, ciego como Borge Luis Jorges al verdadero espectáculo del concierto y sin ninguna intelectualidad de por medio, a excepción de la vírguica manía de hacer listas y listas; por otra parte (salva sea), era inútil, si no es que mediocompletamente ridículo, intelectualizar al rock, música marginal a todas luces, cuya naturaleza admite, pero a disgusto, actitudes pedantes. Además, no a todos los chavos les gustaba el rock. Para unos era algo tan ajeno a ellos como una raga hindú; pensaban, al igual que la ruquiza del cuadrante, que se trataba de puro ruido, y que la buena onda eran los bolerucos, las rancheras, la guapachosidad y, cuando menos durante la cuaresma y/o antes de comulgar, la música clásica. A mí, claro, también me gustaban esas ondas, en esa época ya le rendía culto a Wagner y a Beethoven y a la Orquesta Aragón, Benny Moré, Pérez Prado, pasando por Lucha Reyes, José Alfredo Jiménez y el buen Peter Infante. Y creo que a los chavos también les gustaba la música ranchera, romántica o tropical. Todos estábamos inmersos en ella, la habíamos escuchado desde que nacimos y era nuestro contexto natural, por eso era una flagrante alteración de realidad, si no es que franca mala leche, decir que los chavos que apreciaban el rock estaban desnacionalizados, que se cerraban a las corrientes musicales latino-americanas. El maniqueísmo de muchos los llevaba a pensar que una corriente musical por fuerza excluye a otra, y no les cabía que en gustos pueden coexistir numerosas vertientes. Se trataba de puras proyecciones: eran ellos los que se cerraban, los que se negaban a escuchar el rock. Porque el rock, si no se ha nacido para disfrutarlo, conviene escucharlo; con sólo contribuir con un cacho de atención los prejuicios se desploman o se diluyen y es probable que se le agarre la onda a algo que en un principio parece completamente extranjero. Pero el rock en México no era extranjero. Es una estupidez considerar, como ocurrió durante mucho tiempo, que el rock sólo es un producto estadounidense, o sajón. Es verdad, y eso lo sabíamos nosotros sin mucha teorización, que se trata de un lenguaje juvenil y universal, que la gente en cualquier parte del mundo puede sintonizarse con él, disfrutarlo y, pero esto sí es más difícil, aclimatarlo y producirlo según los contextos de los diferentes países. Pero en aquella época era muy difícil que la gente comprendiera estas sutilezas y no se dudaba en catalogar al rock como ruido gringo y a nosotros, que lo oíamos, en jóvenes desnacionalizados. Basta leer a Parménides García Saldaña en *Pasto verde* —un libro acusado miopemente de gringuismo literario— para advertir cuán profundas son las raíces mexicanas del Par, como también se puede observar en su ensayo *En la ruta de la onda*. Desde un principio el rock fue un fenómeno católico: esto es, no excluyente. Aunque, claro, unos entraban en él de una forma fácil y natural. Yo entre ellos. A mí me ha gustado siempre cualquier forma de música que no esté desmadrada por criterios comerciales, pero sólo el rocanrol me ha proporcionado indescriptibles venidas en seco: retorcimientos, piel enchinada, la cabeza pendulando de un lado al otro con los ojos en blanco, o lagribizqueantes; el chile frito bien paralizado y la experiencia (bendita, bendita) de hallarme en regiones donde el tiempo no existe, olas de luz, presta palorquesta. Piezas como "Things Get Better", de Delaney & Bonnie Clapton, o "Shattered", de los Stones, o "The Weaver's Answer", de Family, o "Like a Rolling Stone" y por supuesto "Satisfaction" o "A Day in the Life" me han erizado los peligros de la juventud, y me han abierto tan de golpe las compuertas de la sensibilidad que me he retorcido y contorsionado de placer puro. Buena onda montar la cresta del rock.

La tierra de las mil danzas

Lloré mucho cuando el pendejo de Elvis aceptó irse al ejército y regresó con mamadas inenarrables: algo se me removía por dentro, una incomodidad visceral, nostalgias de un futuro que ya existía dentro de mí y que se deleitaba porque Cassius Clay, años después, se negaría a ir al ejército: ¡si tan sólo Presley hubiera tenido los cojones para hacer algo parecido! Pero qué va, el gran y patilludo maestro fue presa fácil de la manipulación y ni siquiera presentó una digna resistencia: digamos, negarse a que le cortaran el copete, o algo así… Me lamenté también cuando Little Richard se metió de cura, aunque era un cotorreo saber de un cura negro, puto y envaselinado (la religiosidad de estos maestros era indiscutible; era —por qué no— ctónica, urobórica, más allá del bien y del mal). También me consternó *jusqu'à des larmes* cuando murieron Buddy Holly, Big Bopper (¡ah! cómo me gustaba "Chantilly Lace") y Ritchie Valens (por cierto, ¿se acuerdan del también chicanín Augie Rios, el de "mamacita, oh, where is Sanitary Claus"?), y vi, aperplejado y estupendejo, cómo, a principios de los sesenta, el rocanrol parecía irse a la mismísima mierda, cuando la hacían en grande las Cuatro Estaciones, o el baboso de Cliff Richard y sus Sombrasnadamás, o, en el mejor de los casos, las Supremes o los Four Tops. Ya empezaba a tener lugar el fenómeno Motown, que entre otras cosas representó un cambio en la música de los prietos: una manera de lanzarse al abordaje del gran pastel comercial sin perder las buenas ondas de la negrura rhythmandblusera. O los *early* Beach Boys, que, con Dick Dale y Jan and Dean, encabezaron la minimoda del surf: los aires de las playas californianas en contraste con el imperio neoyorquino, chicaguense o del sur de los États Unis. Claro que siempre hubo buenas rolucas (Del Shannon y "Runaway", como excelente ejemplo), pero en realidad el rock perdió los rumbos momentáneamente. Los rocanroleros de coraza nos quedamos sin los grandes arquetipos (Presley descojonado, Ricardito de exilio místico: ¿rock naturaliter religiosa?, Jerry Lee casi pirado del mapa por sus furores campiranos, Buddy Holly muerto, etcétera, etcétera) y hasta el rock comercial parecía haber perdido las riendas de autoservicio sin saber cómo rencauzar en su provecho las necesidades de los chavos. En el fondo privó la idea de que el rocanrol había muerto, pero que había constituido la puerta para otros "ritmos de moda": primero fue el surf, que tuvo mucho éxito (porque los Beach Boys, en rigor, no eran nada mala onda: Brian Wilson resultó muy creativo, y sus experimentos vocales eran algo nuevo: algo así como no perder los gustos corales del prerock: Crew-Cuts, Four Aces, etcétera, y asimilar también, a la blanca, los juegos de voces de los grupos negros; los Beach Boys, además, ya eran herederos del buen rock, como lo constató el hecho de que uno de sus grandes éxitos, "Surfin' USA", en realidad fuera un refrito, o paráfrasis si nos ponemos eufemísticos, de "Sweet Little Sixteen", de Chuck Berry). Después del surf vinieron el skate, el frug, el jerk, el hully gully, el madison, el hoochie coochi, el fuckashitpiss y otros. En realidad, todos los ritmos eran el mismo: rocanrol directo y sencillo con bases de rhythm and blues; las únicas diferencias, y eso a veces, eran los moditos de bailar. De todas esas ondas (salvo el twist, que se muele aparte) sólo recuerdo con aprecio una jalada de nombre limbo rock, y eso porque está ligada a las pedas más briosas que tuvieron lugar en mi depto, recién casado, con mi hermana Yuyi, Gerardo de la Torre, René Avilés y su esposa Rosario, y mi hermana Muñeca con su ex Carlos; el limbo consistía en pasar bailando, con la espalda hacia atrás y la cara al techo, cada vez más abajo de una cuerda o vara que sosteníamos en medio del guapacheo rocanroloso. Y el twist, ¡ah, onda decente sin duda! Pegó durísimo, y al rock le abrió las puertas de un público adulto, que gustaba de bailar un tanto *aloof*, como dijeran los gringos, con toda galanura y con discretos aceleres. Para no variar, mi *little-sister-don't-you*, la Yuyi, alias la Echelemiyuyis, era la efectiva twisteando, muchas veces con Néstor Domínguez, que era sobrino de Columba Domínguez, compañero de prepa y la personificación perfecta de la aristocracia twisteando a toda madre; Néstor no se despeinaba un solo pelo, sonreía invariablemente y modificaba el tradicional movimiento de caderas (de izque a dere) y de los brazos (de atrás padelante), oscilando las cadurucas a toda velocidad como ombliguista del Tívoli y haciendo rápidos movimientos circulares con las manos a la altura de la panza.

El twist también trajo a Joey Dee y sus Starliters (rocanroleros de origen italiano, que se reventaban clásicos como "Ya Ya" o "Shout") y a negros efectivísimos como Chubby Checker (de piernas largas, ¡smoking! y sonrisa tan ancha como la de Néstor Domínguez —me cae que, toda proporción guardada, hasta se parecían— y voz cachondona), quien, como se sabe, en el nombre rindió homenaje a Fats Domino (lo cual hablaba muy bien de él): Chubby por Fats y Checker por Domino. (Esos que no entienden inglés: más vale que vayan aprendiéndolo porque ésta es la *dernière fois* que traduzco algo: Chubby quiere decir cachetonzón; Fats, Panzas; Domino pues es el dominó y checkers *veut dire* fichas; de nada.) Pero también hubo twisteros muy apreciables como el U. S. Bonds de mi-suegra-llegó y el también negro Hank Ballard.

Bueno, el twist aguantaba, pero algo se había perdido, cuan triste era. Después de esta adecuada lágrima diré que de plano me habría clavado en el jazz (onda que también me apasionaba), siempre apreciable cuando se está sabrosa o espantosamente azotado (siempre que oigo jazz se me antoja en el acto un whisky en las rocallosas), o en el blues o la música tropical o la música clásica (de la cual, en realidad, nunca había salido: en esos momentos era fan de Mozart, Mendelssohn y Paganini —je je—), si no es porque se avivó la onda de la música folclórica, y Pete Seeger, Joan Báez (hasta el Kingston Trio), pero fundamentalmente Peter, Paul and Mary me llevaron a Bob Dylan. La música folclórica gabacha me pareció buena onda: por esas fechas era de rigor entre los chavos universitarios e intelectualones, porque mostraba simpatía con el diablo, con el pueblo y con las luchas políticas, *mainly* las sindicales. Por otra parte, venía de la atodamadresca tradición de Woody Guthrie, o más atrás, Leadbelly y todo el bluegrass. Eran canciones "de protesta", que se cantaban en las manifestaciones gabachas (también anodinas y desinfectadas en comparación con las de estos laredos, y el que vea esto como bramido chovinista deveras que vaya a chingar a su madre), como la célebre "We Shall Overcome", de Pete Seeger. La pinche Joan Báez siempre me simpatizó, y cuando, años después, la oí hablar en tele, la admiré por honesta y valerosa, pero jamás me ha podido gustar su aflautada forma de cantar. Cuando se quitó la lira para cantar a pelo en Woodstock me pareció insoportable (pero basta con oprimir el avance rápido y nos la quitamos de encima). Pete Seeger estaba bien para el personal rojesco que en esa época yo empezaba a frecuentar: para las reuniones en casa de Héctor Valero o de Carlos Vidali, en las que predominaban las rolas de la guerra civil española, rumbara-rumbararum bambán, y los ceceos más feroces e insolentes. En cambio, Peter, Paul and Mary (Pedro, Pablo y María: a éstos también se les quemó el coco al encontrar nombre artístico) me gustaban más: eran muy correctitos, voces bien acopladas, repertorio irreprochable. En ellos "Blowin' in the Wind" o "Don't Think Twice, It's All Right" sonaban pulcras, decentes, preciosas, mientras que en la voz de Dylan siempre eran verdaderas afrentas, un escupitajo a las buenas conciencias, como diría Gustavo Sainete con la pequeña ayuda de su amigo Charlie Fountain: la belleza del barro cocido, de la arena de mar humedecida, que resiste incluso estas metaforoas.

Quién ha caído y quién ha quedado atrás

¡Ah, el maestro Bob Dylan! De entrada me pasó, a pesar de que cantaba como becerro con gripe; aunque, con su guitarra de palo y su armónica rasposa, anduviera de folcloricón. Yo me daba cuenta de que aunque al pobre pendejete le hiciera falta una lira eléctrica (no hay rock sin lira eléctrica así como no hay guitarra sin Ramírez bajo el cielo de Acapulco), en Dylan (y por supuesto, jamás en la Báez ni en Pete Seeger) había otra proposición, que en un principio parecía afrenta de incuestionable naturaleza rocanrolera: voz sin pretensiones de melodiosidad (qué lejos estaban de él todos los correctos *crooners*, incluyendo a Carlos Monsiváis y sus Gay Crooners), ningún eddifishereo, ritmo persistente y convocador de estratos primigenios, y qué letras, qué letras, qué adelanto en la música: el imperio de la rima interior, poesía profundísima, espíritu críptico y surrealista, viajero de lo inconsciente, sueños como tema, como escenario, como concepción del mundo, ¿no soñaba Dylan con San Agustín y con las barbas de Fidel Castro? "La respuesta está en el viento" fue, con toda justeza, más que un himno, porque no cayó en el panfleto; la canción constelaba los anhelos y la sensibilidad de mucha gente que no quería

143

doblegarse. Y qué imaginería tejida entre personajes y signos de los tiempos. Se constituyó como algo aparte en las ondas folclóricas, en el rock y en la poesía misma de Estados Unidos. Genio indiscutible, desde los veinte años Dylan empezó a conmocionar el personal con ondas como "A Hard Rain's a-Gonna Fall" y ya nunca se detuvo. Yo festejé con sones veracruzanos, fuegos de artificio y la lectura en voz alta de *Tierra baldía* cuando Dylan mandó a la verga al personal integracionista-dizquefolclórico (mis respetos, maese Arana), en aquel célebre Festival de Newport (¿de 1965?).[1] En la segunda parte de su presentación Dylan regresó con lira eléctrica, atuendo semifreak y un grupo de rock (¿ya traía entonces a Al Kooper y a Mike Bloomfield, o eso fue hasta la grabación de *Bringing It All Back Home*?[2]). En ese momento, Dylan se declaró formalmente rocanrolero. Era lo que le correspondía. Para este enano y peripatético *magister*, que era héroe de los intelectuales-pipa-en-boca-que-al-oír-la-palabra-rock-decían-estamos-hablando-de-cosas-serias, representó un acto cojonudo, un cambio de piel definitivo y radical, admitir su naturaleza rocanrolera y asumirla impecablemente (va por ti, Castañuelas).

Admitir el gusto por el rockiano en medios intelectuales no era fácil en aquel remoto entonces. La gente pensaba que era cosa de locos y/o tarados. Los intelectuales lo consideraban mero consumo colonizador; los izquierdistas, penetración imperialista; la clase media, ruido puro; los empresarios lo detestaban, incluso los que se enriquecían a través de él. Ni siquiera todos los chavos eran rocanroleros. A muchos de plano nomás no les entraba. En cierta manera, en esa época el rock podía considerarse como una realidad aparte que requiere iniciación, una sociedad de verdadero hermetismo, o

---

[1] La fecha es correcta. N. del E.

[2] Kooper y Bloomfield ya formaban parte de la banda en ese momento. Fuente: https://www.history.com/news/the-day-dylan-went-electric. N. del E.

más bien: la metafísica presencia de un espíritu que no todos admitían y pocos comprendían. Lo sigue siendo, por otra parte, aunque los Beatles le dieron un carácter verdaderamente católico, no excluyente.

El paso al rock también universalizó a Dylan, y lo convirtió en un definitivo *star* del *show bizz*. En especial la aparición de "Como una piedra que rueda", rola seminal como pocas, lo consolidó como un monstruo en los sesenta. Se cuenta que Dylan se atacó durísimo de heroína, pero que le paró, y que esto cerró, en cierta manera, la onda de imaginería desatada y visionaria de *Highway 61 Revisited* y de *Blonde on Blonde*. Después, como Picasso, Dylan se dedicó a abrir puertas para que por allí circularan los que quisieran. Se puso introspectivo, más sereno en *John Wesley Harding*, y en *Nashville Skyline* magistralmente ranchón. Después recapituló sus experiencias y sus ondas preferidas (*Self Portrait*), y marcó el inicio de otra onda en *New Morning*; de allí, a la absoluta obra maestra que es *Blood on the Tracks*, el Dylan más profundo, un verdadero lago de matices y tonalidades infinitas, el soplo directo del espíritu (como en "#9 Dream", de John Lennon). En *Planet Waves* el maestro perdió la pista momentáneamente y en *Street Legal* entró en una crisis de identidad, sumamente peligrosa porque tenía lugar ya cerca de los cuarenta años; Dylan se dejó cobijar por la religión, y la cristiana, para acabarla de joder. Era como una paráfrasis *ad hoc* del cuento "La conversión de los judíos", de Philip Roth. Esto ocurrió a fines de los setenta, cuando la gente lo menos que quería saber era de ondas como ésa, y Dylan se enfrentó a un rechazo casi total. Musicalmente, en realidad, el buen Zimmerman regresó (y notablemente bien) a la tradición del góspel: el sabroso y posesionante vehículo musical de los negros para llegar a un éxtasis religioso. El rito está vivo en el góspel y los spirituals, porque, como bien plantea Jung, la capa de civilización es muy delgada, y casi a flor de piel están los viejos dioses en pie de guerra.

En 1980 yo trabajaba en Albuquerque, Nuevo México, y me enteré feliz de que Dylan había preparado una gran gira nacional con su nueva onda mochilas; su disco *Slow Train Coming* había sido criticadísimo, así es que Dylan decidió ver qué pasaba en cuatro ciudades claves, una de ellas Albuquerque. El gran Dylan se presentó en un auditorio repleto de jóvenes universitarios e intelectualones. Nada pendejo, Dylan mandó por delante a dos negras que le arreaban al góspel; la banda, preponderante en negros, era de primer orden, y en segundos levantaron un ritmazo. El personal estaba caliente cuando llegó Dylan, quien se aventó una de las rolas gospelianas muy movidas de *Saved* (tampoco se midió el maestro con ese titulito) y nos electrizó a todos. Dylan siguió dándole a las de entrar en trance y después se pasó a una balada bellísima, "I Believe in You" (hubiera dado la vida por oírsela a Elvis Presley); la gente estaba entregadaza cuando al baboso de Dylan se le ocurrió aventarse un discurso evangelista: cómo se había salvado, etecé, etecé. Nunca lo debió haber hecho: el personal se acordó de que esa conversioncita religiosa le parecía nefasta. El ambiente cambió en segundos, y cuando Dylan siguió cantando (por lo demás, las mismas ondas que antes) la gente le empezó a gritar "¡no nos traiciones, Bob!, ¡échate 'Like a Rolling Stone' o 'Lay, Lady, Lay' o 'Subterranean Homesick Blues'!". Pero Dylan, impertérrito, siguió con el nuevo material. Algunos se salieron, ante lo cual Dylan procedió a incendiarse textualmente y a dar lo mejor de sí; fue algo inaudito: una verdadera transfiguración del chaparrito. Los que no se ofendían con el rollo religioso hacían circular buenos leños de mostaza, que en verdad abrieron otros canales de percepción. Cuando terminó el rolón, Dylan le dijo a la gente: "Veo que la música sí les gusta, pero no el mensaje. Pues se chingan, porque las dos cosas van juntas". Dylan había sido atrapado por el arquetipo de un San Pablo rocanrolero, y echaba chispas. Otros cuantos piraron en ese momento, pero los que nos quedamos presenciamos uno de los mejores conciertos de la historia del rock. Yo pensaba cuán pendeja era la gente que insistía en modelar a Dylan a su antojo, que insistía en que fuera como ellos y pensara como ellos y compusiera lo que ellos quisieran oír: era mil veces preferible enfrentar a este Dylan cargado de intensidad creativa gracias a una conversión religiosa; no había por qué compartir las premisas religiosas del *magister*, pero tampoco había por qué no respetárselas, sobre todo si a través de ellas reactivaba sus procesos de crecimiento y producía ondas tan efectivas.

En esto, y para no variar, buena parte del público resultó bastante subdesarrollado, porque no quiso desprejuiciarse y oír en su valor esas ondas dylanianas, tan válidas como las de cualquier otra y chingona etapa. El resultado fue que se obstruyó un proceso natural de desarrollo, pues después de *Shot of Love*, el tercer álbum religioso, Dylan tardó un buen rato en sacar a la venta *Infidels*, a fines de 1983. El disco a mí me parece excelente.

El gordo y el flaco

El buen Dylan (y los Stones también) me llevaron a la amistad con
Parménides García Saldaña y con la Juana Tovara, mis primeros cuadernos verdaderamente rocanroleros, así como definitivos compañeros de viaje. A los dos ya los conocía desde tiempo atrás, pero no
los frecuentaba: en 1965 Tovar entró a trabajar en *Claudia*; un día el
buen Parménides pasó a recogerlo y yo me fui cotorreando con ellos.
Los dos eran muy amigos, y Johannes, de naturaleza siempre gene-
rosa, le dio chance al buen Par de que viviera con él y con su esposa
Antonieta en su departamento de la Alta Narvarte. Los dos coincidían
en el gusto dylaniano y rollingstonesco. El día que se me revelaron
fue cuando coincidimos en la entrega de premios de un concurso de
guiones (el que ganó *Los caifanes*, de Fuentes/Ibáñez). Juan, Parménides y el terrible Ricardo Vinós habían ganado el tercer lugar con *Pueblo fantasma*, adaptación del cuento homónimo de Tovardo Thodol;
yo había recibido mención por una mamada infumable, azotada como
pocas, que se llamaba *El ruido*. Nos la pasamos cotorreando a toda madre en la entrega de premios y después fuimos al depto de Toovad,
donde oímos a Dylan. Ya no les perdí la pista. Me habitué a visitar

a Tovarich en la oficinita del eminente Guillermo Vázquez Villalo-
bos, maestro de puro corazón y gran cabeza, donde se perpetraba el
suplemento de espectáculos de *El Heraldo*. Muchas veces nos íbamos
después a su casa o a la mía a oír discos y a cotorrear tranquilamente, porque nadie quemaba entonces y Juan no era de la brigada peda.

A Parménides lo veía más en mi casa, porque él no tenía depto
como Juan o yo. Sus visitas podían ser verdaderamente gruesas, a
todo volumen, chupes densos y rock incesante. A menudo iba con
sus cuates de la Narvarte, que aparecen todos en *Pasto verde* (yo también aparezco como, no es posible, Pepcoke Gin), en especial Manuel, *el Chino*, Campos, quien, por cierto, una vez no pudo aguantar
varias horas dylanianas y terminó gritando, desde el fondo de su corazón: "¡ya quiten a ese pendejo!". Parménides también iba con chapitas
bien *cherries* en proceso de reviente. Quién sabe de dónde las levanta-
ba. Aparecía cargado de chelas, de botellas de whisky que acababa de
robar en algún súper, y después con mota, pero el Par era más bien
pisto. Recuerdo que una vez me habían regalado un bote de peyote
viejo y seco, en polvo, y yo me lo estaba tragando a heróicas cucharadas. Ya llevaba tres horas y no me prendía nada. El Par llegó, metió su dedote en el polvo peyotesco, lo chupó y a la media hora ya
estaba hasta la madre. Este maestro tenía una lesión cerebral de nacimiento y con dos chelas se empedaba, con tres toques se ponía hasta
el ultragorro y con un dedazo de peyoyo ya estaba en un viaje porten-
toso. Me lo llevé entonces a la noble glorieta Río de Janeiro, donde
Par me habló *'bout the birds and the bees and the flower an' the trees an'
the skies up above*.

Otra vez llegó a mi casa bien contento y más pedo porque traía un
ópel nuevecito que su papá acababa de comprar. También venía cargado de lana (quién sabe de dónde la había levantado). Me sacó de
mi depto para que probáramos la nave. Eran como las once de la noche y Parménides se arrancó a más de ciento veinte kilómetros por

hora, por Insurgentes, pasándose todos los altos y mentando madres a claxonazos. Nos detuvimos en El Globo, *of all places*, donde cantaba Hervé Vilard, *of all people*. "Vamos a mentarle la madre", me propuso el Par. "Juega", dije yo. No nos querían dejar entrar porque no llevábamos traje, mucho menos corbata, y porque no parecíamos nenes de Las Lomas. Parménides, sin embargo, sacó un rollo de billetes y empezó a repartir la papeliza entre los meseros, así es que no sólo entramos sino que hasta nos dieron mesa de pista. "Chinga tu madre, pinche francés cuadrado de mierda, lávate las nalgas, ojete, fresa, puto, pendejo y cogido", le gritaba Parménides al pobre Vilard, quien lo miraba tratando de controlar el pánico creciente. Los meseros llegaban a callarlo, pero como salían los billetes se regresaban haciéndose pendejos. Por desgracia la lana se empezó a terminar, y cuando la cola de meseros vio que se acababa la repartición mesiánica, también se les acabó la paciencia, así es que nos corrieron, no sin que antes sacáramos una buena botelluca de Old Parr. Cuando llegamos al coche, muertos de la risa, Parménides se subió al volante y de repente, chíngale, se quedó bien dormido. "Me lleva la chingada", pensé yo, "ora qué hago con este pendejo". Lo empujé al asiento contiguo y me arranqué en el flamante ópel rumbo a casa de Parménides, muy encabronado porque iba a tener que regresar a mi depto en taxi, si encontraba, o a pincel. Sin embargo, en la Narvarte no tenía puta idea de dónde quedaba la casa de este maestro. Había ido varias veces, pero nunca me había fijado bien dónde quedaba, sólo sabía que era una esquina de Eugenia. Al rato me cansé de estar buscando a las dos de la mañana, así es que enfilé a mi casa. Estacioné la nave en la calle y ahí dejé al Par roncando en cuatro por cuatro. Esa noche yo estaba en plan de trabajar, así es que reinicié la chamba muy tranquilamente, hasta que casi tiraron la puerta a patines. Era Parménides, claro. "Óyeme, cabrón, ya ni chingas, ahí me dejaste tirado en la calle, me estaba cagando de frío." Le dije que se largara a dormir y me dejara seguir escribiendo. Él planeó que era un deber cívico y patriótico oír a los Rolling Stones. "Pus ponlos", le dije, y seguí escribiendo, metidísimo. Nomás lo oía revisar los álbumes y cuando tuve que alzar la vista el hijo de su rechingada madre había tirado un chorro de discos y los pisoteaba diciendo: "los Beach Boys que chinguen a su madre; Vainilla Fudge, a la verga". "¡Mis disquitos!", grité aterrado, y procedí a hacerlo a un lado casi a chingadazos. Puse el *Another Side of Bob Dylan*, según yo para que se calmara, pero no había remedio. Subió todo el volumen y se puso a corear a berridos "All I Really Want to Do". No me quedó más que decirle que fuéramos a comprar unos cigarros. Salimos. No lo dejé manejar, y a las cuatro que cinco cuadras, le dije: "orita reboto, ñis, voy por los cigarros como tiro". Me eché a correr por varias calles y finalmente regresé a mi depto. Al día siguiente me hablaron para decirme que Parménides había salido hecho la raya por Insurgentes y que a las dos cuadras había chocado y le había partido toda la madre al ópel nuevecito de su papá.

Otras veces nos reventábamos, pero también nos poníamos dizque a trabajar. Nos constituimos en el partido político El Patín del Diablo y redactamos un manifiesto que, extrañamente, nadie quiso publicar. A causa de su alto valor histórico, estético & moral, reproduzco de volada cuando menos una parte:

(Exigimos) que se suprima el himno nacional y en su lugar se ponga "You Can't Always Get What You Want", porque los mexicanos no debemos estar al grito de guerra sino al grito de ¡ajúa!;
que se quite el águila de la bandera y se le reemplace con una planta de mota, como sabiamente recomienda Mad*; que Los Pinos se convierta en jardín público dedicado a las manifestaciones del arte,* mainly *del nuestro; deberá haber cabañas para oír rock, cabañas para bailar, cabañas para cagar, cabañas para leer, ¡cabañas para coger! Más cabañas a petición;*

que todos anden encuerados aunque haga mucho frío, porque el calor es interno,
y el respeto a la chaqueta ajena es la paz o hazte tu chaira pero no salpiques,
porque como dijo Octavio Paz: fuera máscaras, y se lo cogió Carillo Flores.

También fui testigo del primer gran truene parmediano, cuando le dio por romper los vidrios y puertas de sus mejores amigos. A Margarita y a mí nos cayó una madrugada, nos insultó en todos idiomas y pateó la puerta hasta que el portero lo sacó a rastras; nosotros, del otro lado, nunca nos atrevimos, oh culebras, a dar la cara. Pero no es fácil darle la cara a un pinche loco desatado.

Ay, Jonás, qué ballenota

A Dylan lo oí por primera vez en 1963, má o meno, y él fue el primer gran aviso de que no había que ponerse a chillar: el comercio y la usura no se habían tragado al rock: una onda verdaderamente efectiva, pero impredecible en esos momentos, estaba por venir. Pero en esas fechas Dylan ya era oído por los rocanroleros de mi generación, los nacidos en la década de los cuarenta: los ingleses Lennon, Jagger, Richards, Clapton, Morrison, Burdon, Townshend *et al*. Todos asimilaron al poeta, de una manera u otra, así como él asimiló a los rockers. Los grandes iniciadores de la reactivación extraordinaria de los procesos de crecimiento del rock (ahora me estoy planchando a Richard Wilhelm) fueron los Beatles, que lograron el portento, con su catolicidad musical y su ingenio indomable, de hacer que prácticamente todos los sectores de la sociedad se abrieran al rock, incluyendo, oh milagro, a los intelectuales de izquierda. A lo mucho aceptaban a Trini López, porque "El martillito" y "América" eran canciones ¡de contenido social! Más subversivo y revolucionario había sido Elvis Presley en 1955. Pero los Beatles implicaban mucho más que eso, aunque en un principio, debo reconocerlo, me parecieron un tanto simplones y putarretes con su "I wanna hold your hand". ¿Cómo hablar de estrecharte la manopla cuando los Rolling Stones ya cantaban "todo lo que quiero es hacer el amor contigo"? Los Beatles, creía yo (ni modo) apenas tenían la virtud de que su éxito, la entonces espectacular beatlemanía, hubiera sido el vehículo que dio a conocer a los Growing Stones con su onda negra, pesada, provocadora, que inexorablemente remitían al primer-primer Elvis Pelvis, a Muddy Waters (sus canciones eran verdaderas aguas lodosas) y a Howlin' Wolf y al buen Chuck Berry; los Stones ostentaban las influencias de la onda r&b que a mí, en los cincuentas, tanto me había gustado: Sam Cooke, Marvin Gaye, los Coasters de la hiedra venenosa. Después de los cantos inocente-enajenados de la ola surfesca de los Beach Boys, después de las rolas sabrosas-pero-comerciales de las Supremes, los Temptations o los Four Tops; después incluso del twist ("celebrado por la alta sociedad") un fenómeno como el de los Stones era un agasajo de libertad, talento artístico, gandallismo, caradura y rebeldía al sistema. En ese momento no se advertía, pero los Stones manifestaban toda una tendencia generacional: la herencia marginal, la defensa a ultranza de su propio rollo, de su propia visión del mundo, sin sucumbir a las exigencias de la industria ni del supuesto buen gusto. Junto a los Stones estaban los Beatles (pero bien camuflaban entonces su lado pacheco y cabrón), el increíble Van Morrison de los Them, que en "Gloria", "Here Comes the Night" y "Mystic Eyes" textualmente electrizó al personal. Morrison después dejó a su grupo, le dio por el rhythm and blues en forma. Hay un disco rarísimo, una verdadera joya antológica, que extrañamente se llama *Van Morrison's Greatest Hits*: hits sólo tiene dos: "Brown-Eyed Girl", de cadencias tropicales, y "Spanish Rose", que la hicieron en la lista de éxitos a fines de los sesenta. Lo demás es pura chingonería rhythm and blues, en especial "The Back Door", ya supondrán a qué puerta trasera se refiere, e "It's All Right". Morrison cantaba en tonos y estilos que en momentos parecían los de Mick Jagger (lo mismo le pasaba, cuando le daba a las baladas r&b, a Eric Burdon), pero se trataba de coincidencias sorprendentes y no de vulgares pirateos. Después del 68 Van Morrison la hizo deveras en grande, en especial con su álbum *Astral Weeks*. A mediados de los setenta desapareció, pero a veces reaparece y la arma en grande (como en el concierto de despedida de la Banda, *The Last Waltz*, donde vuelve a demostrar que los verdaderos dones no se pierden). Hermanos-deveras-del-alma de Jagger y de Morrison eran también Eric Burdon, Peter Townshend y Eric Clapton. Y los Kinks. Qué buena onda los Kinks, desde que aparecieron con la ya clásica "Deveras me atrapaste". Los Kinks, aparte de rocanroleros pesados, directos, viscerales, son un modelo de perseverancia. Los hermanos Davis pudieron madurar a pesar de que no compartieron el éxito descomunal de sus compañeros de generación a fines de la década, y cuando se revelaron en toda su complejidad hubo que reconocer que todo el tiempo los Kinks había sido un grupo mayor.

Todo este personal mostraba un nuevo espíritu, combativo, en verdad grueso, más irónico, malicioso y consciente, aunque de ninguna manera puede afirmarse que estos rockers supieran plenamente lo que implicaban. Pero sí se daban cuenta de que eran cosa aparte. La naturaleza subversiva del rock de los cincuenta fue de plano inconsciente, telúrica, pero la de los sesenta ya contenía la provocación deliberada, la ironía; los rocanroleros ingleses nacidos en la primera mitad de los años cuarenta eran militantes sin saberlo de una revolución cultural.

El primer disco de los Rolling Stones siempre me pareció excepcional, demasiada buena onda para ser cierta. Todo me entusiasmaba: "Little by Little" o "I'm Free", la rola cuasihimno de Jagger, hermana de la de Burdon "It's My Life"; los dos son cantos de independencia y de afianzamiento de la personalidad propia al margen de escuelas, modas y corrientes; o los materiales de otros: "I'm a King Bee";

el instrumental de "Madison Avenue"; "Carol", del jefe Berry; o la gruesísima "Not Fade Away" (lástima que Buddy Holly no vivió para oírla). Se trataba de una fuerza vital incontenible, enmarcada en talento natural, melodiosidad y dominio de los instrumentos. La armónica, como en todas las producciones de la época, era conexión con lo más puro de la música popular. En ese disco había reconocimiento a la incipiente tradición rocanrolera, saludos al blues (allí andaba "I Just Want to Make Love to You", de Willie Dixon) y por supuesto al rhythm and blues; también había creatividad a pasto y verdadera fuerza. Si se escuchan los primeros discos de los Beatles y los Stones, el de los Beatles palidece ante la agresividad musical, la sátira y el buen humor de los Stones. Son pocos los grupos o los rocanroleros que hayan empezado con obras tan densas y definidas: solamente los Doors, Steppenwolf, Traffic o Procol Harum, que en cierta manera presentaron fenómenos semejantes de complejidad y capacidad artística.

Los Stones tardaron un poco en ser reconocidos masivamente. Sólo hasta 1965, cuando apareció "Satisfaction", el quinteto ascendió a la cumbre de la influencia, de donde no descendería jamás, a pesar de consuetudinarios cañonazos que llegan de todas partes. En su primera etapa, los tres álbumes iniciales, predomina el rhythm and blues; los Stones no aportan gran cosa de composiciones propias. Pero la elección de materiales es todo un manifiesto rocanrolero. En esa época, al igual que los Beatles por Brian Epstein, los Stones estuvieron casi a punto de ser manipulados por Andrew Loog Oldham y sus criterios de éxito comercial. Pero se liberaron a su debido tiempo (como los Beatles) y consolidaron su propia onda. Esta fue una victoria de alcances extraordinarios, porque el roquero pudo, a partir de ese momento, resistir los embates de la manipulación industrial y producir su propia obra, que nada ni nadie podía encaminar de ninguna forma. En la segunda etapa (de *Out of Our Heads* a *Between the Buttons*), los Stones procedieron a dejar atrás el material ajeno, por muy bueno y significativo que fuese; comenzaron a ser ellos mismos: una increíble cohesión musical en la que no predominaba el talento de ninguno en especial (por muy carismático y esencial que fuese Mick Jagger) sino el poder del conjunto. Fue un experimento feliz de democracia creativa y de integración de individualidades, de canalización de ego-trips para que el grupo se expresara equilibradamente. Se inició también la experimentación: uso de instrumentos extrarroqueros: clavecín, cítara, cuerdas (siguiendo el ejemplo beatle), la cada vez más pronunciada distorsión de las liras eléctricas (que Brian Jones manejaba con facilidad semidivina), la apertura a otros ritmos y formas de musicalización, y la definición de la identidad artística del grupo. *Flowers* es un caso aparte en la producción rollingstoniana: inicia la madurez y ofrece matices de suavidad, ternura y sutileza que ya estaban presentes pero que nunca se habían manifestado con toda su fuerza. En rolas como "Sittin' on the Fence" (precursora, por cierto, de las canciones contemplativas como "Watching the River Flow", de Dylan, o "Watching the Wheels", de Lennon) los Stones combinaron el uso de clavecines, arpas y tresillos veracruzanos para producir una música no-eléctrica que, sin embargo, en nada perdía una rocanrolez profunda. O el magistral acordeón de "Back Street Girl". Después viene la etapa de la sicodelia: la madurez, las grandes obras: *Their Satanic Majesties Request*, *Beggars Banquet* y *Let It Bleed*, que culmina con la muerte de Brian Jones y el fin de la década, cuando los Stones ofrecieron el terrible concierto gratuito de Altamont. En los setenta los Stones continuaron desarrolándose y explorando artísticamente todas sus posibilidades, que, por supuesto, no se han agotado hasta el momento. En la obra conjunta de los Stones se puede apreciar, de entrada, una sabia y natural continuidad: cada disco es el escalón que permite el siguiente, pero a la vez una renovación constante, abrir puertas y continuar con otras ondas. De esa manera cada disco es la continuación clara y lógica del anterior, pero al mismo tiempo representa algo bastante distinto, una proposición artística y vital diferente. Sólo los Beatles han mostrado semejante riqueza de posibilidades.

Por esa razón, desde un principio, Stones y Beatles van juntos hasta 1969, cuando desaparecen estos últimos y los Stones se quedan a la cabeza (con Dylan, los Who, los Kinks y Pink Floyd) de todo el panorama rocanrolero. Hasta la saciedad se sabe ya que Stones y Beatles implican una complementación perfecta, que se constata además en las relaciones personales de todos ellos y la infinidad de referencias privadas que existen en los discos de uno y otro grupo a lo largo de seis años. A veces los papeles cambiaban, y los Beatles componían "Helter Skelter" o "Hey Bulldog" mientras los Stones se echaban "Ella es un arcoíris" o la bellísima "No Expectations". La cuestión es que este binomio complementario cristalizó la mayor parte de los aspectos posibles del rock, y aunque infinidad de veces los dos grupos trabajaron estimulados por descubrimientos de otros (cómo no pensar en Zappa al oír "Revolución número nueve", para sólo citar un ejemplo notable), en general ellos constelaron mejor que nadie las necesidades de la nueva época, de la sensibilidad que emergía; de hecho, el valor arquetípico de ambos grupos (habría que añadir aquí a Dylan y a Zappa, a los Who y al Floyd) es tal, que hasta el momento ningún otro rocanrolero ha podido producir algo que antes no hubiera sido explorado, atisbado o precedido por cualquiera de los rocanroleros de los años sesenta.

El caso es que en 1964 ya era clarísimo que el rock había renacido, ahora por los lados europeos. El éxito comercial, repentino, inesperado y más allá de toda proporción de los Beatles desencadenó la vigencia de una serie de grupos a veces anodinos, a quienes había que soportar como emblemáticos de la llamada "ola inglesa": los Herman's Hermits (si bien su "Señora Brown tiene usted unas bellas nalgas" no era nada mala onda), Gerry and the Pacemakers (hasta una película babosa les hicieron: *Ferry Across the Mersey*), Cilla Black, Dave

Clark Five, Billy J. Kramer & the Dakotas, Peter and Gordon, etcétera. Pero también estaban Los Gruesos, alineados con los Stones, los Who y los Kinks: los Animals de Eric Burdon, los Them de Van Morrison, los Yardbirds con Eric Clapton (electrizante su "I'm a Man" o "Shapes of Things") y las buenas ondas de los Zombies o los Beau Brummels ("Laugh Laugh", un rolón antológico). En fin, los ingleses se habían puesto tan efectivos que la gringuiza se vio muy mal. Salvo algunas canciones siempre felices (como "Wolly Bully", del chicanón Sam the Sham —¡one, two, tres, cuatro!—; o "Louie Louie", cuya naturaleza gandallesca fue bien enfatizada por John Landis en *Colegio de animales*; o las aventuras solitarias de Roy Orbison), apenas los Byrds, ya borrachos, The Mamas & the Papas, resultaban escuchables. (Exagero, por supuesto, pero no del todo, *if you know what I mean*). Pero en 1964-1965 los gringos gruesos apenas estaban alzando la cabeza, bien alimentada por los microgramos purísimos del gran jefe Owsley III, y nada se podía ante los ingleses, como los Yardbirds, oh emoción, dándole al destructionbit de los Who en *Blow-Up*. O Steve Winwood, entonces de quince años, que tocaba el órgano y componía (en realidad hacía todo lo que valía la pena) con Spencer Davis Group; recuerdo que oír "I'm a man" (*no kin* con la de Muddy Waters) y "Gimme Some Lovin'" (que, poco después, tuvo una versión muy estimable por parte de los primeros Finks de Javier Bátiz) definitivamente me erizaron los cabellos de la nuca cuando me estaba rasurando (prueba irrefutable, según el buen Bobby Graves —sí que tumba don Roberto— de que se halla uno ante un genuino himno a la Diosa Blanca). A la larga, todo convergía en los Beatles, que seguían camuflando sus grosores tras los sacos sin solapas y la apariencia very cute que les impuso Brian Epstein.

Yo ignoraba entonces (claro, claro) que en sus épocas hamburguesas, e incluso antes, cuando empezaban en Liverpool (o Liddypool) los Beatles se la habían pasado en el reventón permanente, atacándose de todano, en una actitud muy poco edificante (para las buenas conciencias) que en realidad era parte de su naturaleza esencial. Aquí, en los Méxicos, como en todas partes, los Beatles aparecían hasta en la sopa, hacían que las nenas se vinieran y que los comerciantes se enriquecieran; estaban apoyados por toda la maquinaria pesada en la industria y el comercio transnacional, ¡no sabían las sorpresas que les depararían estos maestros! En la sala de mi casa, mi hermanita Yuyi, mi aún-no-cuñao Gerardo de la Tour y un inseguro servilleta rocanroleábamos con brío "I Saw Her Standing There" (que, carajo, era de Paul). Hasta yo me daba cuenta de que jamás en la histeria del rock había surgido semejante don para la música, una melodiosidad de calidades schubertianas, un fuerte romanticismo que no perdía el sabor virulento, o de perdida la malcriadez; había un aire de complicidades, síntesis inusitada de musicalidad, vigor, creatividad, personalidad: genio puro. Ya en 1985 vimos *A Hard Day's a-Gonna Night* en el Auditorio Che Güevotes de la Universidad, y allí me di cuenta de que yo nunca, hasta ese momento, le había agarrado la onda a los Beatles. Como arrullaban los Teddy Bears (¡los Ositos de Peluche!), conocerlos era quererlos.

También los Beatles tuvieron una primera etapa pidiendo material prestado a los Ya Clásicos (Chuck Berry, Buddy Holly, especialmente), hasta que, cuando Brian Epstein los uniformó, le empezaron a dar duro a la composición. Desde un principio fueron rocanroleros de los buenos, como prueba "Quiero estrechar tu mano", "Ella te ama", "La vi parada allí" y especialmente "Twist y gritos" y las versiones de Paul McCartney a las rolas de Ricardito. Pero la hicieron en grande también con rolitas sencillas, generalmente de amorciano, que les salían con una facilidad alarmante y que cantaban realmente de poca madre. Canciones muy simples, melodiosas casi siempre, de temas fáciles, que destacaban porque tenían la envoltura intangible del genio, el aire inconfundible de los grandes artistas. John Lennon fue el primero que rompió con el turrón. Si se escuchan juntos los cuatro primeros discos de los Beatles, termina predominando cierta monotonía empalagante (a pesar de los dos tres rocanrolotes) y que empezó a meterse en ondas más profundas de sí mismo: expresión de tristezas o desencantos, intuición de lo terrorífico de la fama, aproximación a la verdadera expresividad popular. Ondas como "No quiero echar a perder la fiesta", que revela la asimilación hondísima de la tradición gabacha del campo; o "Baby's in Black", "A Hard Day's Night" y especialmente "Help!"; que implicaban excursiones en otros territorios. Lo que distinguía a los Beatles no era enteramente la música, sino todo el complejo fenómeno que representaban. Un carisma poderosísimo, inteligencia y malicia, caras de chavos-ladillas-pero-buena-onda-a-fin-de-cuentas, fertilidad insólita, agudeza mental: eran trovadores sin retórica, mesteres sin amaneramientos: naturalidad pura, desinhibición en la proporción justa, y por supuesto, la rara cualidad de encarnar la universalidad del chavo: el dinamismo por excelencia, la transformación que se pisa los talones y se muerde la cola, la frescura y la ternura, más del lado de Eros que de Dionisios. Representaban al joven de excelente salud y de firme desarrollo. Ni Elvis Presley logró que las masas entraran en trance como lo hicieron los Beatles. Los cuatro maestros eran boleto infalible para el pire colectivo, el pasón del personal, en rito de cuasivudú en que las chavitas gritaban y gritaban y daban salida a todas las legiones de demonios y terminaban con un atisbo del amanecer de un lago serenísimo en medio de verdores encendidos. Por segundos las chavas se desprendían de sí mismas y se quedaban suspendidas en la gritería que no dejaba ni que los Beatles se oyeran entre sí. Cada concierto de los Bitolles era un verdadero rito purificador. Después los Beatles dejaron de tocar en público, porque las drogas y la atmósfera del acelere colectivo los hicieron crecer, vivir vidas enteras en unos cuantos años. En un momento eran chavos realmente inocentes y en otro traían los pelos parados y la mirada de loco furioso de Moisés después de verle la carátula a Dios en el Sinaí. Realmente "el sueño había terminado" cuando a los Beatles los empezó a despertar la desilusión del Mierdarishi Mierdesh, el Raúl Velasco del misticismo ("un gurú sicodélico no es muy buen gurú", cantó Donovan). Y Lennon le hizo violines en "Sexy Sadie" (qué rolón, realmente no se lo merecía el gurundanga). Como se sabe (de otra manera no habrías leído hasta esta parte del book), la ruptura con el Maharishi ocurrió cuando murió Brian Epstein, lo cual, por supuesto, representó el principio del fin de los Beatles: el despertar del sueño de las ilusiones rosadas, el primer enfrentamiento terrible (por consciente) consigo mismos y con la realidad, que por supuesto no es noble, ni buena, ni sagrada, sino algo más allá: el vacío maravilloso, dicen los del zen; el puro cotorreo, os digo yo.

En 1967 los Beatles dieron su máxima obra, *Sgt. Pepper's Lonely Hearts Club Band*, y sostuvieron ese nivel en 1968, pero ya con evidentes indicios de disociación. Era una lástima, pues para entonces habían logrado un verdadero nivel artístico, y habían dejado en el rock varias conquistas irreversibles.

El proceso fue rápido pero gradual. La relación con Richard Lester les presentó la posibilidad de salir de una latente convencionalidad y entrarle a un juego artístico más desarrollado, especialmente en *Help!*, que aunque conserva la imagen rosada waltdisneyana, y buenaondahastalascachas de los Beatles, también los inscribe de plano en la gran tradición del desmadre, del absurdo, del humor desatado. La etapa de transición es la de *Help!* y *Yesterday and Today*. Ya en este último el cuarteto es otro, pero aún apenas muestra lo grueso. "Yesterday", la pieza maestra de Paul, con sus cuerdas efectivísimas, marca el punto de transformación, que se despliega en *Rubber Soul* (allí está "Bosque noruego"), una de las primeras rolas hipercrípticas: ya están las cítaras, los clavecines, las cuerdas; la pureza en "En mi vida", el buen rock en "Drive My Car", la infinita dulzura en "Girl" y en

"Michelle". Si en *Rubber Soul* asomaba la cola de la sicodelia, en *Revolver* ya es vehículo formal. Desde la portada, que con las de los sicodélicos de California implicaba un nuevo concepto: la portada como parte integral de la obra y no como mera información y presentación. Este álbum ya implica verdadera riqueza y complejidad, desde las notas disonantes, apremiantes, de "Tax Man", una canción áspera que no trata de quedar bien, hasta el río aparentemente revuelto, la fecundidad y los abismos de "Tomorrow Never Knows", capital para la onda por sus tips fundamentales: "Préndete, relájate y déjate ir". La presencia de la India vía el misticismo de George ya está allí también. Y "Eleanor Rigby", el *tour de force* extraordinario de Paul. George Martin fue un productor perfecto para los Beatles, quienes desataban la imaginación y pedían lo que se les antojaba, sin limitaciones, sabiendo que el ruquete Martin se los traduciría a toda madre en la hora de la praxis. De ese disco siempre me matará "For No One", del mejor Paul.

Sgt. Pepper's Lonely Hearts Club Band era una de las primeras (¿primeras?) obras musicales cuya unidad extrañamente provenía de piezas autónomas. La unidad a través de la diversidad. Siempre me intrigó la estructura de este disco (que después se repitió en varios más de otros grupos, que más tarde yo reproduciría en mi libro *Inventando que sueño* y que ahora es territorio común en la literatura): como se sabe, *El sargento Pimienta* abre con una introducción, el primero de los experimentos de Paul en la onda de los grandes shows —rasgo, naturalmente, de la aparatosa inflación de ego que ocurría ya en el *magister*, y que lo llevaría después a concebir *Magical Mystery Tour*, show de tele "espectacular" y "muy loco"—. La introducción (el tema o rúbrica de la banda) da lugar al reconocimiento de que todos somos uno: la pequeña ayuda de los cuates; "Lucy" es la inmersión definitiva en la realidad aparte; del clima festivo de la rúbrica, y de la bellísima sencillez del saludo a los cuadernos se pasa a un túnel sinuoso de colores que estallan de nitidez y misterio. De allí aparecen temas aparentemente desconectados (y los estilos de la música varían notablemente: de las cuerdas a la atmósfera circense a la raga hindú, etc.), algunos de los cuales son afirmaciones clave de la identidad de los Beatles y de toda la época: el viaje de "Lucy", la liberación de la chava que se va de casa, la declaración mística de George en "Dentro de ti, fuera de ti", la sabiduría de "Cuando tenga sesenta y cuatro años" y por supuesto la definición de Lennon de su condición de detonador de la conciencia: me gustaría prenderte, en "Un día en la vida" ("es un poco como *2001*", decía él). Sin embargo, antes de esta rola verdaderamente genial, tiene lugar el reprise del tema, con lo cual concluye el espectáculo; "Un día en la vida", por tanto, es la cola del cometa, el envío del poema, el fragmento que rompe la unidad y que sólo de esa manera la perfecciona y redondea; dos finales (los dos geniales): el segundo rompe el uroboro y establece una circunferencia más amplia. Hasta la fecha es, me temo, indiscutible que *Sgt. Pepper's* constituye la cúspide de la cultura roquera. La obra es tan compacta y tan hermética que el grupo ya no pudo conservar el nivel de Absolutas Obras Maestras. En *Magical Mystery Tour* el tema que unifica es demasiado evidente, y el misterio del "viaje mágico y misterioso" se pierde en gran medida; está en la música y no en el espectáculo de televisión; el lado dos refleja la imposibilidad de recuperar la cohesión y la grandiosa inocencia de las dos obras anteriores. Este disco apareció en 1968, pero antes, a fines del 67, los Beatles fueron las estrellas de aquel show que se transmitió vía satélite a todo el mundo: *Our World*. Ese show, que incluía la sesión de grabación de "Todo lo que se necesita es amor" (y su proclamación como himno generacional) fue visto por millones en todo el mundo, y en cierta manera puede afirmarse que esta presentación gozosa (Lennon arrullando al micrófono; Jagger y varios cuates más acompañando a les Bitolles) cristalizó la universalidad del rock.

Sin embargo, a partir de ese momento los signos de la disociación, del deterioro, fueron más que evidentes. Empezó el chisme aquel de que Paul McCartney se había muerto; ya visto en perspectiva era algo definitivamente cierto: el pobre Paul ya había muerto en vida, y los Beatles lo iban a resentir. El fracaso de la expedición mística con el Maharishi Mierdesh se ligó a la muerte de Brian Epstein, a los ligues de Paul y John con sus respectivas (y conflictivas) damas, y ya en 1968 el grupo sólo se sostenía por el vuelo que traía y porque aún representaba el mito número uno, no sólo del rock sino de toda la época. El álbum blanco, que contiene rolas geniales, muestra al cuarteto perdiendo severamente la cohesión. En *Abbey Road* el proceso ya es irreversible, y en *Let It Be* la separación es tal que hasta la portada lo muestra: allí están los cuatro pero ya separados, cada quien en su propio recuadro. El truene alias crackup fue sumamente grueso, entre mentadas de madre, pleitos de vecindad y litigios legales, porque la cuestión de la lana, como era de esperarse, se convirtió en un problema de pesadilla.

El truene de los Beatles afectó al rock hasta lo más profundo; implicó, nada menos, que el gran sueño de los sesenta "había terminado", como Lennon percibió con una lucidez escalofriante, antes que nadie. Pero en todo caso eso significaba un cambio de piel: profundísimo, *of course*, pero sólo el fin de una etapa: la sicodélica.

Las carreras posteriores de los cuatro Beatles en gran medida lo ejemplifican: el Pingo Starr continuó su viaje de la inocencia un tanto maltrecha, sin enterarse de nada de lo que ocurre en derredor: cuando sus cuates lo auxiliaron (la *pequeña* ayuda de sus amigos) Ringo produjo ondas efectivas, como el excelente álbum titulado *Ringo*, pero, bueno, en su mayor parte ese disco prácticamente lo hubieran podido firmar los Beatles (cómo me hubiera gustado oír el arreglo de "I'm the Greatest" de ese disco cantado por John); después Ringo, cuando menos, tuvo la virtud de ser fiel a sus ondas, aunque éstas fueran sumamente vetustas (como cuando Papa John Creach tiene el chance de hacer su propio disco, con el pleno apoyo del Airplane, y lo llena en jornadas sentimentales y esas ondas ruquillas). Sin embargo, en 1984 Ringo sacó un disco sorpresivamente bueno. Todo el material y el peso decisivo es de Joe Walsh, quien realmente la hizo muy bien. El disco tiene un título excelente: *Old Wave*, y es movido, fresco, sabroso y muy honesto. George Harrison, por su parte, empezó su carrera de solista en inmejorables condiciones: *All Things Must Pass* resultó un discazo (incluyendo las improvisaciones del tercer disco), en gran medida porque el misticismo de George era genuino. Aunque había empezado a componer tardíamente, el vuelo que traía al final de los Beatles era sensacional. Pero jamás pudo repetir algo de una calidad semejante.

Paul sí que "despertó", aunque, como en las novelas de Kundera, fuese para hundirse de plano en la pesadilla de la fresez y de la más grosera comercialidad. Su primer álbum fue grotesco, con su pretensión de mostrarse como el rey de los pollitos capaz de confeccionar, ¡él solo!, todo un disco. El cantó, tocó todos los instrumentos, compuso y produjo (hasta donde cabe), miren: me la pelan, yo solito puedo hacer algo más chingón que todos juntos. El resultado fue plano, plano, y muy pobre. Para mayores desgracias, Steve Winwood, Jerry Garcia y Peter Townsend, con el tiempo, se encargaron de mostrar cómo se hace un disco de a soledad; sin hacerla tanto de pedo, más privada y discretamente. El *Who Came First* de Townshend, por ejemplo (o *Scoop*) es un disco tranquilo, hecho por el placer de grabar y de experimentar en todos los instrumentos, pero sin la arrogancia de querer acabar con el cuadro. Lo mismo puede decirse de García. Después Paul formó sus Wings y se dedicó a rendirle culto al billete durante años y años; ni siquiera el hecho de que lo hayan mandado al bote en Japón porque lo cacharon con un huato de mariguana lo incitó a los honores de la introspección, del examen de conciencia y de la autocrítica. Salvo dos o tres rolas ("Maybe I'm Amazed", las de la Rocksta, etc.), el *magister* sólo dio salida a lo más fácil y culero de sus capacidades; como dijo Lennon, "la música que haces me suena a puro Muzak". Qué desperdicio tan monumental.

Lennon fue el único que le entró al toro por los cuernos; el único que no quiso ser tan complaciente, el que reconoció sus cuelgues y su confusión, el único que produjo tres, cuatro obras maestras. *Plastic Ono Band*, su primer disco de a soledad, mostró los inmensos cojones del maestro: no sólo procuró bajar a la esencia (piano, lira, batuca y bajo en todo el disco), sino que optó por vertirse ante los ojos del respetable; el disco es visceral, profético, bellísimo. *Imagine* sigue la misma onda, pero ya se muestra "una transición del desorden al orden", la atmósfera es más variada, más rica en matices, aunque también hay virulencia, firmeza de pensamiento y chorros de amorciano delbueno hacia la no-soy-perita-en-dulce Yoko Ono, siempre lista a la conquista del mundo. *Mind Games* es otro disco extraodinario, sobre todo en la época en que se produjo (a mitad de los setenta): Lennon llevó allí a la perfección una onda más suave y refinada que también exploró en *Walls and Bridges* con menos fortuna (pero en este disco se incluye la genial "#9 Dream"). Lennon fue consciente del terrible salto cualitativo de la *jeunesse pas cuillée* a la madurez repentina y buscó el depositario de su nueva manifestación a través de la conciencia política, del experimento seudoconcreto y extravagante, del rocanrol puro (la vuelta a las raíces de que todos hablábamos) y de una musicalidad hasta cierto punto ortodoxa pero producida magistralmente. Cuando, en medio de pedos personales, advirtió que por allí no se encontraba la onda que él quería, se retiró a su exilio en la calle principal. En su último disco, antes de morir, había logrado en gran medida lo que buscaba: su expresión más íntima, personal, sin hacer caso a las presiones colectivas que solamente lo distraían. Su "fantasía" (la otra es de Yoko, lo mejor que ha hecho y que hará jamás) vino a ser un portento de honradez consigo mismo, de perfección técnica y de talento ex-cepcional. Fue también una recapitulación de su naturaleza musical y de sus posibilidades futuras. En *Doble fantasía*, Lennon se muestra ma-duro, sereno, asentado, lleno de recursos e inquietudes artísticas; hu-manamente se declara fuera del desmadre, más allá de las expectati-vas que todo mundo le echaba encima, valiéndole madre las evidentes proyecciones que millones de gente le aventaba. Aún se le sentía un tanto debilón, realmente se trataba de un renacimiento y como en ta-les casos todas eran potencialidades, que tenían detrás toda la expe-riencia beatle y de los laberintos de los setenta. No faltó un pende-jo que se quejó porque en el disco había efectos tipo Beatles. Y el que señaló que la buena onda era la de Yoko, porque sus rolas sona-ban new wave, *mainly* B-52. ¡No es posible! Como si Lennon tuviera que abominar de lo que había hecho antes, y no recoger lo más valio-so y vigente de su etapa beatle. Y como si por fuerza todos los artis-tas tuvieran que ser dóciles seguidores de las corrientes en boga, para acabar como Bill Haley, pobrecito, que, como ya se ha visto, habría sido capaz de refritear rolas de Raphael si se lo hubieran pedido. En fin. Con la muerte de Lennon el mito de los Beatles se consteló final-mente en las cartografías del siglo. No así el fenómeno del rock, que, a fin de cuentas, con este saludable mito obtuvo un empujón defini-tivo en su desarrollo.

Cómo que agarrando piedras

Pero en 1963 y 64, los Beatles y los Stones apenas comenzaban a darse a conocer, y aquí en Mexiquitopreolímpico yo comencé a llegarle a mis primeros cafés cantantes. Antes yo había sido asiduo emocionadísimo de los Cafés Existencialistas (juar juar), pero allí la patada, más bien, era el jazz y la obligación de estar con cara de nadie-me-comprende-a-mí, a *mí* que soy tan chinguetas, con suéter negro, cuello de tortuga y poemas del personal de San Pancho: san Allen Ginsberg y san Tejeringo el Chirris. Los cafés rocanroleros eran vaciados. Al primero que recuerdo haber ido fue al Russell o Russek o Algoasí, allá en la avenida Yucatán, increíble coloña Roña. Tocaban los Sinners (¡Los Pecadores, sóplate ese trompo a luña!) y la onda me pareció bastante efectiva, a pesar de que el changarro era reducidísimo y triangulado, pues se hallaba en una esquina más aguda que equilátera (equiláteras tienes las nalgas). Ahora me parece increíble que, hasta ese momento, yo era más bien un rocanrolero de buró, es decir: de radio y de disco, y no "en vivo". Pero es que no se podía. Desde un principio, en realidad, había oído a grupetes (una vieja y un viejito jugaban al indio Grupete), pero todos me parecieron infumables. Eran grupos que se formaban, tocaban en unas cuantas tocadas y después desaparecían. Eran, sobre todo, de la Narvarte, la del Valle y la Álamos. O de la escuela. Cuando estaba en tercero de secundaria conocí a un grupín, y hasta les hice algunas letras, pero estos maestros eran puras ganas pasajeras, y allí se frustró mi posibilidad de ser un Keith Reid mexicano. Eso, en cuanto a los grupos no comerciales.

Desde un principio, claro, también había estado oyendo a los *stars* del rock mexicón. Todavía en los años tostacho los que primero dizquerrocanroleaban eran vetarros como los Hermanos Bueyes o Gloria Rivers Mercado, que zanqueaba con brío en una presleyización grotesca. Después, en un programa de telebra (creo que de aficionados, sepa la chingada, o quizás Federico Arana) vi a unas nenitas que se habían refriteado con gusto a los Royal Teens y su "Short shorts" (buen sax en esa rola); también salían los Locos del Ritmo, con Toño de la Villa. Presencié, asqueado, cómo mis hermanas se volvían no-precisamente-fans-pero-sí-excesivamente-admiradoras de los Teen Tops, los Rebecos del Rock, los Black Jeans, los Brudders Carrión, *et al.* La neta es que todos me cagaban, no podía perdonarles que tan impunemente se dedicaran a refritear material gringabacho. Tan de a tiro. Hasta los arreglos se planchaban, nota por nota, botella tras botella. En verdad me irritaba, y cada vez que alguna de mis *sisters* (*big sister* o *little sister, don't you*) ponía "Leroy" al instante salía yo, muy mamoncito, con la versión original de Jack Scott. Entiéndeme, no es que fuera un enano típico de clase media, agringado y fan de los supermercados, más bien se trataba de admirar una onda y ver con tristeza que en estos lares nadie podía hacer algo semejante por sus propios medios. Claro que eso era imposible en esa época, históricamente irrealizable, pero eso lo supe hasta después. Yo ponía las versiones originales de "Hiedra venenosa", "El rock del botellón" o "Lo que fuera" y ni siquiera me daba cuenta de que algunas traducciones, en especial las primeras de Enrique Guzmán para los Teen Tops, eran realmente ingeniosas y efectivas, denotaban inteligencia y espíritu rocanrolero; tampoco percibía (*of course*) que de cualquier manera esas traducciones y vulgares refriteos cumplían una función, la de introducir el espíritu del rocanrol; había algo decisivo: en la mayor parte de las primerísimas ondas de los grupos mexicanos sí se hallaba una rocanrolez genuina. Los chavos de los *fifties* le entraban al rol con gran entusiasmo y con una actitud inocente, de entrega y cotorreo. Por tanto, lograban transmitir un auténtico ritmo rocanrolero, esa codificación indescifrable pero perceptible y asimilable de toda una compleja visión del mundo que desde un principio implicaba el rockiano, aunque en aquella época todo se diera aún en condiciones más que arcaicas. No obstante (o empero, como dijera mi tío Alejandro), no podía tolerar que nadie lograra componer sus propias rolas. Cuando los Locos del Ritmo sacaron "Tus ojos" y la sensacional "Yo no soy un rebelde", pareció que la cosa iba de pocamadre (y de hecho, si a partir de entonces los Locos hubieran compuesto más material original de ese nivelungo, quizá los demás grupos también le habrían entrado a esa onda), pero no. Los Locos ya no la hicieron, sobre todo creativamente, y de los demás, menos. Bella y original metáfora.

Si cuando los rocanroleros mexicanos al menos eran frescos y naturales a mí no me pasaban lo que se dice nada, llegué a añorarlos cuando el comercio hizo a un lado sus chocanteces antichavos y dominó la escena y nos asestó la ondita de los solistas. La industria, con la promesa del estrellato, muy pronto se encargó de eliminar cualquier dosis de rebeldía natural, de romanticismo e idealismo en los grupos, propiciando que se desintegrasen a partir de la salida del elemento más connotado; de esa manera Enrique Guzmán, que había vociferado realmente muy bien "La plaga", terminó cantando "tienes que sonreír, sonreír, payasiiito". ¡Qué triste! Julissa dejó a los chavos de su grupo para refritearse (*of all people*) ¡a Doris Day! Hasta César Costa, que a su vez refriteaba a Paul Anka, dejó a su grupo y se fue de "solista" como las Maytés o Rocío Dúrcal o Marisol o Angélica María: es la verdad, sólo la fortuna me condujo a conocer a Angélica, quien me fascinó en el acto; yo no era consciente de que me gustaba muchísimo cómo cantaba pero que no admitía nadita su onda comercial. Me puse a trabajar con ella, y aunque no llegamos (chin) realmente a hacer nada memorable, sí, al menos, le entramos a algunas ondas muy efectivas, en especial el trabajo de rocanrolización de *Cinco de chocolate y uno de fresa*. Y sí, sí, ya sé que en turbulencias sentimentales dije que Angélica era la única y verdadera cantante mexicana; la verdad es que Angélica es dueña de un carisma fuera de serie, un magnetismo que conquista a kilómetros. A mí me encanta su voz, que tiende más bien a las tonalidades bajas, untuosas, acariciantes; técnicamente no tiene ningún problema, y domina el oficio como nadie, con una inteligencia natural y una portentosa capacidad de asimilación; rica en recursos y registros, Angélica realmente le puede entrar a cualquier desafío musical; eso, más las tablas de añísimos, la hacen dominar el escenario como pocas. Sin embargo, no ha podido ser consciente (quizá nunca podrá) de que con los materiales que ha aceptado acríticamente sólo ha desperdiciado unas cualidades excepcionales: un verdadero pecado, debo añadir, amparado, porque me motiva, en verdad, un cariño del bueno. Cuando trabajamos juntos, Angélica le entró con gusto al rock y el rock le era natural. Algunas ondas salieron bien; otras, no tanto. Pero grabó con los Dugs y con Bátiz, con letras de Elsa Cross, de Alejandro Aura y mías. Y se lanzó a hacer el *Marat / Sade* con Juan Ibáñez. Realmente iba en buen camino hacia el desarrollo de su creatividad y ulteriormente de su plena conciencia. Se volvió simpatizante de la Revolución cubana y fan de Fidel Castro. Pero todo lo echó a perder el fracaso de mi película *Ya sé quién eres (te he estado observando)*. Allí fui yo el que desperdició todo, el que regó el tepache, el que se echó encima del alimento sagrado que contenía el caldero y que sólo obtuvo oprobio personal además de una obra fallida. Me cae muy bien la sentencia de Confucio que cita Richard Wilhelm: "Carácter débil en un lugar honroso; conocimiento magro con grandes planes, poderes limitados y responsabilidad enorme: difícilmente evitará el desastre". La cagué y gacho. Pero claro que los deplorables críticos de la época también exageraron y hasta de oligofrénico me trataron. Mi película les cayó gordísima, y como era fallida, tuvieron leña para romperle todita la madre. Por supuesto, *Ya sé quién eres* tenía sus buenas ondas, y no pocas; era redonda narrativamente.

Los errores graves estaban en la pobreza del lenguaje cinematográfico y en que no advertí que la producción le dio a la película un execrable aire de clase media: el vestuario y las locaciones fueron un desastre. Angélica estaba muy bien, pero era un miscast definitivo. En fin. La crítica nos hizo mierda y hasta la mala suerte nos cayó con el público; después de que la película había agarrado un vuelo a toda madre en el cine Regis (la saladearte de entonces) nos desprogramaron alevosamente durante dos semanas por unos festejos mamertos del pinche cine nacional, y cuando retachamos a la cartelera ya se había perdido el vuelo. El truene de *Ya sé quién eres* (que, significativamente, estuvo ligado a mi estancia en el Lecumberri Hilton) nos escindió por completo. Yo me puse a perseverar, pero a Angélica María se le acabó el ímpetu por experimentar artísticamente y retachó al mundo de la comercialidad y de la convencionalidad musical. Allí se acabaron sus posibilidades de ser la Heroína de la Clase Trabajadora que el país aún requiere y se quedó en la Novia de México que tan bien le cae al sistema. Por supuesto, Angélica jamás perderá la voz riquísima, el carisma verdaderamente *one-of-a-kind* y su condición de genuino mito popular. Le dio por cantar rolas rancheras (y se echó una verdadera obra maestra: "La basurita") y lo hizo con un profesionalismo de primer orden, pero de plano era evidente que ésa no era su onda por mucha buena voluntad que le pusiera. Siempre es factible (aunque cada vez más remoto) que Angélica se ponga a cantar ondas, las que sean, que verdaderamente la expresen, que transmitan ese espíritu extraordinario que posee; claro que no tiene que ser en el rock, a Angélica el rock en realidad nunca le fue alimento sagrado: le entró durante un tiempo, y estoy seguro de que lo disfrutó, pero en realidad puede decirse que Angélica nunca fue rocanrolera. Rock o no, Angélica debería dar el gran salto cualitativo y aprovechar esas capacidades que pocas veces han estado tan generosamente presentes en una artista.

La nueva música clásica

Pero estábamos en los cafés cantantes. A mediados de los sesenta los grupos seguían sin componer y para entonces refriteaban a los Beatles y a los Stones. Pero, a pesar de los refriteos, de cualquier manera había grupos de nuevo, había rock. Los chavos roqueros le echaban los kilates y, como se sabe, el rockcito tiene la virtud de encender al personal cuando se toca con verdadera entrega, sin demasiadas pretensiones y con un mínimo de talento. El público, además, participa en inmensa medida, y un buen personal, con ganas de rocanrolear, puede contribuir a que cualquier aplatanado dé conciertos memorables. Si en México no hemos tenido un gran rock, de plano sí hemos tenido un gran público, como se demostró más que bien en Avándaro, donde el verdadero show no fueron los grupos, sino el personal.

Fui con regularidad al Hullaballoo a oír a Erika Carlsson y los Sleepers (por ahí andaba el buen Borrado), y oí a Bátiz en el Harlem y en el Chafarello, y a los Dugs en el A Plein Soleil de Insurgentes. Todo eso, la mera verdad, me pasó: oír a los grupos nacionales no era oír a los Stones o a los Whocianos, pero el ambiente aguantaba, salvo en los inevitables petardeos del roquero que prolonga un solo hasta la mentada de madre, o cuando un palomero de plano no la hace. La gente que iba fundamentalmente era de clase media: casi no se veían niños riquillos o a galanes de ciudad perdida. Los chavitos clasemedieros iban uniformados con las modas de la época: los pantalones dejaban de ser de tubito y empezaban a acampanarse, las faldas subían arriba de la rodilla (las faldas, sin duda, deben de subir ¡siempre!); se bebían coquitas, limonadas preparadas, se comían papas fritas y sándwiches (los que traían la pura papeliza); claro que no faltaba el gandallón salido de alguna página de Parménides que llevaba alguna pacha, pero en general el ambiente era de lo más inocuo. Un fumadero loco, eso sí. Y cantar las rolas y bailotear en el asiento (lo que en esa época se llamaba *sitting*). Y en ese ambiente inocentón en el que cualquier seminarista deambularía sin demasiado pedo era donde tenían lugar las razzias. Chíngale: caía la tira cuando menos se pensaba, entraban los granaderos desaforados, pues no en balde se habían pasado encadenados y sin comer las cuarenta y ocho horas previas. Órale, todos los tarados íbamos a la julia, y de allí a la Delegación, donde tenía lugar el apasionante espectáculo de las amonestaciones paternalistas entre mordidas de rigor. No, no le pasaba el rock a la policía. Ni al gobierno. Ni a la terminativa privada. Digamos que ni a la sociedad entera. Así era eso del *Bardo thodol*. Al rock se le toleraba siempre y cuando permitiera que los titanes de la industria y el comercio sacaran buenos oros, pero si se trataba de que los chavos la pasaran suave, ni chicles. Como se sabe, a los cierres de cafés cantantes siguieron, poco después, los arrestos a chavos greñudos, los rapaderos en vía pública y la creación, en la frontera de las décadas, de la modalidad de presos macizos: chavos pendejos como yo comprendo que cayeron en el tanque grande por quemar mota y ser aprehendidos (en mi apasionante caso, por el comandante Durazo). Estaba bien que arrestaran a los díleres, no por traficar mariguana sino por su mentalidad de comerciantes, pero las más de las veces los presos macizos eran chavos más bien inconscientes que eran expuestos a la vibración espesa de los gandallas de tiempo completo, los profesionales del delito. Nadie, sin embargo, consideró que la defensa de estos chavos era deber cívico y patriótico, y las veces en que yo me lancé en tan famosa empresa mejor me retaché por la nula solidaridad. Después, por supuesto, se han prohibido conciertos de grupos efectivos, y cuando los ha habido, la tiranía ha estado presente para golpear, insultar, atracar y violar. Los casos de brutalidad policíaca en actividades rocanroleras son infinitos, y podemos citar, nomás por no dejar, los casos del no-concierto de Johnny Winter en Morelos, la trampa-madriza en el camino del Desierto, a la altura de la Academia de Tecos, o la constante represión de chavos pobres de la Ciudad de México.

En 1965 ocurrieron eventos fundamentales para mí: saber de la transformación de Dylan en rocanrolero y oírle "Like a Rolling Stone", y poco después penetrar en la primera catedral del rock: "Satisfacción", de los good old Rolling Stones. Jamás he sido proselitista o de tendencias gurescas, pero esa vez sí quería que mis cuates le agarraran la onda a las dos rolucas, y para mi melancolía advertí que, como antes, el rock seguía siendo ajeno para chingos de chavos que estaban más lejos del espíritu roquero que de sí mismos, lo cual ya es cotorreo franco. Acababa de comprar *Highway 61 Revisited* y encontré a Nacho Méndez, alter ego en aquella época de Gustavo Sainz: le puse el disco en su propio depto y Nacho me dijo: "¿qué, quién, esto con qué se come?". Dylan lo dejaba impávidus. Yo, en mi depto jodidísimo, traté de introducir a Gustavo Sainete y a su chava Rosita en los misterios de "Satisfaction", pero me la pelé: También ellos quedaron impasibles. Nunca llegaré a entender esta música, reconoció Rosita, y Sanzurrón hizo cara de *me too*. Él, como su Alter Ménder, alias el Dejademovertemividaporqueyasemecayóelentedecontacto, y gran surtidor de temas para Sainz Fiction, sólo entendían de bossanovas, MJQ, Swingle Sisters, Jacques Loussier y bolerucos de los Dandys: ondas efectivas todas ellas, o casi, pero que de ninguna manera eran incompatibles con el rock.

Para esas prechingodélicas épocas yo trabajaba en la revista *Claudia* (así era eso del *Thordo pitol*), y un día me ordenaron traducir una nota sobre Bob Dylan, que había salido en el *Paris Match*. "Cómo va a ser", exclamé, "no es ético que se escriban tales pendejadas". En el acto me propuse para escribir una nota sobre El Gran Poeta. Gabriel Parra, el jefe de redacción (cuyo único defecto grave en aquella época era cogerse impune y electrónicamente a la pendeja de Virginia Llantera, alias Petunia Clark), me dio el *go-man-go* y yo me soplé mi primera nota roquera, sobre Dylan y "Like a Rolling Stone". De esa manera me convertí, hasta donde yo sé, en el primer crítico de rock mexicano. Escribir de rock, a partir de entonces (y durante un buen rato) se convirtió en una cruzada personal, militancia entusiasta. Yo era el que le iba a demostrar al personal pensante mexicano que el rockiano era mucho mejor onda de lo que podían llegar a imaginar. En realidad, durante mucho tiempo, mis notas fueron más informativas que críticas, porque de plano me leía un buen tambache de revistas de rock y el inevitable *Billboard* y/o *Cashbox* (pero prefería el *Billboard*). Sólo hasta los setenta, cuando empecé a escribir para *La Piedra Rodante*, mis notas se volvieron críticas y má-o-meno legibles. Por supuesto, ya ni quién me parara de escribir de rock, en Claudia primero y después en chorromil publicaciones. Pero, en rigor, mi trabajo de dizquecrítico de rock ya había empezado antes, cuando el buen Gustavo Sainzudo me conectó una chambita en Radio Variedades. Allí me eché mi hasta la fecha único programa de radio: *José Agustín comenta el hit parade*. ¡Tachún tachún! Abro este corchetín con todas sus letras para estipular, oh oh, que siempre quise hacer un programa radiofónico. En realidad, ser programador, crítico y locutor fue uno de mis sueños, por donde (pensaba) canalizaría la Horrible Frustración de No Ser Estrella de Rock; pero después de mi experiencia en Radio Variedades, me la pelé fea y continuamente. En 1966 Mario Solórzano, Margarita Suzán y Este Sucharro preparamos un sesudo y efectivo programa de rock y lo propusimos a Radio Universidad: nos mandaron a volívar porque el rock aún no merecía los honores de la radiodifusión universitaria. Chin. Después, claro, se hizo un programa de rock en RU, pero ya no con nosotros.

En 1966 mi amigo Arturo Cantú (que entonces era el baluarte antimafias en la plana cultural de *El Día*) me invitó a colaborar con él, pero no dejó de mostrarse un tanto cuanto sacado de onda cuando le avisé que escribiría sobre rock. "¿Pero qué se puede decir de eso?", me preguntó. En *El Día* escribí durante tres años un promedio de una nota semanal de rock.

Un año después, cuando a mí ya nadie me paraba el vuelo de criticón de rock, René Avilés Fabila me pidió que escribiera un librín de cuarenta cuartillas para los Cuadernos de la Juventud del Injuve, que él dirigía. Decidí escribir sobre rock, aprovechando el material de una tormentosa conferencia que había dado en Ciencias Polacas de la UNAM y que se había llamado *La nueva música clásica*. Insistía yo en mi cruzada: había que hacer ver que el rock era una forma artística, un puente maravilloso entre la alta cultura y la cultura popular, que no representaba una moda pasajera, producto de mero consumo o medio de manipulación (aunque, claro, podía ser todo eso en diversas instancias). Yo pensaba que el rock era un fenómeno en pleno desarrollo en ese momento (en realidad, todavía) y que no se podía decir nada concluyente acerca de él. Por tanto, opté por presentar tesis generales que, según yo, no eran objetables, y dedicar espacios breves a grupos o corrientes importantes, que en esos momentos apenas se empezaban a manifestar.

Además, tenía enfrente limitaciones de tiempo y espacio, René insistía en las cuarenta cuartillas y en un plazo infamante de entrega de material. Accedió a que me reventara más páginas, "pero no te aloques, ¿eh?" y el cabrón me estuvo jode y jode para que le entregara el libro. Y yo, que en cuestiones de libros un código de honor me exigía que nadie me impusiera deadlines ni especficaciones demasiado concretas, esa vez, porque se trataba de mi cuate del alma, incurrí en la debilidad de apresurar el trabajo, de generalizarlo en exceso, de no investigar lo suficiente datos concretos de algunos grupos. Lo hice, por otra parte, porque insistía en la idea de que sólo se trataba de un libro de divulgación; ya habría tiempo, cuando dispusiera de una mayor perspectiva de tiempo y madurez, de tratar el tema con El Rigor Debido. Otro corchete; como se ve, a dieciséis años de la publicación del librejo sigo sin tratar el tema con el debido rigor, pero en esta ocasión (sí, ¡ésta!) se trata de una concepción global: no he querido pontificar (lo cual no he hecho ni en mis peores diarreas intelectuales) ni pretender ser el dueño-de-la-luz-y-la-verdad; no creo que (yo, al menos) deba de aproximarse uno al rock con criterios extremadamente intelectuales: si hablo de una música que por sistema ha sido bien subversiva y que en su esencia contiene elementos de desmitificación y explosividad, el empleo de retóricas estilizantes resulta más bien ridículo, no agraviando a los presentes; sí creo que hay que ir a fondo y que existe una necesidad de despejar proyecciones (lo cual no es precisamente fácil). En este caso he querido aventar mis rollos tal como me venían, aunque, por supuesto, con una afilada actitud crítica hacia *moi-même*. No quise ni revisar archivos ni consultar discos, fichas, libros o discobibliografías; por tanto, hay exclusiones alevosas, esquematismos flagrantes, omisiones gruesas y riegues culeros. He querido ver el bosquemadura y también a muchos de los árboles más efectivos, y, a pesar de metaforizaciones de a peso como la anterior, no perderme en el barroquismo de los detalles, por muy fascinantes que lo sean (y para mí, lo son). Todo lo que digo es más que discutible y supongo que no faltará a quien todo esto le resulte intolerable si no es que francamente repugnante. *Disgusting, my dear, really repulsive, this fellow is a p-i-g, pig.* Ni pedo, Alfredo. Este no es exactamente un ensayuco sobre rock; y aquí la hacen otras leyes. Todo esto me atañe a mí de una manera directa, personal; mi rollo vital ha estado tan impregnado del rocanrolo que ahora no veo por qué no ha de ser válido que yo me monte en mi propio vehículo directo y personal. Memorias del subdesarrock, montañas rockallosas.

Pero nada de esto era el caso en cuanto a *La nueva música clásica* (parte 1), allá en 1968, cuando salió publicado. El bookcito se salvaba apenas por la buena voluntad y porque sí refería cuando menos a ciertas cuestiones centrales: el rock como forma artística, nueva música clásica. Pero su pobreza era imperdonable. Obviamente, nunca me dejó satisfecho y sólo me gustó el título, como ya se puede ver. Sin embargo, en un principio mi libro tuvo una excelente acogida y se convirtió en uno de los bestsellers de la colección, junto con los reportajes de Vicente Leñero. Como era de esperarse, René Avilés se fue al poco tiempo del Injuve y nuestros libros se quedaron emboletados en esa gruesa institución. Véase por qué. Durante un par de años el Injuve hizo varias ediciones de *La nueva música clásica* y las vendían en paquete con otros libros de la colección, a precios realmente bajos, a los chavitos de las escuelas públicas. Sin embargo, a mí nunca me dijeron nada, jamás me avisaron que reeditaban mi libro y mucho menos me pasaron una corta feria de regalías. Yo me enteré porque, en conferencias, me llevaban a firmar ediciones de *La nueva* que jamás había visto. Me monté en mi amigo Nacho Solares y ahí te voy a echar pestes al Injuve: nada de libros de redilas, de lectores acarreados (aunque no dejara de ser buena onda que lo que vendieran torciendo la mano a los estudiantes fuera mi libro *de rock*). Tuve que lidiar con los burrócratas varios meses y a fin de cuentas sólo pude sacarles diez mil míseros chuchos. Por eso, y como además el libro era bastante bodriesco, lo saqué de la circulación, definitivamente, a principios de los setenta. Pero la neta es que había cumplido una función: cuando salió no había ningún otro libro sobre rock en español y realmente muy muy pocos en cualquier idioma, de allí que en general la reacción haya sido más bien benigna.

Enciende mi fuego

Un día, leyendo el *Billboard*, me quedé de a six cuando vi la foto de unos monos marcianísimos, cuya imagen rompía con la de todos los rocanroleros (incluyendo a los cacasgrandes como los Beatles, Stones, Who, que no se decidían a quitarse el tacuche y los brillos en la discretagreña). Se trataba de los Lovin' Spoonful, las Cucharadas Amorosas, precursores de la friquería rocanrolera, asimiladores del gran blues y country; el buen John Sebastian con sus ondas dulces y el jefe Yanovski, que le metía a la lira realmente muy bien. Ellos anunciaban otro orden de cosas. Y así fue.

A mediados de ese año me fui a Acapulco, estado de California, y resultó que mi hermana y mi cuñado ya eran macizos; no sólo eso: eran sicodélicos militantes y hablaban de la conveniencia de abrir las puertas de la percepción. Me hablaron entusiasmados de un disco. Lo mandé pedir al gabacho y la conmoción que tuvo lugar en mí fue incomparable: era *Freak Out!*, de Frank Zappa y los Mothers of Invention. Frank Zappa sí me puso a girar duro, porque, aún más que Dylan y los Stones, en ciertas áreas lo sentía más cercano a mí. La experimentación zappiana me parecía más que pertinente, al igual que su devastador sentido del humor. Sinceramente, *Freak Out!* me parece un punto decisivo en el rock. Las búsquedas que para entonces ya estaban germinando en otros grupos resultaban conservadoras en comparación con ese complejo de inspiración, talento, inteligencia, malicia y ladillez no sólo de Zappa sino de todos los Mothers. Recuerdo muerto de la risa en una peda loca y literaria en que Salvador Elizondo me miraba. Me miraba con rostro de pasmo al oírme hablar de Zappa, a quien no dudé en ubicar entre los grandes artistas contemporáneos. Las ondas iniciales de Zappa me gustaron mucho, de hecho, hasta *Burnt Weeny Sandwich* y *Hot Rats*. Después he seguido las zapperías progresivas a través de todos sus altibajos (las altas siempre mucho más extraordinarias que las bajas). Lo oí tocar en Estados Unidos y me regocijé al verlo insultar tranquilamente al personal (no con la ansiedad con que después lo hacía Lou Reed), colgarse definitivamente en sus solos interminables mediojazz, medio rock, medio Varèse. El *magister*, por supuesto, sigue produciendo y cualquier cosa que hace, hasta sus conversaciones entre pasados o la grabación dodecafónica de sus propios pedos, me parece altamente estimable. Otras partes de sus discos de plano me cagan, pero la posibilidad de hacer cassettes antologadores de material zappiano soluciona cualquier dilema.

Regresé a los Acapulcos varias veces en ese periodo, y fue allí donde me tocó ponerme al día con todo el gran inicio del gran rock gringabacho de mediados de los sesenta. Oír "Light My Fire" por primera vez fue como entrar en un territorio fascinante, pero que de alguna manera me resultaba hóspito y conocido. Fui fan total de Morrison, Manzarek, Krieger *et al.*, y casi me peleo con mi esposa Margarita porque ella juzgó que *Strange Days*, en el fondo, era un autorrefrito del primer álbum titulado *The Doors*. Siempre seguí de cerca la carrera de estos maestros, incluso cuando vinieron a México y Jim Morrison apareció tan pedo que sacó totalmente de onda a los nacoburgueses que fueron a oírlo. Claro que Morrison, en efecto, a duras penas la hizo, pero su aparición completamente hasta el gorro (y valiéndole) ya era un show en sí, altamente compensatoria, por otra parte, en nuestra fresez cotidiana.

Me la pasaba pidiendo discos a mi jefatura, que aún volaba a Estamos Sumidos. Recuerdo paquetes de álbumes que incluían a Quicksilver Messenger Service (oh oh "The Fool"), a Paul Butterfield Blues Band ("estos muchachos sí tienen un ritmo muy primitivo", comentó Carlos Velo), Vanilla Fudge ("clávame otro puñal, mi vida"), H. P. Lovecraft ("qué versión tan distinta de 'Let's Get Together'"), Pink Floyd, Canned Heat, y muchos otros grupos entonces nuevos, entre los que siempre aparecían las novedades más recientes de Beatles, Stones, Animals, etcétera. Enloquecí con el Terrible Grateful Dead y los lireos finísimos de Jerry Garcia en "Morning Dew" o el vigor subyacente, cuasiheráldico, de rolas como "Viola Lee Blues" o "Good Morning, School Girl" (que, aunque no lo parezca, comparte el tono solemne, profundo, trascendente, de "Gimme Shelter" de los Stones). Cuando el Dead se puso a experimentar en serio, en especial con *Anthem of the Sun* y *Aoxomoxoa*, me pareció que el rock llegaba a un pináculo de complejidad: rolas como "Alligator" o "Saint Stephen" o "That's It for the Other One", son, hasta la fecha, difícilmente clasificables, experimentos inimaginables y por supuesto aún válidos, que se hermanan con otras obras peculiares del rock, como los discos del gran dueto The Incredible String Band (su *The Hangman's Beautiful Daugther* es una obra maestra de todos los tiempos) o con las cimas de The Fugs. Este grupo, desde un principio, se cocinó aparte; para empezar, surgió del este de Estados Unidos (cuando era en el oeste *where the action was*). Grupo viejo como pocos, en vez de caer en la moda de bautizar al grupo bajo la onda beatle (The Beatles: the beetles; The Byrds; the birds; The Monkees: the monkeys) se propusieron satirizarla y se pusieron The Fugs. La presencia beatnik era muy pesada entre ellos, lo cual dio al grupo un aire mucho más refinado, intelectual y político (¿no se fueron a exorcizar los espíritus maléficos del Pentágono en plenas calles de Washington?). En cuanto a experimentación, eran una versión mucho más armónica y estetizante de Frank Zappa. Muy buena onda los Fugs, desde su primer disco (*The Village Fugs*) hasta el último que yo les oí *(It Crawled into My Hand, Honest*: genial ese "Se arrastró hasta mi mano, palabra"), pero chance el último Fugs fue *The Belle of Avenue A*.

Y de repente, también, allí estaban las rolas largas-largas. Se arrancaron los Stones con "Goin' Home" (en *Aftermath*, disco parmediano) y siguió Dylan en "Sad Eyed Lady of the Lowlands", y luego Quicksilver ("The Fool"), los Mothers, los Doors, Vanilla Fudge, etc. El viejo concepto de rockcitos de tres-minutos-máximo (marca, por otra parte, impuesta por las radiodifusoras chafas) se fue al carajo (ya reviviría a fines de los setenta), y cada rocanrolero pudo desarrollar sus ondas hasta donde daban (aunque, claro, no faltaron los superpetardeos, como "In-a-caca-te-saco", de Iron Butterfly, que sinceramente exageraron).

Muchas cosas cambiaban velozmente: el mercado de discos sencillos: el clásico disco enano con agujero gigante que en los cincuenta era casi emblemático del rock fue desapareciendo casi del mapa y el rock se pasó a los territorios de la larga duración (si tomamos en cuenta que existía una marcada diferencia: lps, adultos; sencillos: chavos, esta cuestión se vuelve más interesante: implicaba que los chavos habían crecido notablemente en importancia). Las viejas portadas desaparecieron del mapa y en su lugar aparecieron obras gráficas que había que considerar como parte de todo un paquete creativo: nada de meras ilustraciones. Aparecieron los discos dobles, e incluso triples para aquellos expansivos que requerían de mucho tiempo-espacio para presentar sus rollos. La promoción industrial tuvo que cambiar y vencer viejas recetas.

Los rockers seguían dándole a las liras eléctricas (requinto, acompañamiento, bajo), a la batuca, a los teclados (órgano y piano) y a los metales (sax, *mainly*), pero de pronto se oyeron clavecines (onda que iniciaron los Beatles y que causó furor), las cuerdas barroconas (Beatles de nuez), las cítaras austríacas y luego hindúes, maracas, güiros y quijada de burro (Stones), los acordeones (a la francesa en "Back Street Girl" de los Stones, y a la mexicana en Ry Cooder), y los instrumentos electrónicos: los primeros sintetizadores Moog (Electric Flag en *The Trip*, disco rarísimo, por ejemplo), los melotrones y toda la gama de sintetizadores después.

Sinceramente eran épocas muy excitantes para mí. El rock de plano ya no era lo mismo, quién sabe de dónde los rocanroleros habían sacado nombres imaginativos, anticonvencionales, poéticos, como por ejemplo: los Nuevos Jinetes de la Sabiduría Púrpura, y le daban vuelo a la distorsión en todas sus formas: la clásica lira eléctrica admitió registros insólitos y variadísimos, desde la guitarra-que-llora-suavemente de Harrison, a las notas pegadas, rasposas, agresivas de los Stones, a los lireos roncos y elefantiásicos de Hendrix o la Crema, o los tejidos de pista-tras-pista del jefe Eric Clapton. Se revisaron las viejas tradiciones musicales, como la ranchona, magistralmente, a cargo de Buffalo Springfield, o de los Byrds, que buscaban la gestación de una auténtica música country-espacial (genial el *Notorious Byrd Brothers*, ya sin, snif, David Crosby); o el viejo blues, al estilo Canned Heat (que Parménides celebró porque allí estaba su carnal de la cuadra Pito de la Farra). De pronto todos (o muchos) se entusiasmaron por los metales, lo cual crearía un minimoda: Electric Flag; Blood, Sweat & Tears (mejor conocidos como Pedos, Mocos y Cagada); Chicago; Buddy Miles y muchos más. O todos descubrieron que había que "volver a las raíces" y los sonidos de rock-antigua y blues se oyeron con insistencia. Surgieron nuevos, efectivos, solistas, siguiendo siempre las huellas dylanianas: Donovan, primero, lleno de calidez y atmósferas aéreas, una inmensa creatividad que lo llevó a producir verdaderas obras maestras (pienso en *A Gift From a Flower to a Garden, Sunshine Superman* y *Open Road*); después Leonard Cohen, poeta, novelista y rocanrolero, capaz de sumergirse en los hoyos negros. O el reconocimiento del espacio a través de vehículos musicales, lo cual iba muy de acuerdo con la época y con el carácter de refinado desarrollo tecnológico del rock: el Pink Floyd de Syd Barrett en *The Piper at the Gates of Dawn* y después, ya con Roger Waters como eminencia gris, las obras maestras *A Saucerful of Secrets, Meddle, The Dark Side of the Moon* y *Atom Heart Mother*; en esta última y en la cara A de *Meddle*, "Echoes", Pink Floyd llevó a cabo una honda aproximación a los niveles de la llamada música clásica: a toda orquesta en *Atom* y con los elementos básicos del grupo en "Echoes". Le siguió Steve Miller Band, quien realmente se la sacó en los primeros discos (*Children of the Future*, un clásico, o *Sailor*) antes de que le cantara loas a Richrad Nixon y, como era de esperarse, se hundiera en las arenas movedizas comerciales.

Los viajes dentro del viaje

Un día llegó a mi ya nada sombrío departamento mi cuate Parménides alucinado con un disco: *Surrealistic Pillow*, y yo pensé: este pobre
chaparrito no oyó el *Jefferson Airplane Takes Off*. Pero sí lo había oído.
Los dos celebramos, con los rituales debidos, la llegada de Grace Slick,
ánima de ánimas, vieja gruesísima: darse a conocer con ondas como
"Somebody To Love" o "Conejo blanco" en verdad le roncaba los
cojones. El Airplane dio un salto cualitativo chingón, Marty Balin,
cantante *extraordinaire*, encontró el contrapunto más efectivo que se
pudiera hallar. Paul Kantner le bajó la nena al viejo maestro Slick (que
había perseverado con mala fortuna en The Great Society: y era normal que con ese nombre, en épocas de Lyndon Johnson, ningún grupo la hiciera) y, feliz de la vida (en ese entonces) empezó a tejer sus
fantasías sicodélicas-polacas-futuristas; Jack Casady, qué bajista más
efectivo desde un principio, empezó a transformar la función del bajo
(algo que poco después encontraría su mejor momento en Jack Bruce, de la Crema) encarándolo como vehículo tan melódico como rítmico, tan creativo como un requinto (en la Crema hay verdaderos
"requinteos" paralelos de Eric Clapton y Jack Bruce) y mi gran cuate

Jorma Kaukonen procedió a desarrollarse como gran guitarrista gracias al hecho invaluable de contar con un grupo equilibrado y de creatividades densísimas. El Airplane, como muy pocos, tuvo la cualidad de quintaesenciar la atmósfera más rebelde, creativa y desmadrosa de todo el rock de los sesenta. Pero también estaba Country Joe & the Fish, que, de entrada, nos aventó dos obras magistrales: *Electric Music for the Mind and Body* (qué sorpresa más agradable oír, en 1968, "Porpoise Mouth" como música de fondo de una obra de Héctor Azar) y *I-Feel-Like-I'm-Fixin'-to-Die*, álbum impecable de principio a fin, que oí en miles de viajes, al igual que *Here We Go Again*, el último superondón de Pepe el Naco y el Pescado.

Para esas épocas yo oía rock, aparte de en mi casa, en el departamento de Armando el Sobrecargo, que volaba seguido al Gabacho y traía, antes que nadie, los discos a México. Allí escuché por primera vez a Love, el increíble *Forever Changes*, con Arthur Lee en la cúspide de la buena onda. Y a Steppenwolf, cuyo primer disco trae las legendarias "Sookie Sookie" —algo así como *fuckie for a buckie, suckie for a haffabuckie*— y "Born to Be Wild", canción mítica como pocas, a tal punto que se volvió el *leit motif* de *Easy Rider*, la primera película verdaderamente rocanrolera y chingodélica que se produjo. El departamento de Armando era enanísimo, atrás del cine Diana, y se atascaba de rocanroleros a partir de las cuatro de la mañana. A Armando me lo presentó Mario Solórzano, quien me llevó con él para oír *Younger Than Yesterday* ("muy buena onda Bach, pero ya es hora de llegarle al jefe McGuinn"). Después, terribles problemas amorosos me dejaron en calidad de chancla vieja, así es que decidí llevar a cabo un autoanálisis con la pequeña ayuda de las drogas sicodélicas (o enteógenas, bello eufemismo de Gordon Wasson). De mi primer viaje grueso de hongos recuerdo en especial el *Their Satanic Majesties Request* de los Stoncetes, que por supuesto me llevaron al lugar de donde todos venimos. Palabra de honor que de repente las notas primigenias del loquísimo (y chingoncísimo) disco se convirtieron en pequeñísimas entidades con cuerpo y volumen que salían de las bocinas y que caminaban por encima de todo mi cuerpo, generando algo como cosquillas, comezón, los principios de una erupción, ponerme de pie de un salto, los ojos desorbitados, ¿qué está pasando aquí, qué es lo que está pasando? Mis amigos me veían, sonreían con aire tolerante y medianamente divertido, y yo, de nuevo en la alfombra (¿a qué horas me acosté en la alfombra?) veía que la música no eran pequeños cuerpecitos oscuros sino serpientes que se enroscaban, se uroborizaban mientras yo me despeñaba en los principios del mundo.

Entre lecturas —para tratar de entender las nuevas (y gruesas) experiencias— de Jung, el libro tibetano de los muertos, Suzuki, Allan Watts, las recopilaciones de Evans-Wentz, los Upanishad, el Tao Te Ching, *Mono, Las puertas de la percepción, Cielo e infierno*, por supuesto a Carlangas Castañuelas y *Las enseñanzas de don Juan*, Freud, Wasson, Nietzsche, y también a la Blavastky, el loquísimo de Aleister Crowley, la autobiografía de Yeats, al gran jefe De Quincey (así se llama Dios en *Bajo el volcán*, qué buena onda), a Lowry, a Huysmans, a Éliphas Lévi, a Gustav Meyrink (¡*El gólem, El gólem*!), el Bhagavad Gita, todo el tiempo el I Ching y *El zen en el arte del tiro con arco* y *Zen Flesh, Zen Bones* y Ken Kesey y Timothy Leary, Richard Alpert/Ram Dass (se quitó el baba finalmente) y naturalmente *Fausto* y *La divina comedia* y *La diosa blanca* y *Los mitos griegos* de Bobby Graves y la Biblia y hasta ondas como astrología y quiromancia (*The Black Arts*, de Cavendish, muy chidos recuerdos) y los Evangelios y Ye Olde Testamento y sobre todo Jung e I Ching, oía pilas y pilas de rock. Ondas que me llegaron hasta lo más profundo, como Procol Harum, prácticamente todo Procol Harum, pero especialmente los tres primeros discachos: *Shine On Brightly, A Salty Dog* y *Procol Harum*. He aquí, me decía, un grupo perfecto. La combinación Gray Brooker/Keith Reid me mataba, sobre todo por la noción de que un grupo de rock tuviera la lucidez y la inspiración divina de considerar a su poe-ta-letrista como miembro del conjunto: Keith Reid aparecía en los créditos del grupo y viajaba con ellos. No salía en muchas fotos, eso sí, porque era timidísimo. Hasta la fecha no puedo dejar de seguir es-cuchando con frecuencia la música de estos grandes maestros. Fue una pena cuando el grupo original se desmembró con la salida de Mat-thew Fisher, organista chingón y compositor de aquellanos. Todos sa-limos perdiendo, como suele ocurrir: Procol Harum bajó de nivel y Fisher no la hizo solo.

En 1975, cuando, por supuesto, yo seguía oyendo todo lo que sacaba Procol Harum, chíngatelas: llegó el grupo a Mexicalpán del Catre. Como tiro me apunté para conocerlos y entrevistarlos. Real-mente todos eran unos introvertidos del carajo (Keith Reid, impene-trable), salvo Brooker, cantante, pianista y compositor genial. Con él cotorreé todo el tiempo: me dijo que andaban crudos, lo cual era más que evidente; además, que la entrevista no se hacía en condiciones adecuadas sino en un pinche hotel culero (el Del Prado). Al final B. J. Wilson, uno de los mejores batuquistas del mundo, le entró al co-torreo. Pero por más esfuerzos que hice la onda nunca se puso real-mente buena. Los conciertos, sin embargo, sí lo fueron. Estoy seguro de que Procol no se hallaba en sus mejores momentos ni a chingada-zos y que el show que nos reventaron estaba excesivamente progra-mado, pero aun así fue un verdadero ondón. Todo el Mingitorio Na-cional vibró con la pura cara luminosa del rock, ningún agandalle, ni saques de ola. Pero en el 67 cuándo me iba a imaginar que conocería a Gary Brooker y Keith Reid (ni que me importara, por otra parte, realmente nunca he tenido madera de fan ni siquiera de san Fiódor).

Me pasaba, especialmente, Earth Opera, el quinteto de Peter Rowan que sacó sólo dos discos, pero qué discazos, en especial el pri-mero. Las honduras de *Earth Opera* son realmente espesas, y yo ad-mitía la patada personal de Rowan sin obstrucción alguna: el uso de la mandolina es de una sutileza incomparable, y la densidad de proposiciones poéticas y filosóficas, como las de "As It Is Before" o "Close Your Eyes and Shut the Door", me resultaba subyugante, me envolvía en una atmósfera un tanto velada, de quemante fuego interior, y terriblemente emocional. También me clavaba con intenciones transportantes en Spirit, grupo de California, muy limpio, que jugaba con las voces (como el H. P. Lovecraft o grupos muy menores como Nazz) y que se caracterizaba por el requinto casi líquido, un líquido espeso, claro, de Randy Califas. El pelón con suelas de hule Cassidy era otro de los *trademarks* de este quinteto que me mandó a viajar y lejísimos con su inolvidable primer álbum (*Spirit*), con *The Family That Plays Together*, con *Clear* y *Twelve Dreams of Dr. Sardonicus*, o sea con todo lo que hicieron, porque lo de doce años después fue pura vacilada: el grupo ya se había desmembrado irreversiblemente (es increíble que de semejante matriz pudiera salir una onda tan chafona como Jo Jo Gunne) y del viejo Spirit sólo quedaba el nombre: muy bueno, eso sí, para que algunos pendejos, como yo comprendo, cayéramos en la trampa y compráramos el disco creyendo que era *the real thing*. Hablando de *real things*, en esa época también me volví asiduo a las buenas ondas del Taj Mahal. Me fascinaba el ritmo seco y efectivo con sabores de campo suriano del buen Taj. Su disco *The Real Thing* (como *The Natch'l Blues*) era música popular depurada, quintaesenciada, de primer orden. Miles de años después el Taj vino a México en uno de los festivales de blues, pero me la pelé y no pude ir a verlo. Pésima onda.

Cuidado con esa hacha

El estudio de mi depto en la colonia Roma era una verdadera cabina de viaje. Yo tenía colocado mi escritorio exactamente enfrente de un gran librero, en cuyos extremos se hallaban las bocinas; los sitios perfectos para escuchar, entonces, eran dos: la silla donde yo me sentaba a escribir y también la parte baja del escritorio, que se constituyó en el verdadero nicho roquero porque allí también confluía la estereofonía a toda madre. Sólo yo me colocaba allí, y los chingueros de cuates que le caían a mi casa a engordarla se distribuían en distintas partes de la alfombra. Entre los visitantes más asiduos se hallaba Jesús Luis Benítez, *el Booker* o *Búquer* (Gustavo Adolfo Búquer), quien en mi cantera fue iniciado en los misterios pinkfloydianos. El buen Booker nunca olvidó un pasón tan violento que lo hizo guacarear profusamente (por suerte, esa vez, en el baño); después, un poco más tranquilo, pero aún pálido y orejoso, se recostó a oír *Ummagumma*; al poco rato pegó un salto, aterrado, cuando, en pleno "Águilas con esa hacha, pinche Eugenio", los sonidos alcanzan los niveles de un tremendo aullido electrónico. Todos nos meábamos de la risa, y durante un buen rato Jesús Luis se quedó con la cara clásica de dónde estoy, quién soy, qué me dieron. Gruesas sesiones de rock en mi casa. Una de las últimas realmente memorables tuvo lugar cuando mi gran carnal y compañero de causa Salvador Rojo llevó dos discos recién aparecidos: el primer Joe Cocker (*With a Little Help from My Friends*), que nos dejó excitados y alivianados. No dudamos de que Pepe Verguero era uno de los grandes cantantes del rock, especialmente si lo acompañaban maestros como Matthew Fisher, Jimmy Page y Steve Winwood. A Joe Cocker lo acompañaban, de base, los monitos de The Grease Band, que por cierto sacaron un primer disco (*sans* Cocker) realmente efectivo. El otro disco que nos llevó Salvatore (y que nos dejó los pelos parados) fue *On Tour*, de Dalaney, Bonnie, Clapton y una planta de superestrellas. "¡Qué rocanrolotes!", exclamó Javier Bátiz con los ojos brillantes de la emoción. El vigor de ese disco muy raras veces ha sido igualado: intensidad y verdaderas alturas.

Otro que la hacía en esos niveles verdaderamente nirvánicos era Ten Years After, del gran Alvin Lee, especialmente en dos de sus discos: *Ssssh* y *Cricklewood Green*, que no tienen desperdicio. Cuando vi *Woodstock* [Wadleigh, 1970] uno de los que más me impresionaron fue, precisamente, Alvin Lee, quien en esa sesión memorabilísima verdaderamente demostró que ha sido uno de los requintos más completos del rock, y quizás el más veloz y violento (nomás hay que oír "Bad Scene", ¿la traducimos como "Mala onda"?, para constatarlo).

Otro grupo que me alucinó en esos días fue Traffic. Ya he planteado cómo Steve Winwood era definitivamente santo de mi devoción, alevosía & ventaja desde que, bien chavito, se echó ese rolononón llamado "Gimme Some Lovin'". Cuando me enteré de que Winwood se había ido a vivir a una casita de campo con sus compañeros de rock Dave Mason, Chris Wood y Jim Capaldi, consideré que esos maestros en verdad no se andaban con payasadas; no sólo encaraban la cuestión del rock como algo serio y riguroso sino como algo cuasi ritual, trascendente. Un buen rato vivieron juntos los cuatro traficados o traficosos y de esa manera (insólita) llegaron a obtener un punto de cohesión difícilmente igualable para un grupo que comienza. Su *Mr. Fantasy* me pareció excelente, pero el verdadero entusiasmo me nació con el segundo elepé, *Traffic*, mejor conocido como el disco de la casita.

Winwood, por sus propios méritos, se había convertido en un superestrella indiscutible; más o menos como ocurrió con Eric Clapton a través de sus distintas bandas, con David Crosby, Steve Stills y Neil Young del otro lado del océano, y por supuesto con los superestrellas de superestrellas Jimi Hendrix y Janis Joplin, que ascendieron a los niveles mitopoyésicos desde un principio; sus muertes, claro, consolidaron definitivamente esta arquetipización correctísima. A Janis la oí desde 1967, cuando salió *Big Brother and the Holding Company*, el primer álbum de ese grupo homónimo. A mi esposa Margarita le fascinaba la voz descarnada y terrible de la Joplin. Yo no estaba tan seguro. Ella se me hacía un fenómeno: era evidente que nadie jamás en el rock había mostrado voz semejante, ni las viejas míticas tipo Bessie Smith o Billie Yasabemos, y que la Joplin había llegado para quedarse. Pero su grupo no me pasaba. Claro que en *Cheap Thrills* Big Brother mejoró muchísimo, pero seguía estando muy por debajo de Janis, quien, por su parte, definitivamente había alcanzado su estatura de mito contemporáneo con su cojonuda versión de "Pain of My Heart" (qué trabajo me costó adaptar al español esa roluca para que la cantara Baby Bátiz). Cuando la Joplin tronó con Big Brother (se lo merecían por ponerse ese pinche nombre) tuve la esperanza de que la maestra agarrase la onda de Joe Cocker: esto es, que se juntara con músicos de primer rango como Clapton, Bruce, Winwood, Page, Beck, Wyman, Keith Moon, Gary Brooker *et al.*, pero nones: la pendeja chaparra juntó su nueva bandita y claro que produjo discos memorables, pero nunca se nos hizo oírla con un acompañamiento de aquellos (como los portentosos acompañamientos que hiciera The

Band a mediomundo en *The Last Waltz*). Al final, la Joplin, precisamente por tanta peda y olor a calzoncillo, obtuvo una voz de garganta pesada, estragada y erosionada, pero que sonaba con una madurez
incomparable. Es estúpido reiterar (pero lo hago) que Janis Joplin ha
sido la cantante más portentosa y completa que ha dado el rock. Ni
Grace Slick (snif) ni Patti Smith ni Nina Hagen le llegan a las calla-
das de la puntelpié.

Hendrix, en cambio, sí me enloqueció desde un principio (en la
lista de los primeros grandes discos de rock, habría que incluir *Are You
Experienced*). Para mí, lo que Hendrix proponía sí era algo bien distinto: como todos los buenos, abrevaba de la gran tradición roquera,
pero su patín no tenía puntos de comparación con lo que hacían los
Beatles, los Stones, los Who o cualquiera de los cacagrandes del momento. Qué pesadez, señoras y en cierta forma señores; sólo la Crema
(en *Wheels of Fire*, especialmente) llegó a producir un sonido má-o-
meno equivalente en cuanto a pesadez y lireos-bajeos. Como es sabido, los sonidos que Jimi Hendrix le logró sacar a su lira son inimitables, y cada una de sus hazañas (en Monterrey al quemar su preciada
telecaster o, si no, la redención del himno gabacho en Woodstock)
me llenó de un pasmo entre reverente y apendejado. Aún a estas fechas "Foxy Lady" me enchina la piel, especialmente en los lireos de
armonía. Noel Redding y Mitch Mitchell acompañaban a Hendrix
notablemente bien, especialmente este último, quien fue uno de los
grandes de la batería (los otros, para mi gusto, serían Keith Moon,
Ginger Baker y B. J. Wilson).

¿Y por qué se atacaron a tal extremo Hendrix, Janis, Brian Jones y
Jim Morrison? La muerte vía sobredosis viene a ser, toda proporción
guardada, como la de Aldous Huxley, quien decidió morir en la cresta
de un pasón de mescalina. Pero, por supuesto, en Huxley se trataba de
una decisión profundamente deliberada, mientras que los mártires rocanroleros simplemente se atacaron buscando el puro viaje de ida. Es

notable esta ansia que se reflejaba en atacones tan severos, los cuatro la habían hecho en la vida a través del rock, que era lo que más les gustaba; tenían dinero, fama, poder, chavas y chavos, aparentemente todo lo que querían. ¿Es válido ver la necesidad de superatacón como una manifestación de insatisfacción esencial, un impulso a seguir buscando, a través de las emociones fuertes, el mecanismo clave que revelaría el funcionamiento de la gran maquinaria universal? ¿O simplemente se trataba de individuos tan dotados creativamente que las demás áreas de su personalidad eran endebles, subdesarrolladas, de hecho arcaicas? En todo caso las muertes-suicidio de estos cuatro grandes rockers —ciertamente muy distintos entre sí cada uno de ellos— indican por una parte la fragilidad del rocanrolero y también su extraordinaria fortaleza. Por otra parte, refieren a la devastación implícita en el pasón cuasirritual, vienen a ser como la puerta de los cuentos de *Las mil y una noches* que no se debe de abrir por ningún motivo, en especial porque se dispone de la llave para hacerlo. Fue una de las primeras indicaciones de cuán densas podían ser las arenas movedizas del lado oscuro del rock; años más tarde, la muerte de Syd Vicious hizo que la de estos cuatro maestros pareciera de vejez serena. Durante el apogeo de la onda sicodélica y como en la carta cero del tarot, los chavos estuvieron patinando, igual que Chaplin, de lo más sabroso sin saber que a sus espaldas se hallaba el abismo; había que apostar la vida, entrarle a la ruleta rusa, que después perdió su fascinación y se tradujo en puro agandalle vulgar y cotidiano.

La piedra rueda en México

Mientras la cosa se puso buena en Gabacholandia y en algunas partes de Europa, en el submundo, *which means* México, seguíamos padeciendo represiones sin límite. No se pudo avanzar mucho porque los rocanroleros eran verdaderos carajos: seres apandados en el vientre de su pinche madre. No acababan de nacer, puros pelos grasosos y miradas ciegas en la superficie. Parménides y yo creíamos que un buen principio para el desarrollo del rock en México consistiría en que el rocanrolero dejara de refritear y expresara su propio rollo, aunque fuera sobre los patrones más básicos. Los mejores grupos de la segunda mitad de los sesenta —Bátiz, Dugs y Love Army— lo intentaron entre dificultades tortuosas, y cuando finalmente llegaron a componer por lo general fue en inglés.

En el fondo, los rocanroleros mexicanos creían que el rock no podía ser mexicano, que era imposible rocanrolear en español, pues nunca habría puertas abiertas en las radiodifusoras y en las grabadoras profesionales: por tanto, tenían a Estados Unidos como panacea universal, el único sitio donde había que hacerla, como ya había ocurrido con el buen Rito de la Garra, en lo individual, y grupalmente con los nefastos gachupas los Bravos, que colocaron en el hit parade gringo su "Black Is Black" (seguramente deben seguir hablando de Semejante Prodigio). Claro que los rocanroleros no pensaban esto textualmente, pero sí presentían que ser rockers en México era más heroico que ser fan de Solyenitsin en el Komsomol. La gran mayoría de los pros quería hacerla en Estados Unidos porque aquí la situación estaba del carajo. A fin de cuentas, se trataba de hacer rock al estilo sajón y lo más comercialmente posible.

De todos, Javier Bátiz fue el que más se esforzó: compuso rolas (nada recordable) con Alexandro Jorodowsky, pero la onda no prosperó. Después Javier y yo nos hicimos cuatísimos. Éramos de la misma edad y la afinidad entre ambos era portentosa. Javier creyó que yo podía llegar a aprender a tocar la lira, lo cual le agradezco con lágrimas en los ojos y cerilla en las orejas; el buen Brujo iba a mi casa, me prestó una guitarra y él mismo se puso a enseñarme cómo estaba la onda. Pero no la hice, lo cual demostró mi incapacidad musical, porque no puedo quejarme del maestro que tuve. Pero sí nos pusimos a componer rolas. Su música, por supuesto, era mucho mejor que mis letras, en verdad vomitables. Me salían muy "intelectuales": pretenciosas, pedantes, mamonas y duras. Por esas fechas apareció mi libro *Inventando que sueño* y, entre las promociones, se me ocurrió grabar un rock que se llamara igual y que pasara por la radio; no sólo eso: ¡que fuera un jit, un señor chingadazo! Compuse una letra tan pedestre que puede reproducirse, ahí te va: *te invento cada día en mis sueños / construyo un arcoíris sin color / te aúllan mis sueños / te engullen mis ansias / y no sé dónde estarás / inventando que sueño estoy contigo / inventando que duermo te veré / si tú quieres la luz que te desnuda / y que inunda tu figura cuando duermes / ven y vuela en los sueños que te ofrezco / y que invento solamente para ti.* Javier es un cuatazo como pocos, así es que tomó estos versos culeros y les sacó una melodía. Cuál no sería nuestra sorpresa al ver que lo que habíamos producido no era rock sino más bien un buen boleruco. Palabra. Además, Javier nunca se pudo sobreponer al hecho de que al cantar en español le saliera una voz parecidísima a la de Tin Tan. *So what?*, le decíamos, Tin Tan de ninguna manera era una onda mala, era producto de la frontera igual que Javier y sin duda ambos podían considerarse *soul brothers*. Era genial Macaria cuando imitaba a Tin Tan y decía: "¿cómo que la mota hace vicio? Yo ya tengo fumándola quince años y no me ha hecho vicio. ¡Qué buen patín!". Yep, buen patín Tin Tan, pero su espíritu no aligeró nuestra roluca. Después, Bátiz y yo nos reventamos más canciones, pero realmente ninguna salió muy buena, más por mis pinches letras que por la música del Batisferio. Javier, sin duda, era el rocanrolero más apto de todos: chingón con la lira (realmente podía ser un virtuoso cuando le daba la gana), carisma innegable, inclinación al desmadre frankzappiano ("nos vemos pasados mañana, no: nos vemos mañana pasados, no: mañanos veremos pasados") y fan acrítico de las corrientes negras en el rock, blues, soul. En su casa constaté que mi colección, abundante en rockers sicodélicos, era anémica en cuanto rhythm and blues, soul y blues. A Bátiz le gustaba Donovan ("The Season of the Witch" especialmente), pero execraba al Jefferson Airplane, al Dead, a los Stones y también a los putos Beatles. En eso era bastante radical y las discusiones podían volverse violentas. En su casa siempre la engordaba un huataclán de rocanroleros que, mientras a él le hacía piojito su esposa Arabella (o la bella Macaria después), ellos, en el estudio, oían rock a todo volumen, con varios pares de audífonos, entre luz negra, estroboscopio y posters fosforescentes *good ol' sixties*. En muchas ocasiones, las célebres tocadas de Bátiz y sus Finks eran profundísimos actos rituales. En una época cagadísima aparecieron dos muy buenos cuadernos que formaban el grupo el Inconsciente Colectivo. Su baile consistía en dejarse ir en mil jaladas mientras Javier improvisaba otras tantas con el grupo. El Inconsciente Colectivo brincaba, gesticulaba, se tiraba al suelo, se sacudía, se contorsionaba, ponía los ojos en blan-

co y momentos hubo en que muy jodorowskianamente (o sea arrabale-
ramente) mataron gallinas y regaron la sangre en la pista del Champaña.

¡Qué cotorreo! Esta "Wild Witch Lady" de Donovan está muy
bien. Hubo un momento en que Javier Bátiz tuvo el respaldo de la
prensa de espectáculos y buenos contratos. Estaba *in the chandelier*. No
la hizo deveras en grande (porque en chirris siempre la ha hecho) por
varias razones, pero de cualquier manera fue una lástima, de hecho
una tragedia: un éxito nacional, no comercial, de Bátiz le hubiera caído muy bien al rock mexicón. Pero a Javier (ni modo, mhijo) a la larga lo venció el viaje del ego. No pudo asimilar algo clave en el rock: o
la haces tú solo, o te vences a ti mismo y te integras en tu grupo. Javier
siempre quiso brillar más y no supo aprovechar la cohesión que durante casi dos años tuvo su mejor personal: Ramón en el saxo, Cartucho
en la bataca y el Borrado apoyando detrás. Por otra parte, era encomia-
ble que a Bátiz le pasara la onda prieta: blues, r&b, soul y otras varian-
tes, pero no estuvo bien que se cerrara a los estímulos de la producción experimental y chingodélica de ingleses y gringos; de esa manera
se unilateralizó y limitó sus grandes capacidades creativas y expresivas.

Los Dug Dugs y Love Army sí lograron integrarse como grupos,
pero jamás llegaron a descubrir su propia identidad: los incesantes
reflejos de otros acabaron por ocultar los destellos propios, se empan-
tanaron en las conquistas obtenidas, que, por otra parte, nunca fueron
muy hondas. Pero llegaban a ser excelentes grupos. A Love Army lo
oí en Acapulco, en el Tugurius Jeremías Baches, y como todos, a pesar del flagrante albur suicida, le aplaudí entusiasmado al Pájaro.

A los Dugs los conocí bien; ya he referido cómo trabajamos juntos en las rolas de *Cinco de chocolate y uno de fresa*; fui cuate de Armando y de la Borrega y de todo el personal. Armando me prestó el disco de la casita de Traffic y yo le pasé *Fresh Cream*, que él no conocía
(y que no le gustó gran cosa). Con el grupo de Bátiz, los Dugs fueron
los rocanroleros de batalla de mis programas de rock *Uno dos tres cuatro*

cinco a go go (yo escribía los guiones, Arau conducía, Fernando Ge era el productor; después me salí yo y le entró Alexandro Jodorowsky) y *Happenings* (con Fernando Ge de productor), donde se lanzó a Macaria y de donde ella tomó su nombre artístico (el personaje que ella cotorreaba se llamaba Macaria Asusórdenes Asusórdenes). Esos programas eran el puro relajo y todos nos divertíamos como enanos haciéndolos. Acabábamos de empezar el programa en el Canal 5 cuando se vino (*and how*) el Movimiento Estudiantil. De volada mostramos nuestra simpatía y solidaridad: lo apoyamos con todas sus letras, le echamos porras y leímos poemas sobre él, sobre las manifestaciones, de Juan Carlos Becerra, Alejandro Aura, Elsa Cross; finalmente llegó la orden del entonces Telesistema de que no mencionáramos más al Movimiento. Se nos ocurrió entonces que todo mundo en el programa jugara cuartos; para evitar que les dieran el guamazo, todos tenían que andar con la v hecha con los dedos (que era *landmark* del Movimiento). En el programa trece (¡trece!) llegó a la cabina Víctor Hugo O'Farril encabronado por lo de la v. Para acabar pronto, me corrió de Televicentro. Yo le dije que estaba pendejo, que no me podía correr, *yo* era el que lo podía correr porque esa hora estaba pagada por Luxus vía Publicidad Augusto Elías, para quien yo trabajaba. Se tuvo que aguantar hasta que terminó el programa, y entonces sí me corrió entre gritos y mentadas. Por supuesto, lo mandé a chingar a su madre. Salimos decididos a la calle, pero allí siempre no pasó nada y yo me fui aún humeando. El contrato de Augusto Elías para hacer *Happenings* era por trece programas. Ese fue el último, porque ya no quisieron renovarlo, a pesar de que el programa no iba nada mal.

Claro que no nada más conocí a Bátiz y a los Dugs. En ese turbulento añejo me pasé a escribir sobre rockiano a la plana de espectáculos de *El Heraldo*, porque su repórter estrella, Epicuro Quevedo Galdós Valle Inclán, duque de Tecatitlán, fue corrido a patadas del periódico por los desmadres que armó en la *Reseña de Acapulco*. En *El Heraldo* tuve una columna que se llamó "Uuuuuuy" y escribí chingomil notas sobre música, *mainly rock*. La rolé por todos los hoyos y congales donde se tocaba rocanrolo y conocí al huataclán de roqueros, por no decir a casi todos.

Había músicos excelentes: Lalo Toral, Federico Arana, Simón el Sinner, Micky Salas, el Sopas, el Cartucho, Ricardo Ochoa, Mayita que cantaba deveras bien, pero ninguno de ellos tuvo un contexto general que propiciara sus capacidades. En verdad el medio era hostil, no está de más reiterarlo: una industria chaparra y supersubdesarrollada, con la imaginación de un político priista y la cultura de un panista, un público de clase media como siempre fácil presa de la manipulación y que lo mismo aplaudía a los Yaki que a Raphael, un gobierno antichavos, antivida, producto de un sistema desgastado, envilecido y ensoberbecido que aplastaba cualquier manifestación de vitalidad.

¡Qué país! A partir de los desmadres del estreno de *El rey criollo*, relatados magistralmente por Parménides, toda oportunidad de ver buen rock en México quedó prácticamente cancelada. A pesar de que Eric Burdon nos incendió en el teatro Metropolitan en 1967, y realmente todo lo que hubo fue gozo puro y música de lo mejor. Díaz Ordaz se endureció contra el rock y los chavos de la onda, en gran medida como reflejo de la animadversión colectiva, pero también con intensos tintes personales, ya que su hijín de pronto dijo ser fan del rock y pudibundamente machete. A fines de los sesenta la tira mexicana en verdad satanizó a los chavos roqueros y los ultrajó, madreó y encarceló a pasto. En ese contexto, pues, la gestación de un rock nacional se hacía sumamente difícil, aunque las cosas estaban avanzando: es claro que los rocanroleros de los sesenta representaban un progreso con respecto a los de los cincuenta. Las condiciones fueron obstruidas gravemente cuando, en 1971, dejó de aparecer la *Piedra Rodante*, una publicación notablemente madura y eficaz. La *Piedra* fue idea de Manuel Aceves, publicista que ahora es sicoterapeuta junguiano. En esa época, Aceves juntó unos oros y se fue a Nueva York a comprar los derechos de *Rolling*

Stone, la aún famosa publicación que en un tiempo fue una revista jo-
doncísima. El genio de Aceves, ya de vuelta con los derechos, consistió en nacionalizar rápidamente la revista hasta hacerla mexicanísima y
bien distinta a la edición gabacha. La revista estaba muy bien realizada
y la planta de colaboradores era, en ese momento, inmejorable: el cura
peyotero Enrique Marroquín (autor de uno de los dos libros sobre la
onda en México: *La contracultura como protesta*, que contiene gruesas pa-
rrafadas filosóficas a veces un tanto abusivas) polemizaba sobre los cojones de Cristo con el vate Juan Tovar. También estaban Oscar Sarquiz
y Luis González-Reimann, dos maestros esenciales del rock en México. Y el Búquer Benítez con su cotorrísima columna "De tocho un
pocho". Detrás de este personal asomaba el periscopio de Raúl Prieto,
que allí no era Nikito Nipongo sino el afamado doctor Keniké, el de la
columna "Bachas, chochos y arponazos". Yo le llegué casi al final, con
una columna mamertísima maltitulada "Orines" y dos que tres críticas
que no me salieron tan mal. La influencia de la *Piedruca* se hizo sentir
desde los primeros números, cuando se soltaron los perros rabiosos de
24 Horas y de Bob White Mohino en *El Universal*. Aceves tuvo que ir
a Gobernación y a la Comisión Calificadora de Publicaciones; en esos
campos *non sanctos* se encargaron de desmadrar feamente a la revista.
Fuera de algún material desechable (por supuesto el espacio dedicado
a Elías Calles y mi propia columna), en la *Piedra* el nivel fue realmente bueno en todos sentidos, y por supuesto resultó que la publicación
se había adelantado varios añejos a su época en conceptos periodísticos
y en su actitud en general: fusión de seriedad y agandalle, de alto nivel
cultural y de relajo del bueno, de superficialidad y profundidad. En la
Piedra se escribieron con todas sus letras las *so called* malas palabras, mejor conocidas como chingaderas, se investigó el sexo entre los chavos y
el atacón de todo tipo de drogas, pero, a la larga, todo fue hecho limpia, honesta y profesionalmente. Con el tiempo, como era de esperarse, la revista se volvió legendaria.

Pero, claro, el truene de la *Piedra* representó un golpe cabrón a los procesos de crecimiento del rock en México. El siguiente chingadazo, mucho más espeso, tuvo lugar ese mismo año, cuando el Festival de Avándaro fue permitido sin excesivos problemas porque el sistema lo contemplaba como un termómetro: el festival indicaría, objetivamente, hasta qué punto era fuerte la onda en México, y se sabría cómo actuar en consecuencia. El Festival de Avándaro, en efecto, se organizó con el de Woodstock como modelo, aunque, claro, siempre en los niveles de subdesarrollo: si los Beatles y Stones se sintieron muy arriba para ir a Woodstock, Javier Bátiz y Love Army tampoco quisieron ir a Avándaro. Si Wadleigh, con la pequeña ayuda de Scorsese, hizo un peliculón de Woodstock, Alfredo Gurrola filmó su propia y espectacular versión de Avándaro con doble proyección superochesca. Si allá en Estados Unidos los nenes ricarditos aprovecharon para sacar un dineral de ganancias, aquí sus equivalentes *young execs* también se lanzaron a la papeliza. Les pagaron una miseria a los grupos, invirtieron lo menos y trataron de sacar lo más. El aspecto musical, como se sabe, no fue precisamente lo mejor del festival, aunque hay que reconocer que casi todos los grupos le echaron los kilates a morir, y el Tri, los Dugs, Norma Valdés y otros más la hicieron realmente bien, dentro de lo que cabía. El gran show, de veras, lo dio el personal que llegó, cientos de miles, a Avándaro y se atizó, chupó, se entinereó y encementó, viajó y se pasoneó todo el tiempo sin que se despeñara el caos; sólo en un momento todo pareció que iba a tronar en un desmadre total, pero los chavos agarraron la onda y se calmaron. Está de más afirmar que el festival no le hizo daño a nadie y que, en cambio, cumplió funciones de inmenso acto ritual, dionisiaco, que alivianó a cientos de miles de chavacanos. Se trataba de pasar unos días oyendo rock, compartiendo la experiencia con otros chavos, y eso fue exactamente lo que ocurrió; la juventud no se fue a la perdición, sino que, mal que bien, siguió su desarrollo natural (que a partir de ese momento se perfiló hacia un nadir). Algo así como un inmenso recreo para chingos de chavos, pero que tenía vastas implicaciones sociales, por eso todo mundo dio rienda suelta a la intolerancia después de Avándaro. Los ataques y condena vinieron de toda la burguesía, la clase media idiota, los obreros, el gobierno, pero también la izquierda naquérrima y los intelectuales. Es memorable cómo Carlos Monsiváis, desde Inglaterra (*of all places!*), envió una carta a la prensa mexicana que es un prodigio de amargura, miopía histórica, ruquez mental y humorismo involuntario. Si eso ocurrió con alguien que antes había celebrado al rock como fenómeno contracultural, qué podía esperarse de los demás. A partir de Avándaro, el rock textualmente entró en un hoyo: o en chingo de hoyos, los fonquis, porque sólo allí se ha podido oír rockiano en México durante varios años. En Avándaro predominó una fuerte cantidad de chavos paupérrimos, marginales, ultrajodidos, y este personal prole o lumpen fue el que, en lo inmediato, conservó vivo el rock en México. Por primera vez, el sustento del rock no se halló en la clase media, sino bien abajo de la sociedad; esto indica hasta qué punto todas las demás capas sociales procuraron alejarse de un fenómeno apestoso y disolvente. Sólo hasta fines de los setenta los chavos de clase media volvieron a darle al rock con energía, pero, en tanto, fueron los jodidos los que oyeron y sostuvieron el rock, a pesar de razzias y apañes continuos en los hoyos fonquis. Los chavos de la, o de, onda, como también se les llamó, erigieron, con toda justeza, a Three Souls in My Mind como sus únicos y verdaderos portavoces. El Trinque un tiempo tuvo al Par como eminencia gris) dio un cambio decisivo entre los rocanroleros: por primera vez un grupo de rockers dejó de perseguir el éxito comercial y se dedicó a componer en español y a interpretar su música por el gusto de hacerlo, y si bien nunca llegó a ir más allá de ciertos límites artísticos de sus modelos (el blues más primitivo y los Rolling Stones), su pesadez, su honestidad profundísima y su fidelidad a sí mismos resultaron, con el tiempo, decisivos.

Woodstock/Altamont

El rock de a deveras, por otra parte, había llegado a un claro pináculo entre 1969 y 1970. Ya en 1971 las señas de desintegración eran muy notorias, pero la gente aún escuchaba entusiasmada a todos los buenos grupos que aparecieron por esas fechas: Led Zeppelin; Jeff Beck; Faces; Rod Stewart; Joe Cocker; Crazy Horse; It's a Beautiful Day; Delaney & Bonnie (su unión con Eric Clapton resultó antológica); Santana; Crosby, Stills, Nash & Young (y, después, las combinaciones parciales o las carreras por separado de cada uno de ellos); Creedence Clearwater Revival (que aquí en México encontró un público fiel y natural); Rory Gallagher; New York Dolls; Elton John; Cat Stevens; todos ellos de excelente nivel y variadas ondas que produjeron una o varias obras importantes o, en el peor de los casos, discos muy escuchables.

El festival de Woodstock, en 1969, fue el cénit: allí todo funcionó como maquinita, al poblachón del estado de Nueva York llegaron casi quinientos mil chavos; "es un país esto", dijeron, "*Woodstock nation*". El festival no contó con la presencia de los meros efectivos (ni Dylan, Beatles, Stones o Pink Floyd) pero sí estuvieron los Who, el Jefferson

Airplane, Jimi Hendrix, Ten Years After y otros supergrupos. Se lanzaron nuevas estrellas, especialmente Santana, y el personal gabacho la cotorreó de lo más sabroso, y de una forma sana si consideramos que no tiene nada de escandalizante que los hombres blancos y barbados anden encuerados y hasta la madre oyendo rock, cogiendo y haciendo yoga. Realmente no tiene caso hablar más de Woodstock cuando hay numerosos materiales escritos sobre el festival y existe un peliculón como es el de Wadleigh. Baste decir que el evento fue tan exitoso que hasta Charlie Schultz bautizó a un pajarraco, palero de Snoopy, como Woodstock ("¡un pájaro jipi!, y yo que creía haber visto *todo*"). Lo grueso de Woodstock fue que generó el concierto gratuito de Altamont, *quite near* San Pancho, y que éste resultó la cara opuesta, el lado oscuro del rock. Los Rolling Stones tenían planeada una gira por Estados Hundidos para ese año, como siempre, por todas las ciudades que componen el circuito rocanrolero del Gabacho. Como vieron que Woodstock había salido a toda madre, y que ellos realmente se habían azotado al no asistir al reventón de tres días, los Stones se la quisieron sacar ofreciendo un concierto de cachucha al final de la gira. Como se sabe, cometieron el nefasto error de encargar el orden a los Hell's Angels, reputados hijosdelachingada de la costa oeste gringa. Era como dejar a Diego Rivera de *babysitter* (o *babysister*, como dicen que dicen en Chile te echo de menos). Por supuesto los Ángeles del Infierno se portaron como perfectos culeros, pero la verdad es que, como deja ver el horripilante film *Gimme Shelter*, desde un principio el personal mismo se moría de ganas de desbarrancarse en la ojetez y las pésimas vibras. Ya se sabe que el Grateful Dead llegó, vio cómo estaba la onda y mejor se fue en chinga, antes de que los caparan. Gracey Slick y el Avioncito de Morelos trataron de calmar al personal, pero ni chicles: la gente ya estaba metidísima en un viaje de agandalle y de valerle madre el mundo y el greñudo que lo carga. Cuando los Stones aparecieron la cosa ya no tenía remedio, porque nada ni nadie iba a aquietar a esos miles de chavos que estaban dándole rienda suelta a sus malas ondas y a toda la pestilencia que, por supuesto, el rock, como todo, también contiene. El lado oscuro del rock, ni más ni menos, se convertiría en territorio favorito de rockers y chavos de allí en adelante; Pink Floyd lo cimentó con su genial disco *The Dark Side of the Moon* y a mediados de la década se vio con claridad que todo el rock había dado el pendulazo: de las buenas vibraciones, el amor-y-paz, *all you need is love*, no siempre tendrás lo que quieres, lo que está dentro está afuera y otras proclamas dialécticojipiosas, se pasó a la otra cara con una celeridad notabilísima. Después de Altamont los Beatles tronaron, Brian Jones (poco antes había anunciado su separación definitiva de los Rolling Stones), murió. Morrison, Hendrix, la Joplin. De pronto el terreno se sacudió y todo empezó a reacomodarse, a cambiar de piel. El proceso fue apenas visible, por gradual. John Lennon, porque sus ondas personales se lo permitieron, comprendió que el truene de los Beatles no era un suceso aislado, que estaba ligado a Altamont en cuanto, de pronto, predominaban las malas ondas y no las buenas. Emitió su célebre *dictum*: "el sueño ha terminado". Y en efecto, acababa de pirar una gran época del rock, la más romántica y juvenil, pero, como se vio después, aún quedaba mucho por delante.

Los cambios en los setenta

Los reacomodos fueron espectaculares. Muy pocos grupos lograron conservar su estructura original, muchos desaparecieron y, como siempre, innumerables más entraron al rock, ahora con el espíritu de los setenta. Poco a poco empezó a cobrar forma un nuevo orden que, si a principios de la década apenas era aparente, a mediados de ella sólo un imbécil no la advertía. Aquí entre nos, yo era de esos imbéciles; sí podía darme cuenta de los cambios y la condición transicional de cierto periodo, pero sinceramente no podía darme cuenta de hacia dónde iba la onda. En realidad no pensaba en eso. Sí percibí, por ejemplo, que la sicodelia se iba a pasos agigantados y que era suplida por cierto furor anfetamínico, velocidad y acelere, del cual el gran Lou Reed era actor y precursor determinante. En los sesenta, Lou Reed, con la asesoría de Andy Warhol, formó el terrible Velvet Underground. La onda de Reed siempre me pasó; admiraba muchísimo su manera de cantar, la soltura, la voz cabronzona y desapegada, y sus composiciones que eran verdaderos cartuchos de dinamita: provocación bellísima en "Heroin", "The Gift", "White Light/White Heat". De ser un grupo perverso, muy intelectual, en sus dos primeros discos, el Velvet se convirtió a un misticismo que generó un álbum genial: *The Velvet Underground* (*sans* Nico). El siguiente fue otra transformación: vuelta al rock puro, pero cachondón, sinuoso, sensual, en *Loaded* (yep). Con la nueva década el Velvet tronó y Lou Reed se lanzó solo al rocanroleo, dando rienda suelta a su naturaleza homosexual, sus tendencias travestistas y sadomasocas. Nos dio discazos, como *Rock'n'Roll Animal* y otros no tan afortunados pero casi siempre inquietantes. Lou Reed encontró en David Bowie a un *soul brother* con todas las de la ley, que también se embadurnaba de maquillaje y le daba duro al travestismo roquero. Frankenstein con la verga parada Bowie produjo discos excepcionales, e iba adelante de Reed en muchos aspectos: ya era un producto definitivo de los setenta.

Las canciones de Bowie, para mí, tenían una atmósfera perturbadora que después percibí claramente en un grupo que me pasó horrores desde un principio: Roxy Music, del gran jefe Ferry y sus musicazos. La de Roxy Music, más que la de Bowie, era una atmósfera densa, profunda, oscura, sugerente y definitivamente fascinante. Su provocador álbum *Country Life* me parece la quinta-esencia de este patín, con un clima intenso, gótico, de oscura belleza y perfección musical. Sin embargo, había algo que antes no había percibido en el rock y que no me entraba tan fácil: cierta dureza, frialdad, cierta lejanía un tanto deshumanizada, y también un anhelo profundo: la carencia de un mito; al no tenerlo inmediatamente se le buscó a través de *gimmicks* y superficialidades: Elton John con zapatotes y traje de beis de pendejuelas, Bowie con la cara pintada: monstruos, espectros y sombras.

Sip, los jipis y sus ondas se desvanecieron con relativa celeridad (el pobrecito Donovan, en *7-Tease*, no podía entender qué había pasado, aunque se daba cuenta, ¡horror!, de que ya era un *notorious hasbeen*). De hecho, a la gente le dio cierto pudor toda la ingenuidad pazyamor de los sixties y procuró borrar lo más posible todo eso; el rock, musicalmente, recogió todos los avances electrónicos, desechó cualquier utopía y chapoteó en lo instintivo cobijándolo con un enorme refinamiento en la ejecución. Los grupos tipo Grand Funk o Black Sabbath, que proponían la distorsión, la estridencia, el desahogo como paliativo, el facilismo, fueron desplazados y su discutible pesadez sólo volvió a emerger en la década siguiente, los ochenta.

Muchos rocanroleros prefirieron acercarse al jazz, que siempre ha sido un consuelo maravilloso en épocas de oscuridad, y a cultivar el perfeccionismo tecnológico: King Crimson, que realmente llevó a cabo una obra notabilísima, en especial su primer disco *In the Court of the Crimson King*; Yes y Emerson, Lake & Palmer, que con estilos bien distintos compartían una misma visión del rock: acuática y fría en Yes, áspera y pesada en ELP. Deep Purple, de ser un grupo sicodélico de los sesenta (su rola inicial "Hush" como ejemplo) fue haciéndose gradualmente frío y veloz. Predominio de los sintetizadores, solos veloces, jazz-anfetamínico, pocas palabras, visiones desoladoras, fascinación por máquinas y robots, un futurismo bastante unmundofeliz: el hombre esquizoide del siglo veintiuno. Todo esto era un reflejo de la nueva época; de amaneceres nublados y de pavimento.

El péndulo se fue extremando en unos cuantos años, y así se abonó el terreno para el surgimiento del agandalle total, el punk rock, que entre sus furores recuperó cierta vitalidad esencial que se había ido aletargando desde principios de la década. En los setenta no se repitió, eso sí, el surgimiento de un verdadero mito: de alguien que encarna niveles arquetípicos como Berry, Presley, Lennon, Jagger, Who o Dylan, o Janis o Jimi Hendrix (héroes con muerte trágica y todo). Los Sex Pistols estuvieron muy cerca, pero fueron demasiado fugaces, y Brian Eno tiene todo, pero no ha dado el salto a la universalidad, y ni Bruce Springsteen, ni Patti Smith, ni Mick Jones, ni menos aún los Bee Gees o Travolta o Michael Jackson han concentrado la energía vital, el maná sagrado, el verdadero ritmo del universo, *which means* la humanidad entera.

Hubo un nivel de calidad de primerísimo orden, una sedimentación definitiva, lo que se puede considerar madurez. Un ejemplo perfecto es Genesis, que agrupó músicos brillantes y dotadísimos, y que ha producido discos y discos de calidad excelente: una música más bien fría, incolora, a veces subliminal, que se teje en el umbral, en la tierra de nadie del sueño y la vigilia: música proustiana, de duermevela, naturalmente de piezas larguísimas y álbumes que no caben en un cassette de noventa minutos. Tangerine Dream a veces también es así, pero los maestros alemanes se quedan más en la hipnosis vía la reiteración. Como Genesis, corren el riesgo de que alguien se duerma, pero si esto no ocurre, y en realidad no debería ocurrir, Tangerine Dream conduce a territorios de paisajes extraños, bellos, penumbrales, a través de una ejecución elaboradísima y de composiciones reiterativas. Grupos como éstos (o la música de Randy Newman, en otras áreas) sólo pueden producirse cuando una forma musical se ha desarrollado lo suficiente, cuando una forma artística ha entrado, de lleno, en los procesos de asentamiento, que a pesar de que traen consigo cierta ceremoniosidad y pérdida de soltura, redondean y enriquecen las obras.

Tangerine Dream, por otra parte, es indicio de lo bien que empezó a ponerse el rock en otros países, especialmente en aquellos en que no se habla inglés (todavía hace poco, aquí en México, un cretino rocanrolero de la antiquérrima guardia declaraba que todo rock bueno debe ser en inglés, porque es el idioma que le es propio, que le da carácter, ¡qué poca madre!). Primero, a principios de los setenta, se dieron a conocer grupos alemanes como Amon Düül, Kraftwerk y Tangerine Dream, entre varios otros. Los roqueros alemanes tendían más hacia un rock de corte futurista y electrónico. Por supuesto, ninguno supera a Tangerine.

El rock se dio también en Holanda, en Francia (en realidad desde la década anterior los jóvenes franceses habían estado aliados al rock, aunque fuera el de Johnny Hallyday y de Silvie Vartan), y en Italia

(donde también se habían dado rocanroleces antes: Adriano Celenta-
no, vaciadísimo), se cultivó especialmente, como aquí en México, el
rock progresivo. Su máximo exponente me parece la Camerata For-
tunata Fornieri, que realmente dio una música excelente y de alto nivel técnico. En España también se dio rock, desde comercialón hasta
muy complejo, como el de algunos grupos barceloneses, que se echaban buenas rolas de rock en catalán. En Chile y en Argentina también
prendió el rock desde los años sesenta y allí también ha habido una
buena cantidad de grupos.

Más que hacer una lista de grupos extranjeros, aquí y ahora sólo
me interesa enfatizar que el rock extendió su área de influencia hacia
diversos países, lo cual es un indicio de progreso y dinamismo. La aparición de innumerables grupos en la década de los años setenta también lo reflejó: en 1973-1974 debía haber sido claro que el rock, con
más de veinte años de existencia, jamás fue una moda pasajera, aunque, como fenómeno perdurable, mostrara la tiranía transitoria de fases o minimodas. Esto es normal si se toma en cuenta que por el rock
habían pasado ya tres generaciones de adictos y que, por tanto, los criterios de lo estrictamente juvenil tenían que reconsiderarse.

La muerte del rock

La existencia de neuróticos del rock, por supuesto, abría nuevas cuestiones. Muchas personas mayores de cuarenta o treinta años de edad seguían escuchando rock. Por otra parte, resultó visible que a muchos niños les gustaban también los rocanroles (lo cual generó, ya en los ochenta, la perversión del seudorrock infantil en México y Latinoamérica), y que, como siempre, los muy jóvenes seguían considerando al rock como importantísimo vehículo expresivo y como seña de identidad: rock chafa entre chavos convencionales, rock de alta calidad entre los mejores.

Todo esto creó un fenómeno curioso: una clara coexistencia generacional; a mucha gente de mi edad le era relativamente fácil la comunicación con los chavos por las afinidades roqueras. Pero, también, había notorias brechas generacionales; Rogelio Carvajal, por ejemplo, que como chavo de la generación de la primera mitad de los años cincuenta tuvo como héroes a Roxy Music, Yes y King Crimson, a fines de la década se sentía rebasado y en relativo conflicto con los chavos punk y new wave.

Muchos exchavos que habían sido fervientes rocanroleros, con el tiempo se desinteresaron por completo, perdieron la brújula de lo

215

que estaba pasando y reaccionaron como verdaderos patanes condenando lo que no entendían. Con frecuencia se oía decir: esto ya no sirve, la onda del rock se acabó. Por supuesto, se había acabado para ellos, pero para los chavitos la onda del rock estaba tan buena como siempre. Otros rucos de plano abominaron del rock y se fueron al jazz y a la música clásica, donde no hay tantos riesgos. O a las folcloreadas latinoamericanas, Nueva Trova, etcétera. Otros siguieron oyendo rock, pero exclusivamente del viejo: cultivaron la nostalgia (el llamado "rucanrol") e ignoraron en gran medida las nuevas producciones.

El fin de la onda sicodélica, la deserción de unos y la incomprensión de otros motivó que gente muy belicosa se solazara expidiendo certificados de defunción del rock. En verdad creyeron (puro *wishful thinking*) que todo se había acabado y procedieron no sólo a preparar las exequias sino también las oraciones fúnebres: supuestas visiones globales —más reductivas y unilaterales incluso que ésta— sobre un fenómeno que "había concluido".

En realidad se trataba de un profundo suspiro de alivio de todo tipo de gente; no habían comprendido nunca al rock, lo toleraron e incluso alguna vez lo celebraron (con una presencia pública tan avasalladora, era imposible no hacerlo), pero siempre habían estado anclados en formas de ruquez mental y de autoconsentimiento, y en lo profundo habían rechazado al rock y su contexto; el fin de todo eso era una vuelta a la normalidad, en la que ellos encajaban muy bien después de tantos y esforzados años de alpinismo intelectual. Se procedió entonces a dejar bien claro que el rock (y su fenómeno paralelo en México: lo que se obstinaban en llamar Literatura de la Onda) era algo que ya había quedado atrás. Cualquier reincidencia entonces implicaría un flagrante anacronismo e ingenuidad intolerable. Se le descalificaba sin darse cuenta de que el rock sólo cambiaba de piel, tocaba un nadir de donde remontaría a otros planos de desarrollo. Pero como este fenómeno no era aparente en aquel momento y de plano se pensó que de allí ya no saldría nada que no fueran objetos de consumo, se le condenó.

Muchos de mis amigos se desrocanrolizaron de distintos modos. El caso más notable, y risible, fue el de Juan Tovar, cuyo paso de escorpión a libra resultó funesto. De pronto declamaba que el rock era pura mierda y vendió una muy preciada colección de discos. Declaró no tolerar nada la estridencia y que oír *Exile on Main St.* había lastimado sus delicadas orejotas, que sólo eran mansas para entonces a los salmos del padre: Elizondo. Su sueño máximo era saludar a Octavio Paz de beso en la boca. En realidad, al buen Tovardo le ocurrió lo que a muchos: se afresaron, se integraron a la carrera de las ratas y por tanto "se desprendieron de su pasado"; Tovar quiso ingresar en la sacrosanta mafia de Paz. Ya no era Paz y Amor, sino Amor a Paz. Se dio cuenta de que con rasgos contraculturales y gusto por el rock jamás la iba a hacer. Ergo, se lo quitó de encima, se cortó el pelo, se rasuró el vello púbico y se presentó a hacer cola en las oficinas de *Vuelta*. Como era de esperarse, Paz y pandilla jamás le hicieron caso (ya tenían a muchos dispuestos a bolearles los *shoes*) y sólo le publicaron una que otra nota. El buen maese se vio obligado a retirarse a hacer méritos intelectuales: citar a Elizondo y a Paz, insultar a García Márquez y a Revueltas, traducir poetas simbolistas, incorporarse a la retórica en boga, rechazar toda habla coloquial, ser hipercrítico e intolerante con los que no pensaban como él e indignarse al ver a Mick Jagger, porque ¡parecía puto! Este fenómeno, ya en los ochenta, se repitió varias veces después con chavos que para ascender a la aristocracia intelectual tuvieron que hablar de rock en otros términos.

Otros de mis cuates, ¡increíble!, acabaron igual que los ruquitos de los cincuenta, y cada vez que sus hijos oían a Queen o a AC/DC ellos gritaban: "¡bájale el volumen!". Por mi parte, yo seguí oyendo el viejo rock, pero sin el menor asomo de nostalgia; para mí, oír el primer It's a Beautiful Day o a Spirit era como entrarle a cualquier obra artística valedera (Schubert o Lucha Reyes, Bruckner o Benny Moré). Lo que sí me pasó fue que a partir de 1974 renuncié a la onda de estar-al-día, y ya no me importó seguir muy de cerca la pista de los grupos nuevos-nuevos. Pero nunca me cerré a la nueva sensibilidad rocanrolera, traté de oír lo más que pude, pero sin rendir una adoración acrítica a todo lo que salía solamente por el prurito de que era nuevo; tampoco quise mandar al carajo a los viejos roqueros nada más porque eran viejos. En toda la década de los años sesenta seguí escribiendo de rock: en *Jeans*, en *El Heraldo, El Nacional, Sonido, Unomásuno, Excélsior, Melodía, Rock Mi*, en cualquier lugar donde me invitaban, por lo cual también metí colaboraciones roqueras en la revista de Bellas Artes, en la de la Universidad y en otras del mismo corte, no tan afines al rock. En realidad, nunca, desde que empecé, he dejado de escribir de rock, y por el momento sigo haciéndolo de lo más contento.

Me dio un gusto gigantesco presenciar cómo, a fines de los setenta, surgía una nueva generación de críticos: Juan Villoro, Rafael Vargas, Carlos Chimal, y en general todos los chavos que hicieron *Melodía: Diez años después*. Ellos sí estaban al día, hacían a su manera lo que Tovar, Parménides, Benítez, Sarquiz, González Reimann y yo habíamos hecho antes, y lo hacían muy bien. Me pareció ridículo tratar de invadir territorios muy bien cubiertos, y procuré concentrarme en lo que producían los veteranos, que eran bastantes como para darme frecuentes temas críticos. Sentía que conservaba vivo el reflejo, el instinto, la necesidad de ver qué ocurría, aunque sólo fuese para mi información personal y para conformar mis criterios. Me era importante, además, seguir el desarrollo del rock por mi propia salud mental, para no acabar diciendo: "en la madre, qué se traen estos nenes de ahora", aunque, por supuesto, me reservaba mis privilegios críticos para cuando me hicieran falta.

Entre los nuevos rucos también están los casos trágicos: Parménides García Saldaña y su compañero de viaje Jesús Luis Benítez. El

primero en pirar gacha y varilmente después de reventones colosa-
les fue el buen Búcquer (de plano era más Búcquer que Booker o
Búker y de ninguna manera Bunker), quien alcanzó a publicar su
libro *A control remoto y otros rollos*, y después *Las motivaciones del personal*, pero se murió antes de que pudiera desarrollarse más; eso sí, ha
ascendido a nivel de mito para muchos chavos de las bándas actuales.
Parménides, en cambio, publicó, además de su chingona producción
literaria, el ensayo *En la ruta de la onda* (aunque hace falta compilar
y seleccionar —muy rigurosamente— su trabajo crítico desperdiga-
do en chingos de revistas), y con ello dejó una buena base para el estudio de la onda y del rock en México, que aún sigue prácticamente
poco atendido y que tarde o temprano tendrá que ser llevado a cabo
por nuevos eruditos del rock. Como se sabe, después de truenes sí-
quicos espectaculares, que lo llevaron a diversos lococomios públicos
y privados, el buen Par dos veces trató de asesinar a su amatista o Suprema Jefatura, por lo cual fue enviado a Lecumberri. Allí coincidió
con el peso completo Guillermo Rousset, quien fue su sicopompo
en la prisión. Del tanque grande, Parménides salió ya con la brújula
perdida. Logró escribir un libro magistral, cuando aún no se lo traga-
ba lo inconsciente, y podía sublimar en literatura lo más denso de sus
experiencias y visiones: *El callejón del blues* está compuesto por cuatro relatos excepcionales, especialmente el que da título al libro y que
es una visión más bien oblicua de la vida de Rito de la Farra, su ex-
compa de cuadra y rocanrolero que la hizo en el Gabacho con Canned Heat, y "De barbas", gruesísimo cuento autobiográfico sobre la
policía en su cara más bárbara y animal. El Par, por desgracia, retiró el
libro de Joaquín Mortiz —ya había firmado contrato y le había dado
un adelanto— y cuando andaba bien miserable se lo vendió por die-
cisiete mil bolas al *young exec* Víctor Juárez, quien, por razones inexplicables, se niega a publicarlo o a vender los derechos a alguna editorial. Hasta una buena lux ya le habría sacado al libro, aparte de que

constituiría una verdadera restitución a la cultura y a la grandeza de la Patria la publicación de ese libro inédito.[1] El que Par lo haya vendido en semejantes condiciones indica cuán madreado estaba. Estuvo escribiendo notas de rock en el suplemento cultural de *Excélsior*: casi todas eran ya muy incoherentes, aunque mostraban que el rock seguía siendo un motivo esencial para él hasta el último momento. Su muerte, en 1982, alzó su figura y lo convirtió, como buen *outsider* que siempre fue, en héroe de la clase trabajadora y del personal rodante, para utilizar su parroteo.

---

[1] El libro al que alude José Agustín se publicó finalmente en 1993 y fue reeditado en 2015. N. del E.

Los nuevos rucos

Los rocanroleros que apenas unos años antes habían constituido el vigor y la imaginación del rock, a mediados de los setenta se dieron cuenta de que eran ya nuevos rucos y, los que aún seguían en acción, reaccionaron como pudieron. Lennon prefirió el viejo arcano del ermitaño y se recluyó con su ñora y su hijito en el edificio Dakota. Dylan, como ya vimos, dio muchas vueltas, como perro en torno de su cola, y exasperó al personal, que ya no estaba para oír voces de conversión.

Por su parte, los Stones siguieron adelante, sin perder la popularidad, guiados por su propio instinto. Ron Wood, un requinto realmente bueno, con el tiempo logró integrarse espléndidamente al espíritu del quinteto, que de esa manera salió del hoyo en que lo había metido la muerte de Brian Jones y que no pudo cubrir Mick Taylor. En los setenta, los Stones formaron su propia compañía —con el célebre logo de la trompetilla—, que se inició con un disco excelente: *Sticky Fingers*, que era un aviso de las peculiaridades de los nuevos tiempos, especialmente en la rola larga "Can't You Hear Me Knocking", que tenía fuertes aires santanescos. En realidad, los Stones (y los Beatles también) siempre fueron grupos con alta capacidad mimética y que, sin darse cuenta, eran fuertemente influenciados por el contexto. De esa manera, los Stones en los setenta nos dieron piezas que recogían otros estilos: desde Peter Frampton, Barry White, los Bee Gees (o más bien, la corriente negra de los solistas que se apoyaban en el falsete), Bob Marley, The Clash. A fin de cuentas, estas rolas siempre eran bien stonianas y habría que verlas como parodias profundas y como muestras de las capacidades camaleónicas del grupo. Pero también eran un indicio de los titubeos de los Stones ante los productos de la nueva época, de la necesidad de volver a la búsqueda de un rock que los conservara vigentes sin tener que copiar acríticamente las nuevas ondas y sin quedarse cultivando los viejos logros.

En gran medida, los discos de los setenta de los Stones: *Exile on Main St.*, *Goats Head Soup*, *It's Only Rock'n'Roll*, *Metamorphosis*, *Black and Blue*, *Some Girls* y *Love You Live* representan un gran esfuerzo por no perder la identidad y por no estancarse. Los Stones cedieron a las presiones en muchos aspectos (la ondita de las pintarrajeadas y del travestismo, los *gimmicks* espectaculares en los conciertos, etcétera), pero en lo esencial siguieron adelante, avanzando un poco como en la línea cuatro del hexagrama "Progreso" del I Ching: no muy limpiamente que digamos. Los nuevos chavos poco a poco tendieron a descalificar al grupo, quizá por una necesidad de fratricidio que inyectaría mayor solidez a su propia onda. Lo deplorable fue que la máxima ola de incomprensión tuvo lugar cuando salió *Some Girls*, en 1978, que es el mejor disco de la década del grupo y uno de los mejores de la historia del rock. Muchos de los ataques a los Stones eran extramusicales: al personal le cagaban los dinerales de estos rockers ("¿no soy lo suficientemente cabrón, lo suficientemente rico?") y el que Jagger se casara con la nena Bianca y viviera una etapilla de *jet set* internacional (que fue, a fin de cuentas, muy breve, pues en *Some Girls* Jagger manifestó vehemente su repugnancia hacia ese mundo) y que anduviera seguido de guaruras. Pero nada de esto, a la larga, importa gran cosa. Lo fundamental, por supuesto, es la obra artística que el grupo nos ha dejado.

Cada disco de los Stones, si se les ve en continuidad, viene directamente del anterior y a la vez poco tiene que ver con él. El quinteto siempre ha mostrado una necesidad intrínseca de aventurarse en nuevas ondas, muy picassianamente. Quedan, sin embargo, rasgos permanentes: intensidad, pesadez, apego irrestricto al rhythm and blues, gusto por los aires tropicales (que viene desde los discos de la primera etapa), altas capacidades para baladas finísimas (como "Memory Motel", "If You Really Want to Be My Friend", "Angie" o "Winter") y, siempre, una auténtica rocanrolez, de allí que en el momento de mayor confusión hayan optado por decir "es puro rocanrol, pero me gusta". Por otra parte, el quinteto no ha dejado de tocar en público, y la vitalidad, la verdadera luminosidad de sus conciertos, contribuyó a que el grupo jamás perdiera vigencia. Los Stones nunca han dejado de ser un verdadero mito, y por eso todos los nuevos chavos acuden (si pueden) a oírlos. Inexorablemente quedan impactados hasta lo último, porque el fenómeno Stone en escena no tiene paralelo con casi nada, salvo con las explosivas primeras presentaciones de Elvis Presley.

En los ochenta, los Stones han recuperado casi toda su fuerza pública, especialmente con el disco *Tattoo You*, otra de las obras importantísimas de este grupo, que se inclinó al r&b y a las baladas de cachondez tropicalona. Han continuado apoyándose en una imagen demonista, porque, creo yo, es la más presentable al público de estas épocas pobladas de espectros y monstruos a la Walt Disney, y la que más puede considerarse como onda propia, ya que desde "Simpatía por el diablo" los Stones han querido hacer ver, sin enfatizarlo gran cosa, que están en los patines demonistas: el título "Sus satánicas majestades", la rola "Bailando con el señor D.", la choya de cabra en *Goats*, la pata de ídem con taconciano en *Tattoo You* y la portada de *Undercover*, por ejemplo. Me inclino a creer que más bien se trata de cierta forma escenográfica y de una especie de autorrecordatorio para no caer en ondas demasiado complacientes.

En *Undercover*, su disco de 1983, los Stones han vuelto al tema político, esta vez con el tema de Centroamérica (algo, finalmente, les dejó Bianca), no sólo por la influencia de The Clash sino porque esta temática también le es inherente al grupo. Fuera de dos tres piezas desechables por discotecosas, como siempre hay piezorrones de antología, como "Tie You Up (The Pain of Love)" o "She Was Hot". Lo menos que se puede decir es que, en ya más de veinte años, los Rolling Stones se conservan vigentes, imaginativos, creativos y llenos de vigor a pesar de las indefiniciones, los titubeos y las concesiones. Yo sigo siendo fan stoniano como desde el principio; consigo en el acto cada disco que sale del grupo y lo escucho lleno de curiosidad. Por lo general, la primera reacción siempre me deja un tanto desconcertado, y sólo después de varias oídas empiezo a agarrar lo que creo es la onda más profunda. En todo caso, los Stones no son tan fáciles, como parecería por su éxito continuado y por su condición mítica.

Otros príncipes charros

Eric Clapton, por su parte, no pudo consolidar las buenas ondas de su Derek and The Dominos y prefirió dejarse llevar por una comercialidad moderada, hasta cierto punto discreta, pero ya en los ochenta resurgió con una obra madura: *Another Ticket*, en compañía de veteranos como Gary Brooker (¿o Gary Brúcquer?). El Airplane dejó de serlo y se volvió Starship en los setenta, sólo que la buena onda cósmica, revolucionaria y militante de los principios (*Blows Against the Empire*, *Sunfighter*, hasta *The Chrome Nun*, el Starship en verdad navega de pocamadre por las regiones astrales) resultó fuego fatuo: sobre todo cuando Marty Balin buscó (y obtuvo) las ventas gruesas con rolas románticas y rocks muy refinados (el álbum *Earth*); eso sí, con una calidad profesional excepcional. El Dead se empantanó gacho en los *seven tease*, y Jerry Garcia, con tantísimo talento, se dedicó a reciclar sus propios materiales, que ni siquiera eran increíbles; pero a fin de la década pudo salir del estancamiento, entre titubeos, con el disco *Go to Heaven*. Lo mejor lo dio Jerry Garcia solo, a principios de la década, con los discos *Garcia* y *Hooteroll?*, en pareja sensacional con Howard Wales en el órgano, una obra en verdad de antología y muy poco conocida.

Steve Winwood, después del fracaso espiritual (gacho) que significó Blind Faith y de la pérdida gradual de libido por parte de Traffic, prefirió las atmósferas serenas y tropicales, pero la verdad es que desde Traffic no ha podido dar algo magistral, como debería. Zappa, como sabemos, desde un principio había mandado a todos y a todo al carajo y pudo continuar su proceso de radicalización sin que nada ni nadie lo estorbara, salvo, *of course*, sus propios cuelgues. Su producción es abundantísima, y en gran medida el titipuchal de discos que ha sacado se parece a sus conciertos: hay momentos de genialidad verdaderamente sublime, sagrada, momentos de humor inteligentísimo y mordaz, provocaciones a pasto, experimentación sin riendas, inspiración genuina, pero también cuelgues insoportables, el típico petardeo del pinche rocanrolero extasiado en su patín que no sabe en qué momento detenerse y que se consiente hasta la guácara. Por supuesto que nos falta mucho por oír de este gran maestro, padre del rock progresivo.

Led Zeppelin, a su vez, se convirtió en el patriarca del *so called* heavy metal y reinó sin eclipses a lo largo de toda la década, hasta su pire después del rarón disco *In Through the Out Door*. Realmente a lo largo de toda su popularísima carrera (algo así como el Creedence del rock pesado) el cuarteto supo progresar, no estancarse, y tocar cada vez mejor: Robert Plant cantando como quería y Jimmy Page con su lira blusera y efectiva. Lo que más me gustó a mí fue el tercer disco, que tiene un sabor más folk, de territorios vírgenes. También me pasa mucho "Stairway to Heaven". Y el primero. En fin, también es cierto que a lo largo de su carrera Led Zeppelin tuvo varios cuelgues y desniveles, lo que a fin de cuentas hace difícil poner a Led Zeppelin junto a los Who, por ejemplo.

Los Who, hasta la muerte de Keith Moon, representaban una *gestalt* portentosa, donde cada miembro era brillante, creativo y virtuoso. Townshend es uno de los más grandes compositores del rock, y un requinto de primera; John Entwistle es uno de los mejores bajos que han existido; Roger Daltrey sólo puede compararse a Jagger, Van Morrison, Joe Cocker, Mick Jones y otros tantos cantantes excepciones. Y Keith Moon, hasta su muerte, fue el baterista con más recursos, imaginación y genio puro. Cada uno de los cuatro es una verga parada en su especialidad y juntos componen una identidad propia, densa, riquísima. De ninguno de los grandes grupos se puede decir lo mismo, o al menos al mismo grado.

Desde un principio los Who fueron un cuarteto durísimo, iconoclasta y devastador, como atestiguaba su afamado numerito de la destrucción; esta ondita de desmadrar equipo se la vimos a los Yardbirds allá en los *sixties* e inspiró a Jimi Hendrix para la quema ritual de su preciada lira (no lo inspiró, en cambio, para prescindir del viejo truco de tocar con los dientes) en el viejo festival de Monterrey. En el primer álbum *My Generation* aportaron himnos definitivos; en el segundo, entre pequeñas obras maestras, ya se hallaba "A Quick One, While He's Away", el primer intento de ópera rock de Townshend: la pieza se hallaba compuesta de minitemas melódicos enlazados por una línea argumental; fue la obertura de algo mayor: *Tommy*. En *The Who Sell Out*, *Live at Leeds* y *Magic Bus*, los Who consolidaron su vigor, su concepción del mundo y refinaron todas sus herramientas artísticas. Esto les permitió producir *Tommy*, una de las obras capitales del rock de todos los tiempos. Con altas increíbles y dos tres bajas, los Who continuaron produciendo rock del bueno en discos como *Who's Next*, obra en verdad definitiva, *The Who By Numbers* o *Quadrophenia*, otra excelente ópera rock aunque mucho menos celebrada que *Tommy*. En 1974 se dieron cuenta de que toda la habladera de que el rock había muerto era una soberana estupidez y promulgaron su lucidísimo lema: "El rock ha muerto, ¡viva el rock!".

A mediados de los setenta, los Who (que en realidad nunca fueron desmitificados tajantemente) encontraron que los nuevos personales les rendían cálidos homenajes. Los Who, claro, habían sido gruesos desde siempre y fueron justamente revalorados. Por otra parte, el talento de los Who ha sido tan vasto que no cabe en un solo grupo, y así tuvimos muchos discos individuales de Entwistle, Townshend y Daltrey. Los menos buenos vinieron a ser los de Entwistle, pero los de Daltrey (*Daltrey, Ride a Rock Horse, One of the Boys* y especialmente en el chingonsísimo soundtrack de *McVicar*) y los de Townshend (*Who Came First, All the Best Cowboys Have Chinese Eyes, Scoop* y varios más) fueron los efectivos, capaces de aportar verdadero genio al grupo y a sus obras por separado. Ya en los ochenta, los Who han seguido con un nivel cualitativo de primer orden, aunque, como siempre, con algunas rolas más duras o imperfectas: los Who o graban un álbum perfecto o, si no, ofrecen materiales excelentes junto a piezas que no llegan a cuajar del todo. Su más reciente obra, y quizá la última, *It's Hard*, no sólo rebasa (con mucho) a la anterior (*Face Dances*), es un disco que no tiene desperdicio y que muestra al cuarteto más radiante, vigoroso, profundo y vital que nunca. Si éste ha de ser la culminación de la obra musical de los Who, tendremos que el cuarteto terminó con una puesta de sol de colores exaltados y bellísimos.

A Pink Floyd tampoco le fue mal en los setenta, debido a la discreción, a la consistencia y a la altísima calidad de Waters y *company*. En los sesenta el Floyd fue un verdadero acontecimiento y sentó las bases de una influencia profundísima que no tiene para cuándo acabar, porque la naturaleza de Pink Floyd es la más avanzada de todas, la que, con cada año que pasa, se afianza y se arraiga por su visión profética *de profundis*. Si con Syd Barrett el grupo ya era un experimento interesantísimo, con la llegada de Roger Waters se redondeó por completo y empezó con el bellísimo álbum *A Saucerful of Secrets*. *Ummagumma* representó la posibilidad de desatar la experimentación (es genial la parte de David Gilmour, "The Narrow Way").

Atom Heart Mother y *Meddle* son discos gemelos, ambos presentan suites largas y narrativas: con toda orquesta en *Atom* y con mayor rigor en "Echoes", la pieza extensa de *Meddle*. En las caras restantes Pink Floyd incluyó rolas cortas, algunas excelentes como "One of These Days" o "Summer '68". En 1973 el cuarteto llegó a una de sus cimas con *The Dark Side of the Moon*, obra clave, seminal, que, ya sabemos, reflejaba la paulatina pendulización del rock hacia su "lado oscuro"; compuesta por piezas breves, desde *Sgt. Pepper's* no disponíamos de una obra mayor tan herméticamente estructurada, que logra la unidad a través de la diversidad aparente. Pink Floyd también nos dio dos excelentes soundtracks: el de *More* y de *La Vallée* (*Obscured by Clouds*), mucho mejor el segundo por donde quiera que se le vea. El Pink Floyd logró fundir las raíces bluseras (los requintos de Gilmour vienen derechito del blues), esto es: populares, con los aires tecnológicos y la ciencia ficción; el mejor rock espacial-sicodélico nos lo ha dado el Floyd, entre tantos roqueros que se han clavado en esa vertiente. A fines de la década tuvimos *The Wall*, después de varios años de silencio, y en ese disco sombrío, recapitulador de las experiencias de varias generaciones, el grupo nos dio las bases densísimas de su visión actual del rock, que florecieron también en *The Final Cut*: muy próximo al jazz y donde el rock se ha vuelto más introspectivo, melancólico, en una expresión de profundísimo desencanto que constela lo que todos sienten. Por su honestidad, su perfección artística, su vanguardismo de la mejor estirpe, Pink Floyd fue otro de los pocos viejos grupos que jamás conocieron los honores de la desmitificación; por lo contrario, los procesos de mitificación continúan.

Aunque el título del nuevo disco suena también a ganas de despedirse, es muy probable que en uno o dos años más Pink Floyd regrese con otra obra: las condiciones subjetivas para los nuevos rucos del rock en verdad son difíciles, pero si las logran encarar obtienen una fuerza interna cada vez más cohesionada y poderosa.

Otro gran grupo justamente revalorado en los setenta fueron los Kinks, verdaderos vetarros de la primerísima parte de los sesenta y miembros prominentes de la tristemente llamada ola inglesa de la mitad de década. Después de varios grandes éxitos, los Kinks fueron bastante eclipsados durante la época sicodélica. Perseverantes como artistas auténticos que son, los hermanos Davis siguieron produciendo excelentes discos, hasta que maduraron en los setenta. Es muy probable que la pachequez de los Kinks sea más exterior y acelerada (chupe, coca, anfetas) que interior y sicodélica (mostaza, hongos, peyote, ololiuqui, LSD, STP, MDA); en todo caso se trata de un rock duro, de ritmo seco y fuerte, inteligente y muchas veces feroz, aunque, con mucha más frecuencia que los Who, impriman proyectos de rola: el material en bruto y sin ningún grado de refinación. Sus obras extensas *Arthur* y los *Preservation Act* (*1* y *2*) son buenos ejemplos. Naturalmente, siempre prepondera el rock de gran nivel. *Low Budget* abre la etapa más reciente (y la que más me gusta) de los Kinks; ahí sí, en verdad, parten de "bajo presupuesto": el grupo casi pelón produciendo unos rocanrolones, como "Superman" y "National Health". Hasta el momento (*State of Confusion*) los Kinks continúan sin perder ni el vuelo ni la buena onda; no se arredran ante nada y enfrentan el rock y al público con verdadera fiereza. En los ochenta, los Kinks están más vivos que nunca.

By the notorious way, varios de los grupos mencionados dejan ver una inevitable tendencia a la compensación que tuvo lugar en los setenta. Ry Cooder y Randy Newman, por ejemplo, generaron pequeños pero devotos cultos. A mí los dos me pasan el resto: Cooder por su sabor populacherote (hasta "Volver, volver, volver" se echa), por su tono grave y de cómplice, porque, después de Elvis y Jerry Lee, muy pocos habían logrado fundir (Creedence sí, por supuesto) el rock y la música del campo-campo (a diferencia del campo-entelequia, campo-*wishfulthinking*, aunque igualmente real y válido, de los Byrds, Buffalo Springfield o los Flying Burrito Brothers). Randy Newman me parece el cantante-compositor más chingón que ha habido después de Dylan y Leonard Cohen. Su inteligencia es asombrosa. También su poder de observación. A veces pienso que Newman, más que nadie, en verdad manifiesta toda la complejidad, la belleza y la nefastez del alma gabacha; es, en verdad, uno de los mejores estadounidenses que hay, y sus canciones abarcan una gama increíble de gringueces, un poco como la película *Nashville*, del jefe Robert Altman. De todos sus discos ninguno sobra, todos son muy afortunados, pero en *Good Old Boys* está el Newman más profundo de todos: ferozmente crítico y autocrítico, de melodiosidades finísimas y arreglos del mejor rock suavecito. ¡Qué ondón!

Que chingue a su madre el mundo

Cuando, a partir de 1975, surgió el rock punk, me pareció corroborar que el rock se desenvolvía a través de ciclos: en ese momento nos hallábamos de nuevo en la vertiente de los cincuenta: ánimo rebelde y rolitas breves, despejadas de refinamientos, de experimentación, pero con una carga de explosividad y virulencia que convertían a Little Richard en un tímido seminarista. Eso se debió a una característica esencial de los setenta: el asentamiento en las zonas oscuras que se inició en Altamont y que tan bien manifestaron Roxy Music, King Crimson, Genesis, Yes, Deep Purple, pero también Lou Reed, David Bowie, Alice Cooper. El rock punk era un espejo gruesísimo de los nuevos tiempos: los chavos se hallaban desprovistos de mitos mayores (como fueron la rebelión estudiantil y el misticismo sicodélico) así es que cultivaban, retinaban y sublimaban sus azotes lo mejor que podían. El ciclo, entonces, como bien me han dicho que decía Hegel, no era circular (a la larga, un círculo viscoso), sino en espiral: se volvía al punto de partida, pero más arriba (o más abajo, vaya uno a saber), asimilando todas las aportaciones de lo inmediato anterior.

En un principio, los Sex Pistols no me atraían tanto musicalmente: me interesaba más su onda devastadora (que, por otra parte, nunca presencié: sólo la conocí de oídas). Me parecía normal (y también de la chingada) que en una época tan plana y represiva las oligarquías hubieran aprendido bien las lecciones de los sesenta, y pusieran en práctica diversas formas novedosas de opresión y enajenación. Muchos chavos, por tanto, estaban asqueados. Además, después del cénit de participación juvenil tuvo que venir una decadencia, un nadir, y éste se estaba dando entre 1975 y 1977. Los chavos parecían tener pocas opciones: o volver a emitir un grito visceral de repudio (como en los cincuenta, pero más cabronamente porque las condiciones se habían agudizado), asimilando el lado funky, no–desodorante, de los jipis politizados e incorporando un estado de ánimo violento, exasperado, desesperado; o si no, acatar dócilmente, sin ningún reparo, las nuevas ondas represivas del sistema: en este caso la música disco, que por supuesto empezó a tener un éxito endiablado justamente cuando emergía el rock punk. Los Sex Pistols eran unos verdaderos cabrones, y no se trataba de una pose, de una máscara como la de Kiss, o de una imagen más bien abstracta como el demonismo de los Stones. En verdad pusieron en práctica mucho de lo que proponían y por eso Johnny Rotten y Sid Vicious se encaramaron en pedestales cuasiarquetípicos por el lado de la sombra. En cierta manera, estos jefes punks (y todos los grupos y chingos de chavos que empezaban a pulular con el collar de perro y las suásticas) rechazaban todo.

A mí me pareció normal que le mentaran la madre a todo el mundo, que se atacaran y se reventaran como locos que estaban, aunque me pareció que en ellos se trataba de una onda más autoinmolatoria que revolucionaria. A fines de los setenta yo viví en Estados Unidos y constaté la onda devastadora de los punks, vi cómo daban salida a su agresividad escatológica-sexual-reventada de la misma forma como sentí que Jim Morrison me guiñaba el ojo cuando se sacó la gáver en

Florida. No me sorprendía gran cosa (como en el fondo realmente casi nadie se sorprendió): de una manera u otra todo eso ya se había hecho, sólo que no con una voluntad tan ciega y cataclísmica. Eran los furores que profetizaba Stanley Kubrick en *Clockwork Orange*.

Que los chavos (los ingleses a la vanguardia) se rebelaran contra la opresión espiritual existente tratando de tocar el fondo de su misma mierda no me parece nada mal, lo único que sí me pareció lamentable, aunque entendible, fue que todo esto se aproximara peligrosamente a actitudes fascistas; que una explosión interior se tradujese en deshumanización extrema y nueva barbarie. Como se sabe, casi toda inmersión en los territorios de la sombra trae consigo la posibilidad de que ocurra una desviación hacia la destructividad fría, deliberada, consciente; por eso muchos le reprochan a Nietzsche la proximidad con el fascismo. Son los riesgos de este patín, y los punks no los eludieron, como dejó ver la aparición de suásticas, la tendencia al abandono, y también la animadversión a los jipis, sus hermanos mayores, porque éstos habían estado atareados (al menos, especulativamente) en la onda de la revolución, en la utopía de la fraternidad de los hombres. Claro que la revolución fracasó, pero lo importante había sido la constelación de ese mito. Los punks no lo habían vivido y les fastidiaba todo lo que implicaba.

El rock punk fue, a la larga, increíblemente fugaz: tal intensidad no podía durar mucho, el riesgo de la autoconsunción es siempre latente, como ocurrió con los Pistols. Es un fuego de llanura, un poco como la búsqueda deliberada del suicidio y del desmadramiento total en algunos personajes dostoievskianos; sin embargo, su huella fue profunda y significativa, vino a ser una especie de sacrificio. Los Sex Pistols fueron la versión fonqui de los Niños Héroes: se tiraron al abismo envueltos en su propia mierda, pero dinamizaron al rock notablemente, rompieron con todas las líneas progresivas que estaban teniendo vigencia, sacudieron toda la estructura del rock y permitieron que el personal contemplara un bello espectáculo, algo así como un Paricutín rocanrolero. Con los punks, los chavos de los setenta tuvieron algo cercano a un mito propio, sólo que éste era tan grueso, tan radical, que la adhesión no podía ser amplia. Por eso hubo una transición llamada new wave que, como era de esperarse, tuvo un éxito tremendo de ventas.

Con el paso del tiempo llegué a apreciar más a los Sex Pistols musicalmente; de pronto me estaba gustando su patín veloz y pesado, agresivo y lépero, y el cúmulo de maldiciones que era lo único adecuado para ese flujo casi interminable de rocanrol denso, visceral; sin embargo, la inconsistencia del grupo se advierte en la unilateralidad de los recursos musicales, que trajo consigo una evidente monotonía: un mazacote de sonidos ásperos, casi sin líneas melódicas ni solos: un flujo pedregoso.

Venga la lana

La música disco, por supuesto, es el polo opuesto del rock punk; sin embargo, como buenos extremos que se tocan, coinciden en las cercanías con la extrema reacción. No tiene caso establecer las diferencias tajantes entre estas ondas, pero sí es de rigor observar, de entrada, que en los setenta esta dicotomía señala una agudización notable en el rock: cada vez es más amplio el abismo existente entre comercialidad y expresividad genuina. El conflicto siempre existió, como ya hemos visto, pero de 1977 a la fecha se ha extremado y sólo se concilia en algunos casos: cuando el rock es verdaderamente bueno y a la vez se vende mucho, no porque se hayan perseguido exclusivos fines comerciales sino porque el producto es tan pertinente que cubre verdaderas necesidades sociales, materiales y espirituales. Esta agudización, por tanto, convierte en marginal la obra de muchos artistas que antes hubieran logrado cierto nivel de ventas, pero que ahora quedan circunscritos al público de vanguardia (o *avant-garde*, como gustan de decir los gringacos), lo cual, claro, ofrece otras ventajas. Esta dicotomía es síntoma de la absoluta, irreversible, consolidación del rock (un par de años antes seguían expidiéndose numerosos certificados de defunción). Los Beatles y los sesenta lograron que el rock se universalizara en gran medida, y esto sepultó enormemente cualquier expectativa de que el rock sólo fuera una moda pasajera (como sí lo pareció hasta 1964). En los setenta, la industria (*which means the system*) decidió no dejar que el rock siguiera su propio desarrollo, sino que trató de controlarlo con mano férrea, consciente de que ya había demasiados hilos sueltos que permitían a ciertos músicos inconformes tener éxito notable.

El mejor vehículo de control resultó ser la música disco, con sus tonaditas rumiables, dóciles y superficiales: cada vez más deliberadamente planas y parejas, pero, eso sí, con un ritmo bailable y discretín; con la música disco (a nadie se le ocurrió llamarla rock disco) se pudo propagar la idea de una juventud alegre entre brillos tecnológicos, luces cintilantes, ropa de moda, peinado-vía-secadora y toda esa mierda. John Travolta se convirtió en el emblema de esta nueva manipulación y los Bee Gees (¿dónde quedó aquel desastre minero de Nueva York de 1941?) vinieron a ser sus segunderos. La música disco quedó circunscrita a la clase media y a los chavos ricachos, que podían pagar la entrada y el consumo de las discotecas. Abro un tremendo corchete: lo gacho fue que la chafúsica bizco se nutrió en gran parte de artistas negros, quienes, en su momento, dieron las bases populares e inconformes del rock. Como se ve, ni en esto del rocanrol encontramos razas perfectas: muchos negros finalmente fueron admitidos de lleno en la industria a través del fenómeno Tamla-Motown, que preparó el camino para un rock típicamente negro, pero también comercial, que en su mejor momento fue el soul. Desde los Temptations, empezaron a aparecer alarmantes fondos musicales de violín; cuando nació el soul, especialmente con grandes como Aretha Franklin, Otis Redding, Wilson Pickett y Sam & Dave, el curso pareció corregirse por la evidente fonquez de los souleros y el extraordinario nivel de calidad, por lo general producido en los estudios

Atlantic de Memphis, Tennessee (o Tenesí, para que suspiren aliviados los monos del *Selecciones del Reader's Digest*).[1] Sin embargo, después de un corto apogeo, los negros se fueron perfilando hacia la música disco, donde han dominado sin mayores problemas. Nueva y horrenda forma de dominación.

La música disco llevó a la cúspide las tendencias de uniformar y programar a los chavos como zombis, más que robots, y fue el contexto perfecto para toda la fiebre de consumo y de vaciedad espiritual que tanto gusta a la clase media alta: el oropel, la prefabricación de sueños que después se sostienen a base de puro doble-pensar (que en términos cristianos significa hacerse pendejos), el despojamiento de los rasgos humanos en beneficio del chavo-robot, el *young* tecnócrata.

La comercialidad también es perceptible en otras áreas, en especial en un rock más bien manso, muy profesional, meticulosamente producido, que a veces lleva a cabo verdaderas proezas técnicas que cuestan cientos de miles de dólares. En este territorio con frecuencia se escuchan ondas no sólo interesantes sino verdaderamente buenas, aunque casi siempre envueltas en celofán y con su debido moño; sin embargo, se puede disfrutar, si no se es fanáticamente riguroso, de belleza melódica, arreglos efectivos, producción excelente o, si no, de inocencia y autenticidad en el cantante. En esta corriente, siempre flexible, se encuentra gente como Steve Wonder, Eagles, Fleetwood Mac, Supertramp, Atlanta Rhythm Section, Rick Wakeman, Alan Parsons, rockers efectivos pero a fin de cuentas limitados como Billy Joel y Bob Seger, también el Jefferson Starship en sus últimos discos

---

[1] El autor localiza los estudios Atlantic en Memphis, pero en realidad se ubican en Nueva York. Durante esa época, Atlantic colaboró con la discográfica Stax, otra gigante de la música soul, cuyos estudios sí se encuentran en Tennessee. N. del E.

(*Earth*, verdaderamente magnífico), y por supuesto Electric Light Orchestra y su gran fuente de inspiración: Paul McCartney (*avec ou sans* Wings), verdadera tragedia del rock, roquero dotadísimo que en los últimos catorce años sólo ha podido producir dos discos tolerables: *Band on the Run* y *Tug of War*.

Rock electrónico

Pink Floyd y Tangerine Dream se encuentran a la cabeza de esta corriente, en la que también, de una manera u otra, se trata de penetrar un poco en áreas vedadas o poco transitadas: los campos de la eternidad, las pistas de patinaje de lo inconsciente personal y colectivo. Pero también ha surgido una magnífica cantidad de músicos dotadísimos, casi todos ellos salidos de grupos mayores, como Phil Manzanera, Robert Fripp y, muy especialmente, Brian Eno, uno de los rocanroleros más capaces de todos los tiempos. Eno ha venido manejando, en distintas asociaciones musicales, dos tipos de onda: una experimentación a través de sonidos sintetizados que se prolongan y evolucionan con una lentitud extraordinaria, una especie de estatismo electrónico que, curiosamente, en vez de resultar tedioso viene a ser sedante, relajante. Por otra parte, Eno le ha dado con ganas a un rock duro, electrónico, veloz e intenso. En esta faceta encontramos sentido del humor, actitudes revolucionarias, malicia, virulencia, altísima imaginación y, más que nada, una gran capacidad poética. Eno ha asimilado notablemente bien a Frank Zappa, pero también a Jimi Hendrix, a Roger Waters y, por supuesto, todo el arte experimental de este siglo.

Su música por lo general es accesible, pero a mayor participación del que escucha, mayor riqueza despliega la obra. El rock de Eno es duro, pero brillante, luminoso, y hasta el momento ha venido desenvolviéndose sin prisas y sin pausas, así es que aún es posible esperar mucho de este gran maestro en la segunda mitad de los ochenta.

La nueva-pero-después-de-todo-no-tan-nueva-ola

A fin de cuentas, lo más determinante del rock en los setenta fue el punk, pero las punkerías encontraron muy rápidamente un camino de transición, o new wave, que permitió mayor amplitud de posibilidades y, también, el fenómeno inevitable de aceptación y asimilación por parte de los sistemas parasitarios que siempre succionan al rock: la industria disquera, las estaciones de radio, la televisión comercial, las modas de ropa juvenil y el periodismo roquero chafa. La transición resultó un punk moderado, bastante accesible, y en ella se ha dado de todo, desde ondas excelentes hasta materiales más desechables que un libro de Juan García Ponce. Reconozco que en un principio la nueva ola me avasalló y requerí un buen rato para agarrar (má o meno) la onda. Traté de oír lo más que pude, aunque sin quemarme las pestañas. Los cuates me pasaron muchos discos y gracias a eso fui abriéndome paso entre la nueva profusión, que estos días se ha convertido en verdadera abundancia.

Chin, tengo que dejarles ir otro corchete: en esto del rockciano, para mí han sido una bendición dos cosas: la chingonsísima invención

de las cassettes, que permiten copiar una infinidad de materiales excelentes (o interesantes) en muy buenas condiciones técnicas y, por
supuesto, los amigos que le prestan a uno discos que desvirgan las cassettes. Gracias a unos y a otros dispongo de una colección rocanrolera que satisface mis necesidades de variedad. Los video-rocks, por su
parte, complementan a la perfección todo esto, porque ahora es posible (bueno, si se dispone de suerte, como en mi caso, o de mucha luz)
tener en casa verdaderos clásicos rocanroleros, así como grabar ondas no tan claras que se pueden estudiar con más detenimiento. Los
videos de rocks han llegado a convertirse en toda una rama especial
del rock; pero, al margen de esto (que es sumamente extenso e interesante, pero que rebasa los linderos de este textículo), es un motivo de gozo cuando menos la posibilidad de tener en casa las imágenes rocanrolosas de Woodstock, Monterrey, Bangladesh, Kampuchea
(mejor: Camboya), así como clásicos como los de Lester/Beatles. *El
submarino Amarillo*; *Damas y caballeros: los Rolling Stones*; *Gimme Shelter*; *Let's Spend the Night Together*; *El último vals*; *La pared*; *The Song Re-
mains the Same*; *Héroes del rocanrol*; *Rust Never Sleeps, Heavy metal*; *AC/
DC*, u ondas bien vetarras como *The Girl Can't Help It, Rock Around
the Clock, T.A.M.I. Show* y tantísimas otras que resultan un señor agasajo visual-auditivo. Se pueden cotorrear a toda madre, vía el video,
desde rolitas sueltas hasta shows completos y perfectamente armados.

Meanwhile, back at the new wave ranch, debo decir que los que más
me pasaron fueron los Clash, los Cars, Dire Straits, los dos primeros
Blondie y los Talking Heads. También aprecié enormemente la producción de la camarada Patti Smith, vieja gruesa a quien habría que
colocar en la descendencia directa de Dylan, los Fugs y el Velvet Un-
derwear. Patti Smith, con su altísima capacidad poética, por supuesto es hermana del alma de la no menos gruesísima Nina Hagen, también con una capacidad experimental de primer orden y los medios
perfectos para canalizar su *Weltanschauung* gruesa y espesa. La Hagen a

243

veces me recuerda a la Grace Slick de *Long John Silver* cuando se ponía a cantar en un seudoalemán con aires kurtweillianos.

Mi gran cuate y chingón escritor Juan Villoro trató de iniciarme en los misterios de Bruce Springsteen, pero este galán siempre me dejó frío, a pesar de que represente un complejo de buenas ondas. Rafael Vargas, otro gran maestro, me llamó la atención hacia Dire Straits, hace miles de años, cuando acababa de salir *Communiqué*. Nomás oí este disco y salí a buscar el primero. Y de ahí pal real. Después, Rafael me recomendó muy entusiasmado a los Pretenders, pero aquí me pasó lo mismo que con Springsteen. Podía advertir el buen nivel de interpretación, la densidad de las letras, la actitud global del grupo, pero en lo más mínimo me generó entusiasmo: nunca se me revelaron. Tampoco se me han revelado grupos que han tenido una gran influencia y adhesiones durante el apogeo del new wave: Police, Devo, Ramones, B-52's, Tubes. Mis aparatos de apreciación rocanrolera se estrellaban gachamente, aunque siempre había rolas o grupos de rolas que me atraían. Realmente hubo un momento en que me aterraba simplemente ver las pilas de discos de grupos new wave en las tiendas de discos. Ante la imposibilidad de oír a la gran mayoría, opté por ceder una importancia mayor a los grupos mayores o a aquellos que alguien me recomendara (y prestara).

A la larga más bien me quedé con pocos, pero sectarios, y con los demás hice antologías para no perder lo que sí me gustaba. Hasta el momento, The Clash me sigue asombrando, pues, como los meros buenos, el éxito masivo no los ha lastimado. *Combat Rock, Sandinista!* y *London Calling* con sus evoluciones conservan el que para mí es el espíritu más combativo del rock: excelente posición política, que ya estaba haciendo mucha mucha falta, especialmente si se trata de simpatías hacia los revolucionarios centroamericanos. De todos los grupos mencionados, Clash, para mi gusto, es el que mejor ha incorporado las grandes aportaciones del fallecido jefe jamaiquino Bob Marley y el reggae: la cojonuda conciencia política y el ritmo estimulante del Caribe. Después de Clash, me pasaron enormemente los Cars, especialmente su segundo elepé *Candy-O*, para mí uno de los mejores de los últimos tiempos. Ni el disco anterior ni los posteriores han podido igualar la consistencia de *Candy-O*, en donde se encuentra el estilín de los Carricoches en su esplendor: piezas gentilonas, melodiosas y de una ternura que recuerda a los Beatles, pero también con un consistente sentido del ritmo: desde los rockcitos persistentes como "Let's Go" a los grosores y la profundidad de "Candy-O" y "Night Spots". Las voces, como me ocurre con las del Pink Floyd, sólo me satisfacen como parte de la totalidad de la obra, pero no me llegan a gustar en lo particular. Pero sin duda cumplen su cometido. Dire Straits viene a ser una onda paralela pero bien distinta, con los requintos portentosos del jefe Mark Knopfler y su personalísimo patín de composición, que por supuesto no se parece a nada previo y que es una proposición válida, rica y estimulante. Dire Straits (ese sí es un nombre genial) destaca en todo el panorama por su densidad, y no es difícil apostar por la continuidad cualitativa de este cuarteto fuera de serie. Me quedo con estos grupos y no con los demás (por muy buenas ondas que lleguen a tener, y las tienen), porque ellos quintaesencian las preocupaciones y la *Zeitgeist* de fines de los setenta y principios de los ochenta: en ellos tenemos el clima agónico, crepuscular, del momento, la ferocidad de la rebelión punk y también una cierta resonancia hipnótica, metálica, importantísima por su relación con los aires tecnológicos y futuristas de lo que se conoce como el llamado tecnopop.

En otros grupos importantes los rasgos comunes de la *Zeitgeist* son los que predominan y los que hacen que muchos de estos productos sean más o menos difíciles de distinguir. Hay una uniformidad, una ondita limitada y estrecha, manifestada con mayor superficialidad y truculencia, que no ha logrado desarrollar los rasgos particulares de un grupo sin perder la onda colectiva. Esto es lo que, me parece a mí, lesiona a grupos como Police, B-52's, Devo, Ramones, etcétera, aparte de que todos ellos son muy inconsistentes (aunque la inconsistencia, me temo, es un escollo que no ha logrado vencer prácticamente ningún rocanrolero en la actualidad, salvo, quizá, Eno y Nina Hagen), como lo demuestra, mejor que nadie, Blondie. Es evidente que Deborah Harris estaba capacitada para ser un ondón de la nueva época: tenía la voz, el carisma y los ovarios. Rolas como "Rip Her to Shreds" o "Man Overboard", del segundo disco, simplemente no encajan para nada con la capitulación esencial que tuvo lugar después y que nos produjo verdaderas nefasteces. Casi todos los grupos new wave venían con la virulencia punk, pero en muchos ésta se fue limando prematura y alarmantemente, salvo en Talking Heads, que sí ha conservado la bandera en alto, al igual que The Clash. Pero en los demás, con los asegunes de rigor (establézcanse los matices y los contextos), predomina más el espíritu de los tiempos por encima de la expresividad artística del grupo en particular.

La charrita del cuadrante

En los setenta el rock ranchón tuvo un papel importante, aunque por lo general en segunda línea, sin atención masiva hasta el apogeo de la modita dizquecontri, propiciada por los mercaderes, campeones mundiales de la usura; la cuestión, sin embargo, no prosperó gran cosa y así el country and western ha podido seguir desarrollándose más o menos naturalmente, pues en muchos aspectos ya está bien infectado o dominado por nefastos criterios de enajenación comercial.

A fines de la década de los sesenta algunos grupos, especialmente Buffalo Springfield y los Byrds, mostraron un interés genuino en seguir tomando las buenas ondas rancheras para integrarlas al rock, como en un principio lo hicieran tan bien Presley y Jerry Lee Lewis. Los dos grupos resultaron verdaderos surtidores y de ellos salieron Poco, Crosby, Stills, Nash & Yash (también conocidos como Trotsky, Speed and Hash) y por supuesto los Flying Burrito Brothers, verdaderos maestros del género en sus distintos cambios de piel. Realmente no hay disco malo de este grupo, pero *Burrito Deluxe* y *The Flying Burrito Brothers* me pegan con tubo.

CSN&Y también eran de vocación ranchona, especialmente Neil Young, que produjo discos excelentes como *Everybody Knows This Is Nowhere* o *After the Gold Rush*. A Young lo acompañaba un grupo chíngonsísimo, Crazy Horse, que dio un disco de excepción: *Crazy Horse*; allí se encuentran muestras del mejor rock country. El Grateful Dead, a principios de la década, también navegó con buena estrella por esta música, y sus discos *Workingman's Dead* y *American Beauty* son de rigurosa antología. Después ya sabemos qué pasó con el *good old* Dead. Y Dylan, por supuesto, se metió de lleno en la onda ranchera, con excelente fortuna: *Nashville Skyline* es uno de los grandes momentos de la evolución de Dylan; una obra sencilla pero complejísima que canta, en verdad, a los placeres más sencillos de la vida. New Riders of the Purple Sage, por su parte, también le dio de lleno al rock ranchero y cuando menos produjo un disco muy bueno: *Gypsy Cowboy*, que entre rolas más bien monas pero perfectas aparece la visión desoladora, electrizante, que pone los pelos en punta, de "Dead and Destruction", una prolongada, intensa, red de sonidos desgarrados que llegan a un límite insospechado.

Un matiz más duro y seco lo han dado grupos como Lynyrd Skynyrd, que falleció en su totalidad en un accidente de aviación,[1] Marshall Tucker Band o Charlie Daniels Band (que obtuvo un éxito merecidísimo con su sensacional cotorreo "El diablo llegó a Georgia", en la cual el viejo maestro es derrotado e insultado por un violinista ranchero). Otros excelentes grupos de rock y blues ranchero: Asleep at the Wheel y, Last Mile Ramblers.

---

[1] En realidad, a la tragedia sobrevivieron cinco integrantes, que volvieron a reunirse en 1987. Referencia: https://web.archive.org/web/20140221194725/http://rollingstone.es/specials/view/hoy-se-cumplen-35-anos-del-accidente-aereo-que-cerceno-a-lynyrd-skynyrd. N. del E.

Los ochenta ladrones

Las bases del rock de los ochenta, como se puede apreciar fácilmente, se dieron a fines de la década anterior, pero, naturalmente, sólo hasta varios años después todas las corrientes se solidificaron y mostraron sus verdaderas posibilidades. Es evidente que el rock en los ochenta ha avanzado un largo trecho y que, sin perder los nexos, es bien diferente del que se oyó antes; salvo algunas figuras que han demostrado ser más o menos imperturbables a los tiempos (los Who, los Stones, Pink Floyd, Zappa, Dylan) y que han logrado sobrevivir, en realidad las figuras de éxito (cualitativa o comercialmente hablando) son nuevas y a principios de la década prácticamente no figuraban, o apenas comenzaban a hacerlo, como es el caso de los músicos de Roxy Music, Genesis, Yes y King Crimson, verdaderas canteras del rock actual. Sin embargo, el inicio de la década lo marcó un gran veterano: John Lennon, que al morir también contribuyó enormemente a dinamizar el rock, a llevar a cabo reconsideraciones globales y a examinar el papel de los grandes mitos y de la evolución del rock. Ya hemos visto cómo, poco antes de morir, Lennon fue execrado colectivamente porque "ya no estaba en la onda". Era una barbaridad por parte del personal (pero especialmente por parte de los críticos) descalificar a Lennon porque no se uncía a las corrientes vigentes. Hace poco, en una conversación con Rafael Vargas y Carlos Chimal sobre John Lennon, preguntaba yo si era una obligación del artista seguir las ondas en boga. Al parecer sí, consideró Chimal. Y en efecto: así sucede. Pero es insensato. A Lennon obviamente había que criticarlo con base en la música misma de Lennon y no con base en los gustos del momento, que sólo tienen validez cuando alguien los transmuta y los envía a ese estrato más allá del tiempo y del espacio donde coexisten las grandes obras. Era insensato que le pidieran lo que se hallaba a la mano en cualquier grupo new wave (como era ridículo que Lennon se admirara de que Yoko compusiera "parecido" al B-52); en cambio, ningún grupo new wave podía salir con algo como "I'm Losing You", "Woman" o "Watching the Wheels", canciones bellísimas que sólo Lennon podía dar.

En 1984 apareció *Milk and Honey*, la segunda-y-más-les-vale-que-última "doble fantasía" de John y Yoko. Se le presentó como una "obra del corazón", pero es evidente que Lennon jamás lo concibió como una obra unitaria. Más bien resulta claro que se procedió a dar una exprimida más al botín lennoniano (aunque, por supuesto, está muy bien que hayan sacado esas rolas). Es obvio también que *Leche y miel* está compuesta por material que se desechó del disco anterior, "I'm Steppin' Out", la canción que inicia el disco, evidentemente fue pensada para abrir *Doble fantasía*, pero no hay duda de que fue sabiamente descartada en favor de "Starting Over". Las dos significan, más o menos, lo mismo: Lennon, fiel a sus principios de creación autorreferencial, anuncia que rompe su encierro de cinco años para regresar al *show bizz*. También es claro que todo el material de John y Yoko es inferior al de *Fantasía*, aunque hay que festejar enfáticamente dos grandes rolas lennonianas: "I Don't Wanna Face It" y "Nobody Told Me"; las dos indican por dónde, posiblemente, habría seguido la obra roquera de Lennon: el uso de varias guitarras como abanico rítmico da a las canciones una atmósfera brillante, llena de fuerza y luminosidad. Las dos son alegres, festivas, con sentido del humor impecables y contagiosas.

Las piezas de Yoko, por otra parte, son bastante deplorables: casi llegan a ser patéticas. Con ellas se confirma que lo único bueno que en rock ha hecho esta briosa empresaria fue su parte de *Doble fantasía*. Las canciones de *Season of Glass* (que apareció después de *Fantasía*, también con aparatosas intenciones de seguir cabalgando el necroboom) ya habían demostrado que Yoko pudo estar bien en el arte conceptual, pero que, sin John, en el rock realmente no la hace. Lo teatral, gesticulante, efectista, cuidadosamente planeado, de la mitad yokiana de *Fantasía* (y de las dos tres rolas rescatables de *Season*) está ausente aquí y en vez de eso sólo tenemos una planicie inmisericorde. Yo me vi obligado a juntar las rolas de John en una cassette para evitar las interferencias de Yoko, lo cual era impensable en *Doble fantasía*, una verdadera obra conjunta (a pesar de que el peso fundamental de la producción y los arreglos siempre recayó en Lennon).

Es de suponerse que seguirán apareciendo más grabaciones "póstumas" de John Lennon, pero también que ya no nos van a fastidiar con el indecoroso numerito de otro disco de doble autoría. En vida Lennon nos podía imponer las ondas de su chava, pero a estas alturas es ridículo que Yoko continúe exprimiendo el fantasma de su ex para figurar en grande. Todo tiene su límite, hasta la ciudad de Nueva York.

Bob Dylan está haciendo lo mismo que Lennon: ser fiel a sí mismo. Su más reciente disco *Infidels* lo muestra con brío renovado, con nueva frescura, porque el maestro está perseverando en lo correcto. Los Stones, en cambio, aunque no han perdido ni un ápice su extraordinaria rocanrolez sí han sido más erráticos.

La coexistencia generacional es un hecho establecido en el rock y hay roqueros de más de cincuenta años (Jerry Lee Lewis, Muddy

Waters), de cuarenta, de treinta, de veinte y por supuesto, adolescentes. Esto vuelve sumamente rico y complejo todo el panorama. Hay, además, una ciclicidad, que recupera fases previas en un eterno retorno en espiral que no pierde las bases e incorpora todo lo que se ha avanzado. El rock sigue siendo un manantial dinámico, hasta el momento más fértil, aunque también se ha agudizado más la separación entre el rock comercial (pop, en Estados Unidos) y el rock no comercial (que en Estados Unidos consideran como arte folclórico, y aquí, arte popular), lo cual también es indicio de la consolidación del rock. Es muy probable que me equivoque, pero en la actualidad me parece ver un paralelo con la situación que se dio entre 1961 y 1964: una tremenda variedad de ondas, aunque todas, en el fondo, se entremezclan; grupos que surgen indeteniblemente, al grado de que seguirlos a todos requiere tiempo completo y bolsillos repletos; equivale, toda proporción guardada, al momento de las incontables etiquetas: surf, twist, jerk, skate, etcétera. Ahora tenemos new wave, heavy metal, nuevos románticos, tecnopop, disco, aparte de rocanrol (o rucanrol), rhythm and blues, ondas ranchonas y rock pesado, que siempre han estado allí. Ahora hay más nitidez en algunas de las corrientes, pero en el fondo todo sigue siendo un mainstream roquero. En todas las corrientes hay ondas buenas y malas (salvo en el pinche disco, que por lo general es mierda empaquetada). Lo importante, para mí, es la persistencia, la autorrenovación y autorregulación del rock para expresar lo más profundo (y lo más superficial, *of course*) de un personal que se puede considerar juvenil en el espíritu, en el estado de ánimo, y no sólo en lo físico; en medio de una opresión incesante por parte del sistema de explotación, que trata, y muchas veces logra mediatizar las expresiones más vivas, radicales y subversivas del rock. En ciertos aspectos, todo sigue siendo igual: el rock es un lenguaje universal y, a la vez, hermético; todos pueden llegarle, pero no todos, o pocos, realmente penetran en él, de allí el fenómeno, que ya se ha repetido en tres generaciones roqueras, de gente que abomina el rock una vez que crece y se integra a las diversas modalidades de la carrera de las ratas. Al rock se le acepta y se le rechaza. Y la tensión resultante impide cualquier estancamiento definitivo.

En rock, madurez e iconoclastia, tradición y rebeldía, no resultan excluyentes. La base cualitativa se ha ido ampliando, y a pesar de parricidios y fratricidios, los nuevos rocanroleros se hallan indiscutiblemente sobre los hombros de los anteriores. Las reacciones antisesenta, por parte, se han diluido, porque si es cierto que las ondas revolucionarias de hoy pueden ser las ondas reaccionarias de mañana, también es cierto a veces que vuelven a ser revolucionarias pasado mañana. Cualquier reacción muy extrema desde el principio contiene el germen de su destrucción, por lo general se acaba revalorando lo que antes fue execrado, y el que descabeza indiscriminadamente no tarda en perder su propia choya. Por otra parte, así ha ocurrido con el jazz, música hermana del rock: ciclidad y linealidad simultáneas.

En 1984 se puede apreciar el predominio aparente de la línea dura con distintos grados de pesadez o velocidad anfetamínica; un rock por lo general estridente, rápido y bastante unilateral. Este rock grueso y mazacotero, cuya virulencia muchas veces se diluye por la carencia de una intencionalidad artística que saque del mero desahogo, tuvo como gran pionero a Grand Funk Railroad, a principios de la década. Este, a su vez, venía de las líneas clásicas del rock pesado tipo Who, Yardbirds, Jeff Beck, y por supuesto de las premisas vitales de la muy gruesa rola "Helter Skelter", de los Beatles, que tiene el dudoso honor de haber contribuido al estado de ánimo de Charles Manson en el asesinato seudorritual de Sharon Tate *et al.* (es curioso que los Beatles, una de las caras más rosadas y esperanzadoras del rock, albergaran también esta línea oscura y seminal). Grand Funk (a mí siempre me pareció un grupo de a peso) tuvo mucho éxito porque consteló el estado de confusión y de vitalidad que no encuentra salidas profundas y que se desahoga a través de viejos tamborazos. Ese estado de ánimo obviamente se ha extendido; de hecho, no sólo persiste sino que domina en los ochenta. El exponente máximo de la corriente es, como se sabe, Led Zeppelin, a quien se venera fervorosamente. Aunque Led Zeppelin es mucho más que heavy metal. Los largos solos, cargados de un virtuosismo que tiende a mandar a la verga todo lo demás, vienen del rock progresivo. Como en el Zep, este rock por lo general cuenta con un cantante con voz muy aguda y de tradición gritona (*screamers*, les llamaban antes), un requinto experto, de dedos ágiles, y una base rítmica de verdadero furor. En su mejor cara, es una corriente rocanrolerísima, que en realidad va más allá del Zeppelin. Grand Funk, Black Sabbath, "Helter Skelter", o los Who y que se remonta a los rocanrolones feroces de la primera época.

Son tantos los grupos que confluyen en esta vertiente (desde la truculencia infantil de Kiss o Iron Maiden hasta los excelentes momentos de "Givin' the Dog a Bone", de AC/DC), que resulta excesivo tratar de particularizar en cada uno de ellos, pero sí es de rigor establecer que la gran mayoría es capaz de generar vivísimos y excelentes momentos de rock pesado, pero también de consentirse en petardeos insoportables. Yo he oído rolas, o partes de rolas, realmente muy buenas a Blue Öyster Cult, AC/DC, Van Halen, Motörhead, los Dictators, Ted Nugent, Def Leppard, Molly Hatchet, Judas Priest, Thin Lizzy y a varios más. Pero también a estos mismos grupos les he oído material pésimo. Los criterios de perfección a veces parecen centrarse en el wattaje de la descarga.

También tenemos las versiones a lo bestia del rock electrónico; un ritmo monocorde, plano, deslavado de resonancias robotescas. El mejor exponente es Gary Numan, quien en momentos logra crear una atmósfera subyugante, pero que en otros termina siendo francamente monótono. *The Pleasure Principle*, con saludos a José Emilio Pacheco, es lo mejor que le he oído.

Hay otros roqueros que dicen haber vuelto a la chingodelia, esos que se han dejado llamar nuevos románticos (¡no es posible!), que hasta donde he podido oír (ni remotamente lo necesario) en realidad todavía están tiernos y demasiado colgados de la brocha del hit parade. Duran Duran los encabeza, y aunque en un lado de su primer disco y en una rola del segundo, "Friends of Mine", demuestran buenas capacidades, en general se han dejado sepultar en un deplorable caparazón comercial. He leído que en sus conciertos estos ingleses resultan verdaderos rockers y que su onda es buenísima. Es posible, pero no es ningún buen indicio que la principal cara que muestren sea la de la enajenación comercial. Si en verdad quieren rescatar el rock sicodélico no les caería mal darse un volteón por las tierras mazatecas y montar en el viaje como aún lo prescriben las viejas y venerables recetas indígenas y thimothyleariescas.

Entre lo bueno, está el grupo irlandés U2, que viene de las corrientes oscuras, densas, de Roxy Music, y que puede generar atmósferas cargadas y enigmáticas. Me gusta más, sin embargo, Men at Work, los australianos que ya no se treparon en el vagón de la truculencia, los espectros y fantasmajes, aunque tampoco traigan una sonrisita muy mona sino un rock apoyado en el saxofón, con excelente ritmo y continuas referencias al ambiente tropical del reggae. Sin embargo, me resisto a incluir a este grupo en las nefastas categorías en boga.

Detesto las etiquetas mamonas desde los cincuenta, así que no veo por qué las de ahora han de ser la excepción. No importa que, por ejemplo, el término heavy metal tenga una ascendencia ilustrísima; es deplorable el uso de etiquetas con fines de programación colectiva, de borreguización de chavos y de esquematización de las obras de los distintos grupos. En Men at Work hay una buena capacidad melódica, riqueza de matices y recursos, imaginación, sencillez y fuerza. Nena también me gusta mucho. La chava canta muy bien (es además siempre reconfortante oír rock en otro idioma que no sea inglés) y el grupo tiene una intensidad y excelente rocanrolez. Viene directamente de la nueva ola. Hay piezas realmente gruesas, siempre brillantes, y es imposible permanecer indiferente ante ellas aunque no se sepa en el momento qué demonios dicen.

Alberto Blanco me hizo el favor maravilloso de ponerme en contacto con algunas muestras de rock chicano: un disco de David Lindley, que tiene el sensacional "El Rayo-X", cantada en español, afortunadísima fusión de rock y polca fronteriza, con coritos increíbles y gozosos tejidos de saxos y liras eléctricas: puro rock texmex en su mejor manifestación. Lindley ataca también rocks rápidos y de corte clásico, como "Mercury Blues"; o incursiona en la tradición del rock ranchón en "Ain't No Way"; "Don't Look Back"; "Petite Fleur", una rola apestosa a cantina de vaqueros cantada en francés, o en hallazgos como "Tu-Ber-Cu-Lucas and the Sinus Blues". ¡Hasta en francés canta! Es un rocanrolerazo este Lindley. Pero no la hacen nada mal otros chicanos de inspiración punk como The Brat, The Plugz, el ya conocido Felix & The Katz y Odd Squad (ah pa'nombrecito), que tiene un rolón, "Moving Your Mouth", verdaderamente grueso y desfachatado. Todos estos grupos forman parte del álbum *Los Angelinos*, cuya bandera está en la rola-rúbrica del grupo Con Safos, titulada simplemente "C/S". Esta es una sabrosa pieza larga, con ecos cachondones de James Brown; "C/S" es en realidad un canto de amorciano del bueno a la ciudad de Los Angeles, *city of the angels*, que, en la mejor tradición del talking blues y con un saborzazo casi tropical, termina proclamando: "¡Vivan Los Angeles! ¡Viva mi tierra!". Como los mexicanos de la vieja guardia gritarían: "¡Viva México! ¡Jijos de la jijurria!". En verdad, allí está el espíritu chicano en uno de sus grandes momentos, como en el *zoot suit* o en *Peregrinos de Aztlán*. De seguir así, el rock chicano muy pronto será impresionante y, me temo, mucho más avanzado que el nuestro.

La tierra de las mil transas

Por último, me parece urgente volver la mirada a México, donde el rock podría constituir un buen fertilizante para despejar ciertas áreas de la vida social e individual, sobre todo en estas tenebrosas y oscuras horas de derechización & entreguismo que quisieran hacernos perder lo poco ganado en conciencia y cultura auténticas. Es claro que durante décadas no hemos tenido un verdadero rock mexicano: refriteos inmisericordes, chaparrismo creativo, ínfimo nivel intelectual, estrechez de visión y una represión terrible lo han impedido. El rock, como se ha podido apreciar, no es enchílame la otra, y creo que se puede entender que es producto cultural de pueblos desarrollados, donde se han resuelto problemas atávicos y subdesarrollos mentales en buena proporción. El rock es índice de un alto desarrollo cultural, y esto es algo que sólo a partir de 1968 comenzó a cobrar forma en México con la fuerza requerida. El rock no constituye aún una forma artística tan sedimentada que pueda desarrollarse felizmente en casos aislados, individuales, aun si el contexto no es propicio, como sí ocurre en las artes tradicionales. Al parecer el rock sólo se da en medio de un relativo clima colectivo, requiere el impulso protector de una colectividad de chavos. Tiene que ser *un movimiento*. Además, en México la juventud encontró un extraordinario medio de expresión en la palabra escrita, y la literatura de jóvenes ha hecho las veces de rock en varios casos.

En 1968 apareció Three Souls in My Mind que, con todas sus aparatosas limitaciones, comprendió que debía rocanrolear en español y trasmitir la visión del mundo de los sectores juveniles más desmadrados, marginados y jodidos. Es verdad que el "Blues de la llanta", para sólo citar un ejemplo famoso, habla por muchos chavos de las ciudades, se den cuenta o no. Más que nadie, el Tri vino a ser la verdadera base del rock mexicano, aunque a muchos esta idea les resulte inadmisible, *not even fart, hart*. El desarrollo cultural en México que ahora vive en el peligro pero que aún constituye una esperanza propició que a fines de la década pasada el rock cobrara un impulso importante (aunque en un principio no lo parecía gran cosa) y que surgieran tantos nuevos grupos que en estos momentos es difícil seguir el rastro de la mayoría (como debería de ser, por lo demás).

En los setenta los capitalinos de clase media volvieron al rock, influenciados en su mayor parte por los grandes grupos progresivos. Una mayoría de estos grupos prefería rehuir la cuestión de las letras en español enfatizando la parte instrumental. Después empezaron a aparecer otros grupos o roqueros que ya no se circunscribían tanto al rock progresivo y que componían (¡al fin!) en español, tal como lo venía haciendo el Tri. Pero las condiciones de trabajo para el rocanrolero en México son funestas, cualquier hoyo que se abre resulta una invitación para que el gobierno exija mordidas descomunales o para que practique su copiosa mala leche reprimiendo todo el tiempo a los que les gusta el rock. La tira, por supuesto, sigue omnipresente. Los medios continúan cerrados en gran medida, aunque es evidente que en esta década el sistema será puesto a numerosas pruebas en las que deberá mostrar que o deja en paz a los roqueros, o prosigue con la política represiva e intolerante. Quizás entonces el rock pueda desarrollarse en un contorno menos adverso. Pero, en tanto, una gran parte del rock es prácticamente subterráneo.

Que las condiciones están cambiando lo indican numerosos hechos: el rocanrol está oyéndose más en el radio comercial; se trata de cancioncitas inanes, chiclosas, pero que tienen un claro ritmo rocanrolero. Esto se debe sin duda al éxito que tuvo (y que ya está desvaneciéndose) el supuesto rock infantil, que iniciara su boom vía los nenes gachupas Parchís y que generara el deprimente espectáculo de gente adulta, generalmente "del medio", vampirizando a sus hijos, nuevas estrellitas del rock infantil. Si los primeros grupitos eran de niños deveras enanos, los posteriores, como Chamos y Menudo, están compuestos por chavos en plena pubertad o primera adolescencia para dominar el mercado de las *teenyboppers* latinas. Por supuesto, sean niños o pubertos, se trata de una onda impuesta, una verdadera camisa de fuerza para los que tienen creatividad y una tortura para los que ni inclinación natural muestran. Los expertos directores artísticos les confeccionan vestuario, coreografías de a peso, composiciones sosas y arreglos sin imaginación. Y ponen a los niños a hacer su numerito, que viene a ser de marionetas. Lo grave no es sólo el estragamiento del gusto con que nos asuela toda esta pestilencia, sino la impune tarea de enajenación capitalista a tempranísima edad que se lleva a cabo a través de una nueva, y muy efectiva, vía. Al público infantil se le bombardea con publicidad, *mainly* en la telera, y también por ese lado se les va instruyendo para que actúen siempre bajo pasos prescritos, para que no se aventuren a desarrollar sus propias capacidades creativas y críticas, para que desde enanos ya estén listos a alzar el dedito y a decir *yeah, yeah.* Por supuesto, lo que producen los rucos que mueven los hilos es algo que parece rock, pero que no lo es del todo porque cancela una función imprescindible: la expresión de cuestiones propias, y no la repetición de mensajes que favorecen los intereses del gran capital. Sin embargo, el hecho de que todo este proyecto de sumisión se haya hecho bajo modelos rocanroleros es indicio de hasta qué punto el rock se ha arraigado en la sociedad mexicana contemporánea, que se ha acostumbrado al rock y que no desiste en tratar de manipularlo a la voz de *if-you-can't-beat'em-join'em*.

Si la reacción utiliza el rock (o le entierra el diente cada vez que puede), éste, por otra parte, también ha desenvuelto sus influencias en chavos que no quieren someterse, que tratan de empezar a expresarse pues intuyen que de esa manera podrán ir conociéndose al objetivar lo que interiormente sólo está confuso, profuso, difuso (y no conciso, preciso y macizo, como podría estar). Una significativa cantidad de jóvenes ha preferido desarrollar sus tendencias rocanroleras fuera de los vehículos del sistema, a pesar de que las grabadoras se rehúsen u obstaculicen las posibilidades de hacer discos y de distribuirlos; a pesar de que Televisa y las estaciones de radio se nieguen (salvo honrosísimas excepciones en la radio universitaria u oficial) a programar algo que sea verdadero rock mexicano; a pesar de que casi no hay lugares dónde tocar y de que los existentes paguen miserablemente, a pesar de que los intelectuales los ignoren. Ser rocanrolero profesional en México es durísimo, aun dentro del sistema; por tanto, resulta sorprendente que ya dispongamos de los principios de un verdadero rock mexicano que, sin dejar de ser rock, exprese y modifique los rasgos más complejos y elusivos de sectores importantes en nuestro país. La creatividad de Guillermo Briseño, un gran pionero y honestísimo y talentoso roquero; la búsqueda de Chac Mool, el brío un tanto cuanto fonqui de Newspaper y por supuesto de Three Souls in My Mind, las grandes capacidades instrumentales de Manchuria (que, por otra parte, ha tenido el mérito cuasiheróico de producir la primera película verdaderamente rocanrolera mexicana: *Deveras me atrapaste*), o la picardía, el ingenio y la mexicanísima cara dura de Rodrigo González, un verdadero cantor popular, para sólo citar unos poquísimos ejemplos de un panorama efervescente y caótico, pueden colocarse ya en este territorio denso y riesgoso, verdaderas arenas movedizas para el crítico o el observador atento.

Hay un vasto público rocanrolero que, además, muestra sorprendentes niveles de educación y de cultura. En una presentación (cuando aún no aparecía) del multilibro sobre rock *Crines* (compilado por Carlos Chimal), en la que estuvieron presentes Ricardo Castillo, Alberto Blanco y demás miembros del grupo Las Plumas Atómicas, plus Chimal, yo me quedé pendejo cuando vi que los chavos de las bandas, o sus eminencias grises, se las traían en cuanto a conciencia política y cultural social. En todas mis conferencias de rock, en distintas ciudades de la república, también he podido constatar que numerosos chavos se expresan notablemente bien, y que están bastante al día.

He visto en las tocadas que el público discrimina mucho más que antes y muestra capacidades críticas que le permiten dar la espalda a grupos que de plano no la hacen. Esto es textual. Una vez Margarita y yo estábamos en un galerón gigantesco, en el que había dos estrados para tocar: uno frente al otro. Primero empezó a darle un grupín incoherente y que se consentía a más no poder. Ya ni siquiera me acuerdo cómo se llamaba, alguna robotomía como ZSX-3 o algo por el estilo. Los chavos escucharon el patín un buen rato con basante paciencia, pero de repente, todos al mismo tiempo, alzaron las sillas, dieron la espalda a los tecnócratas del rock y se colocaron frente al otro escenario, donde ya estaba instalada la Iguana, grupo de veteranos de la brigada cacique y que se dedica al refriteo indiscriminado. Dicen los de la Iguana que cuando vieron llegar al personal se aterraron, pensaron que a ellos también les iban a dar la espalda. Tuvieron, pues, que echarle las ganas al máximo, y lo de siempre: buena voluntad y rockantigua lograron que los chavos se prendieran bien y bonito. Cada quien bailaba si le daba a gana, solo si no tenía con quién, chavos con chavos y chavas con chavas (al menos en un principio). Después de Iguana llegó el Tri y encontró a un público bien calientito, así es que a la larga la tocada resultó muy efectiva.

Por supuesto, los mejores niveles de calidad aún son escasos y pueden diluirse en la nada, pero en muchas partes se percibe ya la necesidad de ir más adelante en el desarrollo de un verdadero rock mexicano, que nada tenga que ver (o no por fuerza) con teponaxtles, caracoles o mariachis de acompañamiento. Vamos muy atrás todavía, pero no son carreras: si se logra consolidar un rock nacional entonces en verdad contribuiremos al parejo en la historia del rock contemporáneo. Hay tiempo, en todo caso, porque el rock, al parecer, tiene para rato, si no es que viene a ser la base de formas musicales futuras que no divorcien el gran público del artista genuino, el gran puente entre arte popular y arte culto. Reconozco que puedo pecar de optimista irredimible, de soñador empedernido, de romántico anacrónico o de entretenerme cultivando variadas especies de *wishful thinkings*, pero en este truculento 1984 tengo la impresión de que quizá pronto, a pesar de tantos obstáculos, a lo mejor sí nos tocará presenciar un desarrollo pleno de buen rock en México.

Cuautla, 1984

Discografía básica de rock

The Chords
"Shh-Boom (Life could be a dream)"
Joe Turner
"Shake, Rattle and Roll"
Bill Haley & His Comets
"Rock Around the Clock"
"See You Later, Alligator"
Carl Perkins
"Blue Suede Shoes"
Bo Diddley
"Bo Diddley"
The Platters
"The Great Pretender"
"Only You"
"Smoke Gets in Your Eyes"

Chuck Berry
"Sweet Little Sixteen"
"School Days"
"Roll Over Beethoven"
"Johnny B. Goode"
"Maybellene"
"Rock and Roll Music"

Fats Domino
"Blueberry Hill"
"I'm Walkin'"
"Ain't That a Shame"

Jerry Lee Lewis
"Great Balls of Fire"
"Whole Lotta Shakin' Goin' On"
"High School Confidential"
"Breathless"

Little Richard
"Lucille"
"Tutti frutti"
"Good Golly, Miss Molly"
"Long Tall Sally"
"Ready Teddy"

Elvis Presley
"That's All Right"
"Lawdy Miss Clawdy"
"My Baby Left Me"
"I Was the One"
"Money Honey"
"Hound Dog"
"Heartbreak Hotel"
"I Want You, I Need You, I Love You"

"Don't Be Cruel"

"All Shook Up"

"Treat Me Nice"

"Jailhouse Rock"

"Baby I Don't Care"

"Baby Let's Play House"

"Good Rockin' Tonight"

"I Forgot to Remember to Forget"

"A Fool Such as I"

"Wear My Ring Around Your Neck"

"Don't"

"One Night"

"King Creole"

"Trouble"

"Are You Lonesome Tonight?"

"Little Sister"

"Fever"

"Such a Night"

"Suspicious Minds"

Gene Vincent

"Be-Bop-a-Lula"

"Race With the Devil"

"Lotta Lovin'"

The Everly Brothers

"Bye Bye Love"

"Wake Up Little Susie"

"Take a Message to Mary"

"All I Have to Do Is Dream"

"Let It Be Me"

Eddie Cochran

"C'mon Everybody"

"Summertime Blues"

Buddy Holly

"Early in the Morning"

"That'll Be the Day"

"Peggy Sue"

"Not Fade Away"

"It's So Easy"

"Rave On"

The Coasters

"Yakety Yak"

"Searchin'"

"Poison Ivy"

"Charlie Brown"

"Love Potion No. 9"

"Along Came Jones"

Lloyd Price

"Personality"

"Just Because"

"Stagger Lee"

Bobby Darin

"Dream Lover"

"Splish Splash"

"Mack the Knife (Moritat)" / "Mack Navaja"

Paul Anka

"Put Your Head on My Shoulder"

"My Home Town"

The Shirelles

"Boys"

"Will You Love Me Tomorrow"

Ritchie Valens

"La Bamba"

"Donna"

Brenda Lee
"Sweet Nothin's"
"I'm Sorry"
"Emotions"

Connie Francis
"Stupid Cupid"
"Lipstick on Your Collar"

Fabian
"Tiger"
"Turn Me Loose"

Jimmie Rodgers
"Honeycomb"
"Kisses Sweeter than Wine"

Sam Cooke
"You Send Me"
"Chain Gang"

The Royal Teens
"Short Shorts"

Guy Mitchell
"Singing the Blues"

Jim Lowe
"The Green Door"

Buddy Knox
"Party Doll"

Ray Smith
"Rockin' Little Angel"

Danny & the Juniors
"At the Hop"

The Del-Vikings
"Come and Go with Me"

Jackie Wilson
"Lonely Teardrops"

Jackie DeShannon
"Tears on My Pillow"

The Playmates
"Beep Beep"

Larry Williams
"Bony Moronie"

The Drifters
"There Goes My Baby"

The Elegants
"Little Star"

The Impalas
"Sorry (I Ran All the Way Home)"

Frankie Ford
"Sea Cruise"

Neil Sedaka
"Run Samson Run"

Augie Rios
"¿Dónde está Santa Claus? (Where Is Santa Claus?)"

Marty Robbins
"El Paso"
"A White Sport Coat"

The Hollywood Argyles
"Alley Oop"

Dion
"Runaround Sue"
"The Wanderer"

The Big Bopper
"Chantilly Lace"

The Rock-A-Teens
"Woo Hoo"
Johnnie Ray
"Just Walkin' in the Rain"
Jan & Dean
"Clementine"
The Silhouttes
"Get a Job"
Ray Peterson
"Tell Laura I Love Her"
Sarah Vaughan
"Broken Hearted Melody"
Johnny and the Hurricanes
"Red River Rock"
Duane Eddy
"Rebel-'Rouser"
Phil Phillips
"Sea of Love"
Sandy Nelson
"Teen Beat"
Preston Epps
"Bongo Rock"
Jack Scott
"Leroy"
Bobby Day
"Rockin' Robin"
The Kingston Trio
"Tom Dooley"
Johnny Horton
"The Battle of New Orleans"

Dodie Stevens
"Pink Shoe Laces"
Freddie Cannon
"Tallahassee Lassie"
Cliff Richard
"High Class Baby"
Johnny Restivo
"Come Closer"
Roy Orbison
"Only the Lonely"
The Fendermen
"Mule Skinner Blues"
Chubby Checker
"The Twist"
Del Shannon
"Runaway"
The Teddy Bears
"To Know Him Is to Love Him"
Joey Dee and the Starliters
"Peppermint Twist"
The Trashmen
"Surfin' Bird"
The Righteous Brothers
"You've Lost That Lovin' Feelin'"
Mitch Ryder & the Detroit Wheels
"Devil with a Blue Dress On"
Johnny Preston
"Running Bear"
The Supremes
"Baby Love"
"Stop! In the Name of Love"

Dave Dee, Dozy, Beaky, Mick & Tich
"Hold Tight"
Billy "The Kid" Emerson
"Apron Strings"
Count Five
"Psychotic Reaction"
? & the Mysterians
"96 Tears"
The Shangri-Las
"Leader of the Pack"
The Beau Brummels
"Laugh, Laugh"
The Zombies
"She's Not There"
Them
"Gloria"
"Mystic Eyes"
"Here Comes the Night"
Brilly Grammer
"Gotta Travel On"
The Toys
"A Lover's Concerto"
"Attack!"
The Troggs
"Wild Thing"
Roy Head
"Treat Her Right"
The Bobby Fuller Four
"I Fought the Law"
We Five
"You Were on My Mind"

Junior Walker & the All Stars
"Shotgun"
Martha and the Vandellas
"Dancing in the Street"
Etta James
"Tell Mama"
"You Got It"
Wilson Pickett
"Funky Broadway"
"Land of a Thousand Dances"
"In the Midnight Hour"
The Temptations
"Papa Was a Rollin' Stone"
"My Girl"
Gladys Knight & the Pips
"I Heard It Through the Grapevine"
Otis Redding
"(Sittin' On) The Dock of the Bay"
Ike & Tina Turner
"River Deep – Mountain High"
Sly & the Family Stone
"Dance to the Music"
Merrilee Rush
"Angel of the Morning"

DISCOS DE LARGA DURACIÓN

Muddy Waters
The Best of

Bill Haley

Greatest Hits

Elvis Presley

Golden records

Golden records Vol. 2

Golden records Vol. 3

Golden records Vol. 4

Elvis

A Date with Elvis

Elvis Presley

For LP Fans Only

King Creole

His Hand in Mine

Chuck Berry

Golden Hits

The Platters

Greatest Hits

Buddy Holly

Greatest Hits

The Everly Brothers

Greatest Hits

Jerry Lee Lewis

The Session Recorded in London

Greatest Hits

Odd Man In

Eric Burdon & the Animals

The Most of

Winds of Change

The Twain Shall Meet

Love Is

The Beatles
The Beatles / 1962-1966
Rubber Soul
Revolver
Sgt. Pepper's Lonely Hearts Club Band
Magical Mystery Tour
The Beatles
Abbey Road
George Harrison
All Things Must Pass
Extra Texture
Ringo Starr
Ringo
Old Wave
John Lennon
Plastic Ono Band
Imagine
Some Time in New York City
Mind Games
Walls and Bridges
Rock'n'Roll
Double Fantasy
Milk and Honey
The Rolling Stones
The Rolling Stones
Now!
12 × 5
Out of Our Heads
December's Children (And Everybody's)
Aftermath
Get Live If You Want It!

Flowers
Between the Buttons
Their Satanic Majesties Request
Beggars Banquet
Let It Bleed
Get Yer Ya-Ya's Out!
Sticky Fingers
Goats Head Soup
Exile on Main St.
It's Only Rock'n'Roll
Black and Blue
Love You Live
Some Girls
Emotional Rescue
Tattoo You
Undercover

Bob Dylan
Bob Dylan
Another Side of Bob Dylan
Highway 61 Revisited
Blonde on Blonde
John Wesley Harding
Nashville Skyline
New Morning
The Basement Tapes
Blood on the Tracks
Bob Dylan at Budokan
Desire
Slow Train Coming
Shot of Love
Infidels

The Who

My Generation

"Happy Jack"

The Who Sell Out

Tommy

Live at Leeds

Who's Next

Quadrophenia

Odds & Sods

Who Are You

It's Hard

Peter Townshend

Who Came First

Rough Mix, con Ronnie Lane

All the Best Cowboys Have Chinese Eyes

Roger Daltrey

Daltrey

One of the Boys

McVicar

The Kinks

Greatest Hits!

Face to Face

Preservation Act 2

Sleepwalker

Low Budget

Give the People What They Want

The Yardbirds

Greatest Hits

The Beach Boys

Surfin' USA

Smiley Smile

The Lovin' Spoonful
The Best of Lovin' Spoonful
The Byrds
Fifth Dimension
Younger Than Yesterday
The Notorious Byrd Brothers
(Untitled)
Byrds
Buffalo Springfield
Buffalo Springfield
Again
Last Time Around
The Band
The Last Waltz
The Mothers of Invention
Freak Out!
Absolutely Free
We're Only in It for the Money
Burnt Weeny Sandwich
Frank Zappa
Hot Rats
200 Motels
Chunga's Revenge
Joe's Garage
Jefferson Airplane
Takes Off
Surrealistic Pillow
After Bathing at Baxter's
Crown of Creation
Volunteers
Bark

Long John Silver
Thirty Seconds Over Winterland
Jefferson Starship
Blows Against the Empire
Sunfighter
Dragon Fly
Earth
Kantner, Slick & Freiberg
Baron von Tollbooth & the Chrome Nun
Hot Tuna
Hot Tuna
First Pull Up, Then Pull
Burgers
The Phosphorescent Rat
America's Choice
Grace Slick
Manhole
Grateful Dead
The Grateful Dead
Anthem of the Sun
Aoxomoxoa
Workingman's Dead
American Beauty
Europe '72
Blues for Allah
Go to Heaven
Jerry Garcia
Garcia
Hooteroll?, con Howard Wales
Country Joe and the Fish
Electric Music for the Mind and Body

I Feel Like I'm Fixin' to Die
Here We Are Again
Quicksilver Messenger Service
Quicksilver Messenger Service
Happy Trails
Clear Light
Clear Light
Moby Grape
Moby Grape
Big Brother and the Holding Company
Big Brother & the Holding Company
Cheap Thrills
Janis Joplin
I Got Dem Ol' Kozmic Blues Again Mama!
Pearl
Janis (Early Perfomances)
Steppenwolf
Steppenwolf
The Second
For Ladies Only
The Doors
The Doors
Strange Days
Waiting for the Sun
Morrison Hotel
Alive, She Cried
Love
Love
Da Capo
Forever Changes
Four Sail

H. P. Lovecraft

H. P. Lovecraft

II

Vanilla Fudge

Vanilla Fudge

The Velvet Underground

The Velvet Underground & Nico

White Light/White Heat

The Velvet Underground

Loaded

Deep Purple

"Hush"

Deep Purple

Deepest Purple (The Very Best of Deep Purple)

Canned Heat

Boogie with Canned Heat

The New Age

Paul Butterfield Blues Band

East-West

The Resurrection of Pigboy Crabshaw

The Electric Flag

The Trip

A Long Time Comin'

Buddy Miles

Them Changes

The Blues Project

Projections

Blood, Sweat & Tears

Child Is Father to the Man

Leonard Cohen

Songs of Leonard Cohen

Songs from a Room

Ten Years After

Ssssh

Cricklewood Green

Rock & Roll Music to the World

Procol Harum

Procol Harum

Shine On Brightly

A Salty Dog

Home

Broken Barricades

Pink Floyd

The Piper at the Gates of Dawn

A Saucerful of Secrets

Ummagumma

Atom Heart Mother

Meddle

The Dark Side of the Moon

Wish You Were Here

Animals

Obscured by Clouds (Music from La vallée*)*

The Wall

The Final Cut

Cream

Fresh Cream

Disraeli Gears

Wheels of Fire

Traffic

Mr. Fantasy

Traffic

Last Exit

The Low Spark of High Heeled Boys
John Barleycorn Must Die

Blind Faith

Blind Faith

Steve Winwood

Arc of a Diver

Jimi Hendrix

Are You Experienced
Axis: Bold as Love
Electric Ladyland
Band of Gypsys
The Cry of Love

The Jeff Beck Group

Truth
Beck-Ola
Rough and Ready

Bee Gees

1st

Donovan

Sunshine Superman
Mellow Yellow
A Gift from a Flower to a Garden
Open Road
Cosmic Wheels
7-Tease
Essence to Essence

Family

Family Entertainment
A Song for Me
Music in a Doll's House

Delaney & Bonnie
On Tour with Eric Clapton
Derek and the Dominoes
Layla and Other Assorted Love Songs
Eric Clapton
Slowhand
Another Ticket
Money and Cigarrettes
Joe Cocker
With a Little Help from My Friends
Joe Cocker!
Mad Dogs & Englishmen
Joe Cocker
The Grease Band
The Grease Band
The Incredible String Band
The Hangman's Beautiful Daughter
Mike Heron
Smiling Men with Bad Reputations
It's a Beautiful Day
It's a Beautiful Day
Marrying Maiden
Choice Quality Stuff / Anytime
Earth Opera
Earth Opera
The Great American Eagle Tragedy
Spirit
Spirit
The Family That Plays Together
Clear
Twelve Dreams of Dr. Sardonicus

The Flying Burrito Brothers
Burrito Deluxe
The Flying Burrito Brothers
New Riders of the Purple Sage
Gypsy Cowboy
Steve Miller Band
Children of the Future
Sailor
Your Saving Grace
The Moody Blues
Days of Future Passed
In Search of the Lost Chord
A Question of Balance
Simon & Garfunkel
Sounds of silence
Bookends
Mott the Hoople
Mott the Hoople
Savoy Brown
Raw Sienna
The Guess Who?
Greatest Hits
Aretha Franklin
Aretha's Gold
The Young Rascals (The Rascals)
Peaceful World
Time Peace: The Rascal's Greatest Hits
Iron Butterfly
In-A-Gadda-Da Vida
Spooky Tooth
Spooky Two

Cat Stevens

Tea for the Tillerman

Santana

Santana

Taj Mahal

The Natch'l Blues

"Ee Zee Rider"

The Real Thing

Gordon Lightfoot

Greatest Hits

Joni Mitchell

"Midnight Cowboy"

Song to a Seagull

John Mayall

The Turning Point

The Flock

The Flock

Crosby, Stills & Nash

Crosby, Stills & Nash

Crosby, Stills, Nash & Young

Déjà Vu

4 Way Street

David Crosby

If I Could Only Remember My Name

Graham Nash

Songs for Beginners

Stephen Stills

Stephen Stills

The Stills-Young Band

Long May You Run

Neil Young

Everybody Knows This Is Nowhere
After the Gold Rush
Harvest
Tonight's the Night
On the Beach
Re-ac-tor
Rust Never Sleeps
Live Rust

Crazy Horse

Crazy Horse

Chicago

The Chicago Transit Authority
Chicago II

Creedence Clearwater Revival

Bayou Country
Green River
Willie and the Poor Boys

Led Zeppelin

Led Zeppelin
II
III
Houses of the Holy

Poco

Poco

Fever Tree

Fever Tree
Another Time, Another Place

Mountain

Mississippi Queen

Jethro Tull

Aqualung

A Passion Play

Thick as a Brick

War Child

Too Old to Rock'n'roll, Too Young to Die!

Lou Reed

Rock'n'Roll Animal

Street Hassle

T. Rex

Electric Warrior

Randy Newman

Good Old Boys

Little Criminals

Born Again

Sail Away

Emerson, Lake & Palmer

Tarkus

Genesis

The Lamb Lies Down on Broadway

Selling England by the Pound

Wind & Wuthering

Seconds Out

Genesis

Leon Russel

Best of Leon Russel: A Song for You

Rod Stewart

Gasoline Alley

Every Picture Tells a Story

Roxy Music

Flesh + Blood

Country Life
Roxy Music
Little Feat
Down on the Farm
Tangerine Dream
Ricochet
Phaedra
Stratosfear
Sorcerer
Force Majeure
Tangram
Warren Zevon
Excitable Boy
Ry Cooder
Paradise and Lunch
Show Time
Bop Till You Drop
Alice Cooper
David Bowie
Space Oddity
Young Americans
Monster
Yes
Close to the Edge
King Crimson
In the Court of the Crimson King
Lizard
Peter Gabriel
I
II

III

IV

Robert Fripp

Exposure

Brian Eno

Ambient 1: Music for airports

Before and After Science

801 Live, con Phil Manzanera

Queen

Greatest Hits

Lynyrd Skynyrd

Second Helping

Bob Marley & the Wailers

Survival

Premiata Forneria Marconi

Chocolate Kings

Linda Rondstadt

Simple Dreams

10cc

The Original Soundtrack

Godley & Creme

L

Flairck

Variaties Op Een Dame

Asleep at the Wheel

Asleep at the Wheel

Served Live

Ron Clark y Gatemouth Brown

Makin' Music

The Last Mile Ramblers

LMR

The Sex Pistols
Never Mind the Bollocks, Here's The Sex Pistols
Ian Dury and the Blockheads
The Damned
Ramones
Generation X
Talking Heads
Remain in Light
Wreckless Eric
Blondie
The Cars
Candy-O
The Clash
London Calling
Sandinista!
Combat Rock
Dire Straits
Communiqué
Love Over Gold
XTC
Van der Graff Generator
Patti Smith
Easter
Horses
Wave
Elvis Costello
Joe Jackson
Gary Numan
The Pleasure Principle
AC/DC
Back in Black

Van Halen
Motörhead
Blue Öyster Cult
The Dictators
Nina Hagen
The Pretenders
Bruce Springsteen
 Born to Run
 Darkness on the Edge of Town
Rickie Lee Jones
 Rickie Lee Jones
 Pirates
U2
 War
Men at Work
 Bussiness as Usual
 Cargo
Nena
David Lindley

OBRAS COLECTIVAS

Woodstock
Woodstock Two
Woodstock (Music from the Original Soundtrack and More)
Concerts for the People of Kampuchea
Monterey International Pop Festival
The Concert for Bangladesh
Los Angelinos (The Eastside Renaissance)

Chimal y el bien son uno

Hiperconsciente de mi ralo conocimiento de rock postsetenta, le pedí a Carlos Chimal que me ayudara con una lista de buenos discos, poco conocidos, para que tanto el respetable como un inseguro servilleta nos pusiéramos al día. Esta es la selección que se aventó el maestro:

GALICIA

Bibiano Morón
Aluminio (Gimbarda GS-11030, Madrid, 1979)

CATALUNYA

Jaume Sisa
Galleta galàctica (Zeleste/Edigsa UM 2025, Barcelona, 1976)
La màgia de l'estudiant (Edigsa UM 2050, Barcelona, 1979)

Tribu

Barriu chinu (EMI-Odeón 10C 062-021.461, Barcelona, 1978)

ANDALUCÍA

Smash, Gualberto, Nuevos Tiempos, Green Piano, Gong
El nacimiento del rock en Andalucía (Diábolo 33.002, Barcelona, 1978)

BRASIL

Jards Macalé
Contrastes (Som Livre/RCA 403.6111, São Paulo, 1977)
Os Novos Baianos
Farol da barra (CBS 138093, Río de Janeiro, 1978)
Arrigo Barnabé e a Banda Sabor de Veneno
Clara Crocodilo (Tapecar 5.26.404.003, Río de Janeiro, 1981)
Rita Lee & Tutti Frutti
Entradas e bandeiras (Som Livre/RCA 403.6090, São Paulo, 1976)
Tetê Espíndola
Pássaros na garganta (Som Da Gente SDG 012/82, Río de Janeiro, 1982)

JAMAICA

Family Man
Juvenile Delinquents (Clappers CLPS 1983, Nueva York, 1981)

Black Uhuru
Black Sounds of Freedom (Greensleves GREL 23, Londres, 1981)

ALEMANIA

ZeitGeist
ZeitGeist (Glückliche Zukunft/Intercord LC 8475/INT 145.689, Berlín, 1982)
Nina Hagen
Nina Hagen Band (CBS LC 0149.83136, Berlín, 1978)
Unbehagen (CBS LC 0149.84159, Berlín, 1979)
Nunsexmonrock (CBS LC 0149.85774, Berlín, 1982)
Fearless (CBS 7464-39214-1, Nueva York, 1983)
Lokomotive Kreuzberg
Mountain Town (Pläne LC 0972.99105, Frankfurk, 1977)

GRAN BRETAÑA

U2
October (Island 7599-29680-1, Burbank, 1981)
Live "Under a Blood Red Sky" (Island 7567-90127-1, Nueva York, 1983)
The Psychedelic Furs
The Psychedelic Furs (CBS 7464-36791-1, Nueva York, 1980)
Talk Talk Talk (NFC 37339, Nueva York, 1981)
Forever Now (ARC 38261, Nueva York, 1982)
Mirror Moves (BFC 39278, Nueva York, 1984)
Syd Barrett
The Madcap Laughs (EMI-Harvest SHVL 765, Londres, 1970)

Joe Jackson

I'm the Man (A&M SP 4794, Hollywood, 1979)

Look Sharp! (A&M SP 4743, Hollywood, 1979)

Joe Jackson's Jumpin' Jive (A&M SP 4871, Hollywood, 1981)

Night and Day (A&M 4906, Hollywood, 1982)

Body and Soul (A&M SP 5000, Hollywood, 1984)

Julie Driscoll, Brian Auaer & the Trinity

Streetnoise (Polydor 184218/19, Hamburgo, 1969)

Julie Driscoll

1969 (Polydor 383 077, Hamburgo, 1971)

ESTADOS UNIDOS

Eugene Chadbourne

There'll Be No Tears Tonight (Parachute P 103, Nueva York, 1980)

The Fugs

Virgin Fugs. For Adult Minds Only (ESP 1038, Nueva York, 1967)

Romeo Void

It's a Condition (415 Records A 0004, San Francisco, 1981)

Country Joe McDonald

Goodbye Blues (Fantasy F 9525, Berkeley, 1977)

Laurie Anderson

Big Science (Warner Bros. BSK 3674, Nueva York, 1982)

Mister Heartbreak (Warner Bros. 25077, Nueva York, 1984)

Carla Bley y Paul Hines

Escalator over the Hill (JCOA Records 3LP EOTH, Munich, 1971)

Tropic Appetites (Watt/1, Nueva York, 1974)

Michael Mantler

The Hapless Child (Watt/4, Nueva York, 1976)

Movies (Watt/7, Nueva York, 1978)

More Movies (Watt/10, Nueva York, 1980)

MÉXICO

Jaime López

Bonzo / Mi amor no sirve de nada (Lunatic 45.LU.001, México, 1982)

¡Que viva Caicedo!

Como arbitrario aunque pertinente homenaje al gran maestro del "wasted thriller", el colombiano Andrés Caicedo, les paso al costo la lista con que concluye *¡Que viva la música!*:

"Que viva la música", Ray Barreto
"Cabo E", Richie Ray/Bobby Cruz
"Si te contara", Richie Ray/Bobby Cruz
"Here Comes Richie Ray", Richie Ray
"White Room", Cream
"Guaguancó triste", Richie Ray/Bobby Cruz
"Guaguancó raro", Richie Ray/Bobby Cruz
"Moonlight Mile", The Rolling Stones
"Ruby Tuesday", The Rolling Stones
"Loving Cup", The Rolling Stones
"Amparo Arrebato", Richie Ray/Bobby Cruz
"Toma y dame", Richie Ray/Bobby Cruz
"Bailaderos", Nelson y sus Estrellas
"Bembé en casa de Pinki", Richie Ray/Bobby Cruz

LA NUEVA MÚSICA CLÁSICA

"A jugar bembé", Richie Ray/Bobby Cruz
"Salt of the Earth"; The Rolling Stones
"She's a Rainbow", The Rolling Stones
"Piraña", Willie Colón/Héctor Lavoe
"Lo atara la araché", Richie Ray/Bobby Cruz
"Sonido bestial", Richie Ray/Bobby Cruz
"Que te conozco, bacalao", Willie Colón/Héctor Lavoe
"Feria en Manizales", Richie Ray/Bobby Cruz
"El diferente", Richie Ray/Bobby Cruz
"Convergencia", Johnny Pacheco
"Agúzate", Richie Ray/Bobby Cruz
"El Guarataro", Richie Ray/Bobby Cruz
"Ay, compay!", Richie Ray/Bobby Cruz
"Bomba en Navidad", Richie Ray/Bobby Cruz
"Bomba camará", Richie Ray/Bobby Cruz
"Adasa", Richie Ray/Bobby Cruz
"Yo soy (Babalú)", Richie Ray/Bobby Cruz
"Agallú", Richie Ray/Bobby Cruz
"El hijo de Obatalá", Ray Barreto
"La música brava", Andy Harlow
"Iqui con iqui", Richie Ray/Bobby Cruz
"Ponte duro", Robertico Roena (Fania 73 en vivo)
"Ricardo y Chaparro", Richie Ray/Bobby Cruz
"On with the Show", The Rolling Stones
"The Last Time", The Rolling Stones
"Play with Fire", The Rolling Stones
"Doo Doo Doo Doo Doo (Heartbreaker)", The Rolling Stones
"I'ts Only Rock'n'Roll (But I Like It)", The Rolling Stones
"I Got the Blues", The Rolling Stones
"Richie's Jala Jala", Richie Ray/Bobby Cruz
"Colombia's Boogaloo", Richie Ray/Bobby Cruz

"Pa' chismoso, tú", Richie Ray/Bobby Cruz
"Che Che Colé", Willie Colón/Héctor Lavoe
"Quién lo tumbe", Larry Harlow/Ismael Miranda
"Que se rían", Richie Ray
"Colorín, colorao", Richie Ray/Bobby Cruz
"La lluvia", Richie Ray/Bobby Cruz
"Luvia con nieve", Mon Rivera
"Ahora vengo yo", Richie Ray/Bobby Cruz (Fania 73 en vivo)
"Traigo de todo", Richie Ray/Bobby Cruz
"Guasasa", Larry Harlow/Ismael Miranda
"Mambo jazz", Richie Ray/Bobby Cruz
"Suavito", Richie Ray/Bobby Cruz
"Comején", Richie Ray/Bobby Cruz
"Bella es la Navidad", Richie Ray/Bobby Cruz
"Micaela", Pete Rodríguez
"Se casa la rumba", Larry Harlow/Ismael Miranda
"El paso de Encarnación", Larry Harlow
"Vengo virao", Larry Harlow/Ismael Miranda
"Tiembla", El Gran Combo de Puerto Rico
"Anacaona", Cheo Feliciano (Fania 73 en vivo)
"Tengo poder", Orquesta La Conspiración
"Si la ves", Willie Colón/Héctor Lavoe
"La voz", Orquesta La Conspiración
"El día que nací yo", Orquesta La Conspiración
"Alafia Cumayé", Ray Barreto
"La peregrina", Richie Ray/Bobby Cruz
"The House of the Rising Sun", The Animals
"Canto a Borínquen", Willie Colón/Héctor Lavoe
"Salsa y control", Lebrón Brothers
"Bongó loco", Lebrón Brothers
"Monte adentro", Monguito el Único (Fania 72 en vivo)

"Coje tumbao", Tony Pabón & La Protesta
"San Miguel", Tony Pabón & La Protesta
"Mi guaguancó", Richie Ray/Bobby Cruz
"A mí qué", Típica 73
"La ley", Sexteto Juventud
"La canción del viajero", Nelson y sus Estrellas
"La pachanga que no cansa", Manolín Morel y sus Charangueros
"Oye lo que te conviene", Eddie Palmieri
"Cha cha cha con pachanga", Randy Carlos
"Charanga revuelta con pachanga", Randy Carlos
"Con la punta del pie, Teresa", Cortijo y su Combo
"Pa'l 23", Ray Pérez

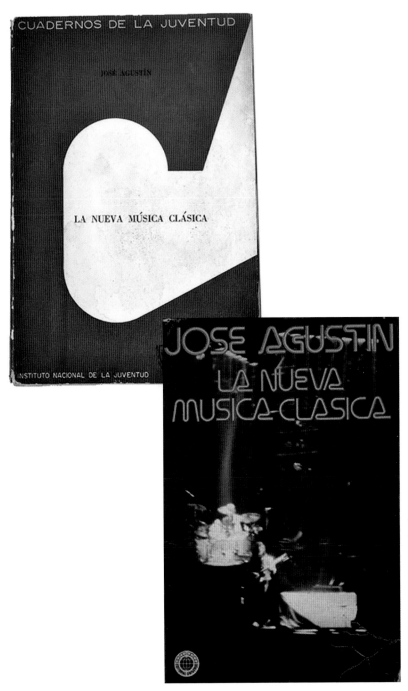

Portadas de las ediciones originales de *La nueva música clásica*. Arriba, la de 1968; abajo, la de 1985.

José Agustín: el escritor que llevó la rebeldía del rock a la literatura.
Foto: Archivo familiar de José Agustín.

¡La invasión del rock en los cincuenta!
Foto: JOKA (Journalistinen kuva-arkisto). Colección UA Saarinen. CC-BY-4.0.

Bill Haley y sus cometas, la puerta de la buena onda.
Foto: Dominio público.

Fats Domino, uno de los "gruesos" que provenía directamente del rhythm & blues.
Foto: Hugo van Gelderen, Nationaal Archief, Países Bajos. Dominio púbico.

Si estando ruco Ricardete era capaz de elevarnos de tal manera, ¿cómo habría sido en sus años gruesos…?
Foto: Dominio público.

Jerry Lee Lewis incendió a los chavos con sus rolas, que interpretaba con una ferocidad delirante.
Foto: Dominio público.

Buddy Holy interpretó rocanroles clásicos de gran éxito, como "Peggy Sue".
Foto: Dominio público.

"Presley era una llamarada que no se consumía, merecía ser glorificado y satanizado: un joven y bello dios Pan del sur gringo […] tenía un aire de gandalla, ladino y cínico, que no se le quitó ni cuando se volvió gordo."
Foto: Dominio público.

Chuck Berry compuso
las melodías más
clásicas del rock.
Foto: Dominio público.

Los Beatles siempre fueron los amos, con rolitas sencillas, generalmente de
amorciano, y que cantaban realmente de poca…
Foto: Noord-Hollands Archief / Fotoburo de Boer. Dominio público.

"A Dylan lo oí
por primera vez en
1963, fecha en que
ya era oído por los
rocanroleros de mi
generación."
Foto: Dominio
público.

Escuchar a los Rolling Stones era
un deber cívico y patriótico.
Foto: *Billboard*. Dominio público.

Angélica María es dueña de un carisma fuera de serie.
Foto: Dominio público.

Dos reliquias de rock mexicano; arriba, Los Rebeldes del Rock; abajo, César
Costa y Los Camisas Negras.
Fotos: Dominio público.

Jim Morrison y los Doors, renovadores con "Light my fire".
Foto: Dominio público.

Frank Zappa y los Mothers of Invention, pioneros del underground y el rock progresivo.
Foto: Dominio público.

Pete Townshend, de los Who,
acostumbraba destrozar su
guitarra en los conciertos.
Foto: Heinrich Klaffs.

Con Grateful Dead el rock llegaba a un pináculo de complejidad.
Foto: Herb Greene, Billboard.

Traffic, integrado por puros genios de la música, no sólo encaraban el rock como algo serio y riguroso, sino como algo cuasi ritual y trascendente.
Foto: Heinrich Klaffs. CC BY-SA 2.0 DEED.

Los Sex Pistols fueron la versión fonqui de los Niños Héroes. Sacudieron toda la estructura del rock.
Foto: Koen Suyk, Nationaal Archief, Países Bajos. Dominio público.

Jimi Hendrix, el padre del rock ácido, logró sacar inimitables sonidos a su lira.
Foto: Hannu Lindroos / Lehtikuva. Dominio público.

Janis Joplin ascendió
a los niveles
mitopoyésicos… su
voz fue fuera de serie.
Foto: Ashley Famous
Agency / Albert
B. Grossman–
Management.
Dominio público.

Patti Smith, poetisa del rock.
Foto: UCLA Library Special
Collections / CC BY-SA 2.0
DEED.

John Lennon contribuyó a
dinamizar y a evolucionar el
rock.
Foto: Tony Barnard, Los Angeles
Times Photographic Collection,
CC BY-SA 2.0 DEED.

B. B. King, con su estilo basado en el rhythm & blues, influyó enormemente en los primeros grupos de rock.
Foto: Dominio público.

La raza, siempre fiel a sus ídolos del rock.
Fotos: Arriba: Noord-Hollands Archief / Fotoburo de Boer. Abajo: Secretaría de Cultura de la Ciudad de México. Dominio público.

Coda

Por José Agustín Ramírez

Clásicos instantáneos
(y la prueba del añejamiento)

Cuando *La nueva música clásica* nació, o fue engendrada (1968), y después reescrita y publicada (el 27 de mayo de 1985) por el joven escritor José Agustín y la editorial Universo (y yo era sólo un escuincle de escasos diez años), la aseveración de su título era bastante aventurada para sus tiempos. Tanto que el texto original y experimental de la plaqueta que llevó este nombre (y que se incluye por primera vez en esta edición especial, junto con el libro editado en el 85, que no conserva nada del anterior salvo el título y el tema, y es una recopilación de artículos y ensayos sobre rock) comienza con una especie de aclaración, casi un "disculpe usted": "El título de este libro es una exageración, debió ser una nueva forma de música clásica, o algo así, más cercano a la objetividad". Por lo tanto, podemos deducir que el nombre es una provocación, quizás para fastidiar a musicólogos y conocedores, pero en realidad está dirigido a cualquier persona melomaniaca o interesada en estos asuntos, es decir, quienes amamos la música por vocación, por instinto o por una decisión espiritual. En el debate garantizado que este título promete, en una esquina del ring encontramos a los Conservatorios, que desde entonces y hasta ahora probablemente se habrán cabreado y quizás burlado de tal afirmación, indignados y horrorizados ante semejante atrevimiento; y en el otro extremo estarían los simpatizantes de la literatura de mi jefe y el rock, ex y post jipis de la era de los dinosaurios, muchos provenientes de las eras tempranas de este género musical, y cualquier cantidad de jóvenes de cuerpo y alma, demás iconoclastas/modernistas, los seguidores de su rastro de letras ardientes, que pueden venir desde las décadas de los inocentes cincuenta, los tremendos sesenta o los decadentes setenta y etcétera, así hasta nuestros días.

En pocas palabras, el libro fue muy bien recibido por los fieles lectores de la entonces flamante literatura de José Agustín, siempre en crecimiento, pero a la fecha se le ha relegado como una de sus obras menores, y es por eso justamente que ahora se reedita para su revaloración. Es un texto ágil y divertido, que refleja fielmente la imagen de José Agustín, un autorretrato honesto y sincero, muy personal, que abre una ventana al mundo más privado del joven terrible de las letras mexicanas. Aquí hace honor a su nombre de revoltoso y rebelde con causa, dando fe, en primera persona, a su lugar como mentor sicodélico de la contracultura mexicana. Promulga los valores libertarios e insurrectos que esta defiende, y lo hace, *of course*, desde su muy particular punto de vista, con su estilo realista e irreverente, que tantas críticas le costó, pero que, como resultaron las cosas, demostró su pertinencia y vino a ser parte de la voz de una generación que revolucionaría la cultura. Fue una ola de insurrecciones justas y necesarias en la música y la literatura mexicanas, pues como revela en estas páginas, José Agustín se propuso hacer rock escrito, y creo que a todas luces lo logró; en muchos momentos su obra destella con un brillo propio y natural. Aquí uno alcanza a ver cómo se roba la piel de sus ídolos del rocanrol para crear su teatro de quimeras musicales y nos invita, convertido en un adolescente otra vez, a escuchar sus discos detrás de las grandes piedras rodantes y el pasto verde, con su insolente brillo de esmeraldas intoxicadas.

Algunos academicistas seguramente consideraron prematura esta canonización de un baile de moda, donde mi jefe vio un momento revolucionario, que ocurría principalmente en los E. U. e Inglaterra, pero también poco a poco migraba a México y muchas otras partes del mundo. Esta energía revitalizante y transformadora se manifestó con especial intensidad en las canciones, hits y sencillos rockeros que pronto se convertirían en discos de acetato o lp, cientos de ellos, que mi jefe coleccionó, para mi gran fortuna, como un poseído durante toda su vida y hasta la actualidad, acá en este herido año del 2024, en el que todavía los escuchamos juntos, así fuera por última vez.

Hoy en día, además, la relectura de *La nueva música clásica* se antoja doblemente, al multiplicarse con las posibilidades interactivas que el acompañamiento de una computadora portátil nos ofrece, siempre que esté conectada a la red mundial, ahora que todo está tan al alcance de la mano en la interred, y al fin podemos degustar, con el oído propio, si así lo deseamos, los cientos de referencias musicales que mi padre hizo en este libro, para darle vida a sus páginas con el sentido del audio y, por qué no, a veces hasta con la vista en videos arcaicos de las eras doradas del rock and roll.

Hace ya mucho tiempo desde que mi padre lanzara su polémica consigna generacional, y muchas cosas han pasado desde entonces. Aquí vamos a tratar de analizar algunas muestras, pistas y evidencias del pasado, presente y porvenir, no para ofrecer conclusiones al respecto, ni enumerar absolutamente todas las buenas propuestas musicales, pero sí para sobrevolar el mapa en el marco filosófico agustino que apadrina esta propuesta tan ambiciosa e insurgente.

II

Todo empezó cuando mi hermano Andrés, quien por estrategias del destino es el editor de mi padre desde hace muchos años, me pidió que escribiera una coda con un panorama de lo que ocurrió en la escena global de la música moderna después del punto donde termina *La nueva música clásica*. Pero antes de pasar a este maratón de bandas, antes de intentar darle mi pequeño aporte, quisiera empezar analizando el artefacto en cuestión. Se trata de un libro poco conocido de mi padre, que es una mezcla de ensayo periodístico y crítica musical con prosa autobiográfica, o que en partes es literatura de no ficción, mientras aborda, al mismo tiempo, con harta seriedad, sus gustos musicales, principalmente de las eras de su juventud, intercalando las notas de periodismo rocanrolebrio con sus recuerdos. El libro abarca, en su recuento de buenas ondas musicales, desde las más *early oldies* hasta algunas bandas de los ochenta, esa década preapocalíptica en la que fue escrito este libro, dirigido a todas las y los amantes de la música, ambos sobrevivientes de aquellos tiempos o exploradoras de esta nueva era, pero sobre todo enfocado en la que por aquel entonces era la tonada más moderna: el rock & sus anexas.

La nueva música clásica nos acerca a artistas de su predilección, como Fats Domino, Bill Haley, Elvis Presley, Little Richard y Jerry Lee Lewis, o Buddy Holly, Ritchie Valens y Big Bopper, quienes fallecieron juntos en el primer avionazo trágico en la historia del rock. Después prosigue con la oleada inglesa: los Beatles, los Rolling, los Animals, Cream con Eric Clapton, The Who, Pink Floyd y así hasta llegar a Led Zeppelin, en los albores del heavy metal (o jevi mierda, diría don Lora, antes de que la virgen lo santificara).

Se detiene especialmente en Bob Dylan, a quien dedica un lugar muy especial en su admiración y describe como un artista completo, vanguardista y revolucionario. Pero con su premio Nobel a cuestas, es un hecho incuestionable de la historia del rock, que vino a comprobar los postulados paternos sobre que este cantautor es un poeta, escritor y compositor absolutamente insólito en la calidad y cantidad de su producción.

Continuando con los contenidos, antes de clavarse con la explosión de bandas psicodélicas de Estados Unidos en la década jipi, o los años sesenta (The Jefferson Airplane, Janis, Hendrix, los Doors, el Grateful Dead, Procol Harum, Traffic, etc.), mi jefe recapitula a la par sobre cómo conoció a los también escritores juveniles Gustavo Sainz, Juan Tovar y Parménides García Saldaña, entre otra fauna. Todos aparecen en este libro, que tengo el privilegio de cerrar, y que es una más de las pruebas contundentes de la trascendencia de las letras de José Agustín, que además de seguir en el gusto de lectores de todas las edades, se apresuró a publicar estos textos desinhibidos y casi que proféticos de tan acertados y visionarios, que conforman la estructura miscelánea y discográfica de *La nueva música clásica*.

Del mismo modo que revisita a las bandas y artistas más icónicos de los *sixties*, sobrevuela el panorama primitivo del rock mexicano, contando cómo esta música logró inmiscuirse y llegó para quedarse en la cultura mexicana.

Y, desde luego, asistimos a un célebre romance del jefe con Angélica María, la novia de México, a la que retrata con más cariño que objetividad, sobre todo en la primera versión de los Cuadernos de la Juventud, donde le dedica un choro mareador para cerrar el librito, y ahí la describe como una gran voz, de hecho como "la única y verdadera cantante mexicana", exageración propia de un arrebato romántico, pero muy poco realista. De todo lo cual se arrepiente y, aplicando el *mea culpa*, se corrige en la segunda versión, el verdadero libro que finalmente vio la luz en 1985. Esta vez, el libro resultó un compendio bien estructurado por un autor más maduro y experimentado. En este segundo boceto de doña Angélica, también la retrata como una excelente artista que incursionó en el rock, con mucha ayuda de buenos amigos rocanrolebrios, pero que al final prefirió ser sólo una turista y reincidió en la balada pop y una carrera modelada por productores al estilo de Televisa. Es un error garrafal, sobre todo porque a Janis Joplin, por ejemplo, sólo le dedica un par de párrafos y además confiesa que no era enteramente de su agrado… (risas grabadas). Su preferida era Grace Slick, del Jefferson Airplane, de quienes acá conocemos algo de su historia y desintegración, del mismo modo que nos ofrece pequeñas postales biográficas de artistas como Elvis o John Lennon.

Hablando de *books* y filmes, los pasajes donde José Agustín cuenta sus aventuras con Parménides son de lo mejor del libro, cuando reaparecen en el capítulo "El gordo y el flaco", irrumpiendo de madrugada y completamente drogados en un bar de la avenida Insurgentes para insultar a un cantante francés, en un momento memorable que me recordó muchísimo la novela y película *Miedo y asco en Las Vegas*, de Hunter Thompson y Terry Gilliam, respectivamente, cuando Johnny Depp y Benicio del Toro son sacados a rastras de un concierto de Debbie Reynolds, tal cual como suponemos le ocurrió al doctor Gonzo y su abogado samoano. Ambos, Thompson y Parménides, por cierto, también coincidieron en un destino trágico, lamentablemente, consecuencia en parte de sus rotundas adicciones, pero esa es otra historia y ya te la sabes.

Es de rescatarse también cuando mi jefe recuerda algunos puntos de su Manifiesto Pacheco redactado con García Saldaña, sobre todo cuando exigen: "Que Los Pinos se convierta en jardín público dedicado a las manifestaciones del arte, *mainly* del nuestro; deberá haber cabañas para oír rock, cabañas para bailar…".

Es una notable coincidencia con el presente, donde esto realmente ha ocurrido, si bien en el momento que fue escrito y publicado, sonaba como una absoluta locura. Pero resulta curioso que se haya cumplido al pie de la letra durante los afanes democratizadores de la llamada Cuarta Transformación… Bueno, hasta donde fue posible, pues a continuación Agustín y Parménides agregaron: "También deberá haber cabañas para cagar, cabañas para leer, ¡cabañas para coger!, y más cabañas a petición".

Estas demandas aún esperan ser cumplidas.

También narra la esquizogénesis de este libro en particular, de cómo fue armándose con muchos artículos de rock.

Menciona muchos cantautores cuyas historias vale la pena retomar, algunos que en aquel entonces no eran muy conocidos, pero su olfato de cazador de estrellas lo llevó reconocer a gente como mi chingón Randy Newman, quien de ser un notorio ebrio y medio drogo bastante subterráneo pasó a ser el consentido de las pistas sonoras de la empresa de animación Pixar, dándose a conocer en el mundo entero como referente de la célebre franquicia *Toy Story* y de diversas películas para niños. Me pregunto qué pensaría mi papá de eso, pero supongo que se alegraría al ver que Randy supo lograr que su talento fuera reconocido por públicos de todas las edades y en todo el mundo.

Mi padre también hace un recuento de la historia del rock, como una flecha del tiempo en llamas, y se concentra bastante en los Beatles y los Rolling, favoritos de muchos acá y en China, a los cuales describe como un binomio creativo de sana competencia y camaradería inglesa generacional, que está muy lejos de la eterna rivalidad que constantemente tratan de vendernos. Recorre la historia de ambos hasta donde llegaron los Beatles y hasta donde iban los Rolling, describiéndolos como una fuerza de la naturaleza capaz de hacer metamorfosis convincentes con los géneros que reinaron durante varias décadas, como el rock latino, el soul, el country, el blues y hasta la temible música disco. Hubiera querido agregar seguramente la vez que fuimos a acompañarlo, mis hermanos y yo, a su primer concierto en México, durante la gira del *Voodoo Lounge*, en donde reporteó la tocada en vivo con una laptop en las piernas, para aparecer al día siguiente en *La Jornada*, dando fe de la resurrección diabólica de sus satánicas majestades en los años noventa. Algunos años después, volvieron los Rolling a Mexicalpán, y esta vez mi padre ya no quiso ir; me regaló su boleto y su pase de prensa, y yo bebí cocteles sin fin, comí canapés gratis en la carpa para reporteros y tuve a Mick Jagger y la pandilla de

Las Piedras Rodantes a unos escasos metros de distancia. Volviendo a los Beatles y los Rolling, quizás las dos bandas más famosas en la enciclopedia del rock, la gran amistad entre ambas se puede constatar en muchas canciones y videos, pero por si hubiera duda, recién en 2023 los Stones anunciaron un nuevo disco (*Hackney Diamonds*), en el que invitaron a participar al ex Beatle Paul, como buenos hermanos, diría Ibrahim Ferrer. Una muy buena noticia.

Este es un libraco que da cuenta de las obsesiones auditivas de mi padre (que han de saber estaban en el borde de la compulsión y formas de locura), quien se desahogaba coleccionando música, libros y películas, las cuales organizaba metódicamente en orden alfabético, por autores y nacionalidades, pues los dotes de bibliotecario y la geografía eran otras de sus pasiones ocultas.

Esa colección se especializa especialmente en Bob Dylan, a quien dedica un lugar muy especial en su admiración. Prácticamente se detiene a construirle un altar, aunque también lo ridiculiza cuando recuerda la conversión de don Bob al cristianismo. Pero no duda en ponerlo como la piedra fundacional del rock como arte, cuando en sus mejores momentos aspira a la grandeza. El tiempo, que hasta un premio Nobel le concedió al maese Dylan, también le dio a mi padre la razón en su sincera devoción, y quizás hasta sintió más gusto que el mismo Bob con ese premio tan cotizado (la que se llevó la peor parte fue la pobre Patti Smith, quien cubrió a duras penas al Bob en ese evento tan mamalón, cuando este judío cabrón acepto la lana del reconocimiento desafanándose de ir a la premiación en Suecia; pero ese es otro choro, que supongo ya te sabes tambor). Esta condecoración tan perrona coloca pues a don Bob como parte de esa alta cultura a la que el título de este libro alude, o algo parecido, reivindica esta profecía nopalera de cómo algunos mequetrefes del rocanrol llegarían, algún día, a codearse con los meros dioses del Olimpo, al menos de las letras, y a habitar en el Edén literario.

De Bob sólo resta decir que tuvo uno de sus periodos de inspiración creativa más potentes y prolíficas en los noventas y principios del nuevo siglo, con una tercia o póker de discos magistrales: *World Gone Wrong* (1993), *Time Out of Mind* (1997), *Love and Theft* (2001) y *Modern Times* (2006), si bien luego resbaló, pa' mi gusto y el de mi father, con tres discos de homenaje a Frank Sinatra. Pero en el 2020 regresó al sendero de lo original y su gran calidad con *Rough and Rowdy Ways*. Estos y otros materiales lo coronaron como el compositor más importante de los E. U., lo cual llegó a su clímax con el premio Nobel en el 2016.

De Harrison, a quien mi jefe no le ve posibilidades de competir con Lennon como solista, le hubiera gustado agregar sus posteriores éxitos, especialmente cuando se alió con Dylan, Roy Orbison (quien falleció días después de lanzar el álbum), Jeff Lynne y Tom Petty bajo el nombre de los Traveling Wilburys, que dieron un disco excepcional y homónimo *Vol. 1* (1988). Aparte de que en esa época todos salvo Dylan presentaron algunos de sus mejores discos como solistas, como *Full Moon Fever* (1989), de Petty; *Armchair Theatre* (1990), de Lynne, o *Mystery Girl* (1989), de Orbison. George Harrison se despidió de este mundo con el muy decente *Brainwashed* (2002); en el documental de Scorsese sobre él nos contaron del intento de asesinato del que fue víctima y del cáncer que terminó con su vida. También a ese binomio de George con Jeff Lynne (ex ELO), esta vez también con McCartney, debemos la resurrección de Lennon en los últimos hits póstumos de los ex Beatles: "Free as a Bird", "True Love", en bellísimos arreglos que por un instante le devolvieron la vida a las mejores colaboraciones de los Beatos, y más recientemente "Now and Then", que los reunió en video como por arte de tecnomagia.

Lo mismo quisiera aclarar de McCartney, que el jefe pinta como en total decadencia después de los Beatles, tras decenas de discos en solitario o con su infame banderilla Wings. Yo siempre estuve de acuerdo. Como dijo Lennon, parecía darle la razón con esa música a quienes afirmaron que había muerto. Pero a mi parecer en los últimos años sus vuelos han retomado buena altura, por lo menos así me pareció en su disco *New* (2013), después del cual ha producido dos discos más, *Egypt Station* (2018) y *McCartney III* (2020), tercer autorretrato de su solitud egocéntrica, así que, al menos en cuanto a resistencia, no cabe duda de que Paul es el más longevo y productivo de los Cuatro Fantásticos, alias los Beatles.

Y ya hablando de veteranos correosos, añejados cual buen vino, hay que nombrar otra vez a la cabeza, el maese Dylan, que sigue activo a sus 81 abriles, envejeciendo con el estilo de McCartney y los Rolling, que están listos para sacar nuevo material de sus cuernos de la abundancia, aparentemente inagotables; aún en estos tiempos preapocalípticos no se rinden y siguen creativos, algo digno de reconocerse. De ese tamaño y longevidad, debemos mencionar las excepcionales carreras solistas de Willie Nelson, Neil Young, Tom Waits, Patti Smith, Iggy Pop, Robby Krieger, Emmylou Harris, Robert Plant, Blondie, Eric Clapton y Van Morrison, que perseveran hoy en día en los caminos auténticos del rocanrol y anexas. Y aunque confrontados como malos hermanos, también debemos mencionar lo que queda del Pink Floyd de Roger Waters y David Gilmour, que acaso se reunieron por última vez durante el concierto Live 8, pero después de eso continuaron insultándose públicamente y hasta la actualidad mantienen un terrible pleito, si bien de vez en cuando presentan material excelente como solistas. Mientras tanto, extrañamos saber de Donovan o Paul Simon, y lamentamos las muertes recientes o prematuras de luminarias como Fats Domino, B. B. King, Ray Charles, John Lee Hooker, Etta James, Johnny Cash, Dr. John, Frank Zappa, Tom Petty, Lou Reed y David Bowie (de quienes extrañamos su genialidad y revoluciones sexuales), así como la partida de Gary Brooker, de Procol Harum (el más cercano al corazón de mi padre). Extraño igualmente los teclados de Manzarek y la bella voz de Roger Daltrey, quien aún sigue vivo, pero poco a poco se desvanece; y a la bella dama del country, Loretta Lynn, que recién exhaló sus últimas notas musicales. Nunca me olvido de Mark Sandman, de Morphine, y demás mártires del rock & roll. Esto sin contar, desde luego, a los miembros del club de los veintisiete, que como todos saben, incluye a Brian Jones, Jim Morrison, Janis Joplin, Jimi Hendrix y la preciosa y añorada Amy Winehouse, pero también a Hank Williams y a Robert Johnson, y por poco a los Buckley, padre e hijo. Y del lado mexicano, permítanme echar un minuto de desmadre en nombre de Rockdrigo, *of course*; Julio Haro, de El Personal, y, más reciente y dolorosamente, la pérdida de la bellísima Rita Guerrero, de la banda inmortal Santa Sabina.

Por esta coordenada, hay que decir que los hijos de Dylan (Jakob), Lennon (Julian y Sean) y Harrison (Dhani) han incursionado esporádicamente en la herencia de sus gigantescos padres, con resultados de moderados a brillantes. Son Jakob y Sean los que más han destacado, con Wallflowers y el Claypool Lennon Delirium, respectivamente, pero Julian también presentó un nuevo disco, *Jude*, en 2022.

Y ahora, años más tarde, mirando de vuelta hacia la cresta de esa gran ola, visto desde más allá de la resaca mortal, mucho después del punto de quiebre donde este tsunami de buena música finalmente se rompió, mil y un millones de cervezas detrás de aquel atardecer psicotrópico, podemos concluir que, junto con sus programas de Radio UNAM *La cocina del alma* (donde tuve el chance de hacerla de *sidekick*, a dueto en esa locución), su ensayo *La contracultura en México*, su libro ilustrado *Los grandes discos de rock 1951-1975*, el *Vuelo sobre las profundidades* y, más recientemente, *El hotel de los corazones solitarios*, *La nueva música clásica* y sus secuaces vienen a constituir la cosmovisión de mi jefazo en cuanto a la música que amó y que, junto con las letras y el cine, siempre fueron su gran pasión. Así fue su vida, a todo volumen, desde la infancia y hasta ahora, 78 años después, cuando todavía escuchamos, en la casa de todos ustedes, los discos, películas y libros que coleccionó desesperadamente durante una vida y que me permiten mantenerme en contacto con él, el otrora joven rebelde de las letras mexicanas, y mi padre también, por cierto.

III

Pero volvamos al principio: el título es la tesis y el objetivo de los textos reunidos. En pocas palabras, se trata de la Consagración del Rocanrol, y nos permite ver a un José Agustín realmente joven y comprometido con la causa del rhythm & blues, haciendo experimentos explosivos en su laboratorio de roquero/alquimista de las letras mexicanas. Don J. A. supo ver que este movimiento musical, que apenas empezaba, era sólo la punta de un iceberg cultural que vendría a situar al rock como una forma de expresión primordial, para representar fielmente el final del siglo veinte y los inicios del veintiuno, tal como lo fue la llamada "música clásica" en los siglos que nos precedieron (del 1600 a la actualidad, se podría afirmar).

Si bien el rock es rebelde, sencillo, imperfecto, ligero y juvenil, irreverente y satírico, y parecería todo lo opuesto a lo clásico, en el fondo están entrelazados por arterias misteriosas, acaso para mantener vivos los mitos, la representación de los tiempos a la altura de los gigantes y llegar cada vez más allá, con originalidad y absoluta libertad de jugar, de la mano con la modernización de los instrumentos musicales y sus infinitas posibilidades. Pero ¿son el rocanrol y sus vertientes un movimiento cultural igual de importante que la música clásica? Respuesta corta: clarín. Esa es la tesis del libro.

Creemos que sí, en sus mejores momentos y con sus mejores exponentes, el rock ha sabido tomar esa estafeta de expresión para todos los sentidos y sentimientos, pues toca las profundidades más hondas o las mayores alturas de la imaginación.

Pero la música desde siempre ha estado ligada a los avances tecnológicos y científicos que, por amor al arte y los negocios, constantemente se modernizan y presentan retos y posibilidades para las mentes armónicas. Me encantaría saber qué hubieran podido lograr con su gran talento y genialidad los románticos y compañía (Mozart, Schubert, Chopin, Bach, Haydn, Bruckner o Beethoven) a través de las nuevas herramientas sonoras, eléctricas, electrónicas o computarizadas que existen hoy. Pero de la misma manera sigo esperando que broten más profetas de entre la nopalera o de cualquier parte del mundo, pendiente de los nuevos valores que pudieran emerger en las nuevas escenas musicales, derivadas de los constantes inventos en materia sonora, como secuenciadores, sintetizadores, cajas de ritmos, *samplers*, cajas de efectos, tornamesas y mezcladoras, grabadoras, computadoras y un arcoíris de combinaciones auditivas equivalentes al cambio de lo acústico a lo eléctrico, o al paso del cine mudo en blanco y negro al musical de color.

Pero existe un territorio de la imaginación donde ambas formas de hacer música, aparentemente tan disímiles, se enredan cual águilas al vuelo, o como un nido de serpientes en una cama *king size*. En otras palabras, las relaciones tormentosas, amoríos, aventuras, romances y rupturas, los crímenes pasionales entre el rock y la música clásica también tienen raíces profundas y ramificaciones muy altas, como trataré de demostrar a continuación, empezando por la primera canción de rock & roll que, según yo, pone el debate sobre la mesa de la musicología, donde el rock invita, por primera vez, a los clásicos a bailar juntos, así sea sólo en un juego de palabras. Me refiero a las letras de la canción "Roll Over Beethoven" (1956), de Chuck Berry. En ella, el viejo Chuck (el Diablo lo tenga en su gloria) cantaba algo como: "¡Hazte a un lado, Beethoven, y cuéntale a Tchaikovsky las noticias!", como infiriendo que esta nueva corriente derivada del blues, el country, el jazz, el folk, el góspel y principalmente heredera del rhythm & blues, el recién nacido rocanrol, era la nueva ola que cambiaría la música como la conocíamos, incluso con la deliberada intención de convertirse en la *nueva* música clásica.

En varios sentidos, es indudable que el rock llegó para quedarse (aunque tantas veces le hayan querido levantar su acta de defunción) o al parecer acompañará a la humanidad hasta su fin, tan pregonado últimamente. Pero sin duda podemos decir que es uno de los fenómenos culturales más importantes de la segunda mitad del siglo pasado y el que va corriendo. Es polifacético, de raíces fuertes y ramas muy gruesas, y hoy en día es un medio de expresión del espíritu en muchos países del mundo. Como pronosticaba mi padre en este libro, se volvió una forma de arte universal, una ventana honesta hacia la psique del ser humano de los siglos xx y xxi, un reflejo fiel, a muchos niveles, de las sociedades contemporáneas y sus individuos libertarios. Aunque claro, muchas veces sus aspiraciones son simplemente comerciales, pero no he venido a hablar de la falsedad del rocanrol, esa se muere por sí misma, así que hagamos a un lado la música basura para trabajar a gusto, por favor.

Ya que toco este tema, me gustaría comenzar mi recuento de lo que pasó en el rock y sus anexas después de lo descrito por mi papá en este bello book, con un paseo por los tiernos, decorosos o dignos acercamientos de los nuevos compositores, emanados de las camadas del rock hacia la llamada música clásica. Como sabemos, ya los maestros del jazz habían hecho muchas reversiones de piezas icónicas del clásico, como las composiciones de Sebastian Bach que interpretaba el galo Jacques Loussier o la obvia influencia en artistas como Dave Brubeck. Pero estos tres géneros llegaron a una fusión insólita en la pista sonora del musical de teatro *Amor sin barreras*, o *West Side Story*, donde el maese Leonard Bernstein logró una obra que, al igual que *Rebelde sin causa*, ya profetiza el rocanrol y tiene toda su esencia, excepto que aún no se musicaliza con rock propiamente. Pero, por citar otro ejemplo de mi predilección, podría mencionar a Miles Davis versionando el segundo movimiento del *Concierto de Aranjuez*, que años después también fue retomado por Santana, por ejemplo, pero no tenemos tiempo acá de investigar la conexión entre el jazz y lo clásico. Hablando de guitarristas virtuosos, el recién fallecido Jeff Beck también fue reconocido por interpretar piezas como el *Nessun dorma*, una aria muy emblemática de la ópera, si no es que su pieza más conocida. También Brian May, el guitarro de Queen, gusta de interpretar esta pieza con Adam Lambert, el suplente del fallecido Freddie Mercury, quien como sabemos, y como dejó claro en sus coqueteos con esta forma de canto en el himno "Rapsodia Bohemia", era amante de la ópera. Y si hablamos de ópera, debo mencionar los intrépidos saltos generacionales que realizó don Pavarotti al final de su vida, cuando se aferró a trabajar con U2, lo cual derivó en su colaboración "Miss Sarajevo", bajo el alias de los Passengers; después Luciano realizó su serie de conciertos Pavarotti & Friends, donde invitó a los más variados roqueros, desde James Brown hasta Sting, pasando por Suzanne Vega, Lou Reed y Brian May, además de una docena de las más variadas e insólitas combinaciones del célebre maestro del canto italiano, con diversos intérpretes no tan decorosos.

En las eras jipis, The Moody Blues gustaba de los arreglos sinfónicos mientras recitaban poesía, y no podemos olvidar al máster George Martin cuando compuso los arreglos para varias canciones clásicas de los Beatles, como "Eleanor Rigby", "All You Need Is Love" o "A Day in the Life", y el score para el *Submarino amarillo*. Son momentos clave en que la música clásica y el rock más propositivo claramente han bebido el mismo elixir de los antiguos, en estos vasos comunicantes, listos para brindar por las mismas causas. También viene a mi mente el talento de Robby Krieger y Ray Manzarek, de los Doors, quienes estaban al nivel de los conocimientos y sensibilidad para las letras del poeta Morrison. En el caso de Robby, como demuestra en su "Caravana española", practicaba la guitarra clásica, mientras que Manzarek, en sus tiempos post Doors, presentó una versión del *Carmina Burana* de Carl Orff, en su reconocido estilo de órgano eléctrico y los teclados más modernos para su tiempo, en los albores del sintetizador.

Ya mi padre, en su texto sobre este tema, mencionó desde luego a Pink Floyd y sus locuras sinfónicas en *Meddle* y *Atom Heart Mother*, sin dejar de lado la invención del término "ópera rock" con la aparición de *The Wall*, y por el lado de los Who sus *Tommy* y *Quadrophenia*. En esas coordenadas, o a estas alturas de perfeccionismo y virtuosismo, se enfocaron los grupos de rock progresivo como Emerson, Lake & Palmer, Yes, King Crimson, Jethro Tull o Camel, por mencionar a sus principales exponentes, todos ellos seguramente graduados en academias y dotados para la música desde jóvenes. Por esa vertiente se fueron muchos metaleros, dando lugar al metal progre, que prolifera sobre todo en Europa, y enseguida practicaron las óperas rock y pequeñas sinfonías de guitarristas extremos o diversos ejecutantes superdotados, dejando atrás los géneros más apócrifos y viscerales del metal.

En estos días, todavía suenan perronas bandas como Tool o Porcupine Tree, que asimilan a la perfección estos nivelungos y tienen claras tendencias a lo sinfónico; si bien con medios modernos, aún practican la vieja escuela, el arte casi perdido de las rolas épicas, ambiciosas y narrativas. Una de las bandas con ascendencia metalera y progresiva que practica sendos homenajes a Beethoven y otras piezas clásicas, y que se puede encontrar en la discoteca de mi padre, es el Trans-Siberian Orchestra, quienes para bien o para mal practican una devoción especial por los románticos del 1800 y las óperas rock con motivos de las festividades navideñas, acompañados en sus espectáculos por toda la sección de cuerdas. También recuerdo una banda argentina de metal llamada Rata Blanca, que presumía de sus versiones para guitarra eléctrica de piezas de Bach y demás exquisiteces. Qué decir de Apocalyptica, cuarteto de chelos que reinterpreta piezas de otras bandas metaleras que a su vez se consideran ya "clásicas" dentro del género del metal pesado. En este apartado se pueden incluir las versiones "sinfónicas" de bandas tan diferentes como Metallica o el Tri, pasando por Led Zeppelin con su *No Quarter*, o Gustavo Cerati y sus *14 episodios sinfónicos*, en este caso con cuarenta ejecutantes. Son sólo algunos ejemplos de los muchos que han decidido trasladar su instrumentación a territorios orquestales, solicitando músicos concertistas, toda la orquesta con directores y arreglistas, o bien se han ingeniado ellos mismos las versiones para cuerdas y alientos de sus mejores rolas, o los éxitos que desean legar así a la posteridad.

Muchos otros autores han creado bellísimas melodías instrumentales, o también cantadas, que a la par con sus letras o silencios dejaron claro que pueden engrandecer su arte con una poca ayuda de violines, chelos, guitarras acústicas o toda la sección de cuerdas, metales y alientos, percusiones sofisticadas, arreglos corales y demás maravillas del repertorio de los conciertos clásicos y las enseñanzas de las más cotizadas academias y conservatorios. Tal es el caso de Divine Comedy, que tanto sorprendieron a mi Daddy O. También recuerdo las piezas de Leonard Cohen, que poco a poco fueron convirtiéndose en bellísimas *lieder* como "Tacoma Trailer", de su disco *The Future* (1992), o las más profundas reflexiones de su último álbum editado en vida, *You Want It Darker* (2016), tales como la que da nombre al disco y que ocupa todo el coro de una sinagoga, lo mismo que "Steer Your Way" o "Treaty" y su *reprise* instrumental que cierra la genial obra de este gran escritor, poeta y cantante. Así mismo, colaboró con Philip Glass en un disco con ecos de ópera llamado *The Book of Longing* (2006).

Punto y aparte me parecen Dead Can Dance, grandes exploradores de la música del mundo y de otros viajes imposibles; o conjuntos como Madredeus, de Portugal, con su *saudade* que, si bien es un género antiguo en sí mismo, también parece una fusión de lo tradicional y lo moderno, lo clásico y lo contemporáneo.

Algunos masters de las bandas más populares del rock & roll también han incursionado en intentos de sinfonías, como sir Paul McCartney, con discos como *Ecce Cor Meum* o su poema sinfónico "Standing Stone", entre otros varios intentos de música que busca ser "clásica", y ha reconocido en una entrevista televisiva que el inicio de su pieza "Blackbird" está basado en un arreglo de Bach: "Bourrée en E menor". El maestro Thom Yorke, de Radiohead, también ha hecho música para filmes y algunas aproximaciones a lo instrumental ("Burn the Witch", "Don't Fear the Light"). En este tenor de las pistas sonoras, no podemos dejar de mencionar al recién fallecido Angelo Badalamenti y los desamores abismales en sus inolvidables soundtracks para las películas del maestrísimo David Lynch. De igual manera, Peter Gabriel, al salir de Genesis, realizó la música para varios filmes excelentes, como *La última tentación de Cristo*, de Scorsese; o el *Birdy*, de Alan Parker. Y por aquí es inevitable recordar a otro recién desencarnado, el maestro Evángelos Odysséas Papathanassíou, mejor conocido como Vangelis, autor de uno de soundtracks más queridos de mi espíritu, el de *Blade Runner* (una de las películas más bellas jamás filmadas) y quien también exploró mil y una facetas de lo musical en un sinfín de discos experimentales, instrumentales y corales que surfean la frontera entre el rock progresivo y la música clásica. En esta coordenada también entran el Kronos Quartet, Wim Mertens, el obsesivo guitarrista Glenn Branca y Gavin Bryars, quien solicitó colaboraciones de Tom Waits (*Jesus' Blood Never Failed Me Yet*, 1975). También el jefe Nick Cave ha incursionado en las pistas sonoras, lo mismo que Mark Knopfler después de sus Dire Straits. Incluso Lou Reed nos dejó su disco *Hudson River Wind Meditations*, atmósferas hipnóticas que fueron concebidas para practicar el tai chi. Y eso va también para las insólitas evoluciones de Trent Reznor (el gran innovador del rock cyberpunk, esa música electrónica oscura también conocida como industrial o elektro) al musicalizar filmes, o cuando sus NIN incursionan fantasmagóricamente en lo ambiental, un género que tiene sus raíces en el ancestral minimalismo de Erik Satie (1866-1925, un importante compositor francés de la generación de Debussy). Directo de esta fuente, el camarada José Manuel Aguilera, a la cabeza del rock mexicano, en esta ocasión sin su excelente banda La Barranca, volvió a editar su disco solista *Yendo al cine solo* (2001), pero incluyendo como *bonus track* su versión de una pieza muy especial de Satie, la "Gnossienne no. 1", con resultados magistrales. Otro digno heredero de Satie es Moby, reconocido jefe de la música electrónica, pero vegano, rehabilitado, renacido y de espíritu muy positivo, cuyas exploraciones ambientales llegan a grandes alturas. Desde luego, como ya anotó mi jefe en este *book*, el maestro y padre indiscutible del género conocido como ambient o minimalismo es Brian Eno, quien reinventó esta escuela musical con su *Music for Airports* (1978) y la llevó a fronteras insospechadas creando toda una corriente de seguidores, un sendero pacífico e introspectivo hacia una nueva galaxia sonora por donde lo siguieron otros buenos cumpas, como hicieron también su hermano Roger, Jah Wobble, Robert Fripp o Daniel Lanois, un superproductor responsable de muchas maravillas sónicas. Y no podemos desconocer al maestro Michael Nyman, ni olvidar el disco en homenaje sinfónico a "Heroes" y *Low*, de David Bowie, que Eno realizó junto al mismísimo Camaleón y míster Philip Glass, quizás el ejemplo más claro de los mestizajes entre el rock & la *classical music*. Y finalmente, Sufjan Stevens también ha incursionado en lo ambiental con discos como *Convocations* (2001).

En esta era futurista, después de los dosmiles, el rock espacial o space rock proliferó como el ambiental, creando un pequeño abismo negro, una supernova que dio origen a un sinfín de propuestas de rock muy serias con aspiraciones celestiales o de plano cósmicas. Y existen aún, mientras lees esto; sobreviven en algunas regiones del universo y el presente, aunque a veces están ocultas, en los ríos subterráneos de la red cibernética global, como especies exóticas en los arrecifes de coral. Hacen su magia en una zona misteriosa de esta gigantesca telaraña de constelaciones, algo que yo denomino el Mar de Música, y es allí donde nuestra Casa Flotante, el hogar soleado de mi padre y antes de mi abuelo, ha naufragado… Es un tiempo y espacio virtual donde toda la música grabada de todos los tiempos, sea en acetatos y vinilos, cassettes, cds, mp3 o usb convive en las nubes de la interred (chécate, solo por dar un ejemplo, allmusic.com o everynoise.com para darte una idea de cómo puedes perderte en una eternidad enciclopédica de muestras y referencias a ritmos y nombres de obras o artistas). Estas mareas generacionales de músicos han ido abriendo caminos, trazando cartografías sónicas y creando un infinidad de rutas imposibles de explorar completamente por una sola persona, ni siquiera por los más viejos e intrépidos lobos marinos, como alguna vez lo fue mi padre, quien estando aquí a veces no estaba presente, pero por lo general regresaba a ser él mismo cuando le ponía cualquier cantidad de música y videos caídos directamente de la internet y él me preguntaba cuándo había comprado ese cd o dvd, pues su mente quedó anclada en los tiempos de las tiendas de discos y la piratería callejera, un pasado que ya parece remoto, antes de su accidente casi fatal. Un pasado en el que la amnesia de lo reciente lo mantenía cautivo y ya no alcanzaba a comprender que estamos en el mejor momento para amar la música, aquí, en este territorio efímero y fugaz que aún es nuestro presente, este herido año de 2024 donde mi familia (universal, de origen o elección) y yo escuchamos el Mar de Música en nuestra casa que canta, la casa de mi padre y de todos ustedes, o ponemos una oreja en el interior de un caracol marino para escuchar el oleaje de nuestros espíritus vagabundos y recordar tiempos mejores.

Al infinito y más allá...
(O después de *La nueva música clásica*)

Okey, here we go: ¿qué pasó después de lo descrito por mi padre, *beyond* 1985, donde termina su libro? A continuación, voy a recordar todas las vanguardias musicales de impacto nacional o internacional, las corrientes o movimientos, bandas, solistas y anomalías que nos dieron la música de fondo para nuestras vidas, o al menos todas las que recuerdo, las que me laten y de las que tengo conocimiento. Así que abróchense el cinturón de este planetario rodante, porque partimos a cazar esas estrellas de la rockola y demás géneros de música moderna, con el simple poder de la mente y la casi todopoderosa compañía de la internet, para escuchar mil y una noches de buena música.

Antes de continuar, me parece necesario realizar una gráfica imaginaria, si gustan acompañarme, para ver un presunto árbol genealógico del rock en términos de los diferentes géneros musicales que le dieron vida, las raíces que lo componen y las búsquedas que se ramifican de esta explosión de música al parecer ya interminable e *irrockuptible*.

Ok, tenemos que entre la música clásica y los ritmos populares de cada región del mundo pasaron muchos años hasta que en los Estados Unidos, salido del blues, el country, el góspel y finalmente clonado por los blancos del rhythm & blues, nació un fenómeno que fue llamado rock & roll, del cual se derivan muchas otras formas diferentes de hacer música libremente. He aquí algunos de los géneros que coexistieron durante los primeros años de la roca que rola, como ejemplifica mi padre por ahí de la página 252:

> El rock sigue siendo un manantial dinámico, hasta el momento más fértil, aunque también se ha agudizado más la separación entre rock comercial (pop, en los E. U.) y el rock no comercial (que en Estados Unidos consideran arte folclórico y aquí arte popular) [...] una tremenda variedad de ondas, aunque todas, en el fondo, se entremezclan; [...] equivale, toda proporción guardada, al momento de las incontables etiquetas: surf, twist, jerk, skate, etcétera. Ahora tenemos new wave, heavy metal, nuevos románticos, tecnopop, disco, aparte de rocanrol (o rucanrol), rhythm & blues, ondas ranchonas y rock pesado [Y aclara:] En todas las corrientes hay ondas buenas y malas (salvo en el pinche disco, que por lo general es mierda empaquetada).

Por el estilo, tristemente hoy en día lo más sonado es el reguetón, el pop, tecnos chafas y, en provincia, la cumbia y lo regional; reinan lo norteño, los narcocorridos y la música de banda; aunque en la CDMX surgió también el fenómeno de los sonideros, como los precursores de Sonido La Changa, que al parecer es otra nueva forma de contracultura, pero se cuece aparte. En el mundo color de rosa, las divas del pop, herederas de Madonna, reinaron con guapas a veces efímeras, como Britney Spears, Pink o Katy Perry, y otras de buena voz como Christina Aguilera, o danzas hipnóticas como la bella Shakira, pero el jefe nunca fue presa de estas tentadoras carnadas.

Volviendo al sendero dorado de mi padre, su recuento de buenas canciones llega hasta el punk, roza el heavy y alcanza a mencionar a Bob Marley, algunos rupestres, el new wave, el progresivo y el tecnopop, y también profetizó buenos augurios para el rock mexicano, aunque realmente ya no estuvo muy entusiasmado con su evolución, pero aquí su servibar, junto con muchos otros interesados en darle a conocer los nuevos caminos del rock en español, lo mantuvimos más o menos actualizado. El rock en México explotó a finales de los ochenta, justo donde termina este libro, hasta donde Agustín ya había dejado clara su visión de qué y cómo es el rock auténtico y valioso, contra lo comercial y carente de alma. Tampoco llegó a cubrir la proliferación de tribus urbanas o clanes lunáticos en el subterráneo global, derivados de nuevos géneros como el dark o el gótico; el grunge; el rap y la cultura del hip hop; la electrónica; el tecno y el cyberpunk; el trip hop y el acid jazz; los renacimientos del reggae, el ska y el surf; el rock urbano; el mentado happy punk; el rockabilly; las fusiones o *world music*; los artistas y bandas inclasificables no comerciales; los denominados indies; lo encasillado como alternativo; los eternos retornos al rock clásico, etcétera, etcétera.

Como ya se dijo, en todos hay buenas bandas y artistas filosos que merecen ser reconocidos y desde luego no los podemos mentar a todos, pero hagamos un repaso de cultura general para tratar de ponernos al día en este acordeón para nuestra escuela del rock imaginaria.

FIN DE LOS OCHENTA

A esta década se le suele recordar como una maldición, que acabó con los ideales de amor y paz y los cambió por los lujos y el dinero, por los negocios malignos de los tiburones de Wall Street y los millones escondidos en las Islas Caimán; lo peor de la humanidad dándose su último atracón de música disco y heavy metal. Se le suele lanzar al olvido como una era comercial, desangelada y carente de buenas bandas. Pero en realidad hay tesoros bajo lo superficial del reino del pop, con Michael Jackson y Madonna como rey y reina, y un pozo de propuestas con meros afanes de lucro y acaso de poner a bailar, que en esta época se refocilaron en las mieles del éxito, puros pinches changos pomposos y burgueses, como el estrafalario Elton John, el gansito de Prince o la decadencia del reino encantado de los Bee Gees, con sus agudas voces de muñequitas desinflables. En México la salsa, la cumbia, las y los baladistas como Luis Miguel o Lupita D'Alessio, los rancheros como Juan Gabriel, horrores como Yuri o Mijares fueron el pan de cada día. Y para los niños, Timbiriche, Parchís y Menudo; directo al matadero y el abuso infantil.

Al mismo tiempo, la música electrónica comenzó a levantar el vuelo y la escena del punk se metamorfoseó en lo gótico, un semillero de buenas ondas. En el 72 terminó el tan querido Creedence Clearwater Revival, y después de una asquerosa batalla legal con su exdisquera, John Fogerty se lanzó como solista y tuvo una carrera con éxito moderado rumbo a los ochenta. Míster Bruce *The Boss* Springsteen reinaba en Nueva York; The Police se decantó desde el punk y pasó por el reggae para terminar de plano en el pop, con Sting ya de solista; Roxy Music dejó sus mejores tiempos allí, junto con Supertramp; terminó Dire Straits (e inició la excepcional carrera solista de Knopfler, más country); se lanzaron los últimos hits de los Kinks y los Pretenders, que al principio eran una banda alternativa y gruexa, antes de que se afresaran bastante debido a la muerte por sobredosis de varios de los galanes que acompañaban a la Chrissie Hynde, quien por cierto tuvo un hijo con el líder de los Kinkos, Ray Davis. Y los Hawklords, con su rock lisérgico/sci-fi, se fueron en un trip a la velocidad de la luz, con rumbo y paradero desconocido. Todos fueron camaradas en el camino y mucho le encantaron a mi Pop.

Justo por esa época yo iba cobrando consciencia del mundo y de quién era mi padre, de modo que esta música ochentera, junto con sus otras mil y una manías musicales, también fueron fundamentales en la educación de mis hermanos y mía. Hartas bandas, como siempre pasa, se quedaron en *one hit wonders*, tal fue el caso de Midnight Oil, aunque eran buenos los australianos, mientras que los barbudos de ZZ Top se forjaron su propio camino de rock vaquero sin concesiones y tan natural como el Creedence en sus tiempos.

Entre tantos grupos que le encantaron, en *The new classical music* el jefe don J. A. alcanza a mencionar a una banda llamada U2 como unos cumpas de Irlanda (un país al que le debemos artistas como Van Morrison, Sinéad O'Connor, The Pogues o The Waterboys) que podrían funcionar, sin imaginarse que en los años siguientes llegarían a ser casi tan famosos como los Beatles y editarían varios discos geniales que hoy en día se consideran clásicos: desde *War*, pasando por *Rattle & Hum*, hasta el *Achtung Baby*, su discografía es impecable. La voz de Bono es asombrosa y la técnica para tocar la lira de The Edge es un capítulo nuevo en la historia del rock y la música en sí. Después, desgraciadamente, involucionaron al pop e incomprensibles nostalgias de las discotecas. Perdieron la brújula, pero poco a poco se han ido rehabilitando, hasta que después de ofrecer dos que tres discos decentes, pero no brillantes, volvieron casi al anonimato, y para cuando presentaron un excelente disco que debió ser su merecido *comeback*, *Songs of Innocence* (2014), el mundo de la música decidió que los había superado y cayeron de la gracia para las nuevas generaciones. Sobre todo, fue muy molesto para muchos, y me incluyo, ver a Bono convertirse en una especie de comodín político internacional, más miembro de misiones de paz de la ONU que de una banda de rock, siempre queriendo ser políticamente correcto, pero también chile de todos los moles, demasiado adicto a la pompa y circunstancia de los cocteles con personajes politiqueros de dudosa credibilidad. En su afán de protagonismo, rayaba en la bufonada, dejando ver hoyos en su cultura al acercarse a magnates, dictadores y presidentes/asesinos, o al menos de escasa reputación, como nuestro querido Ernesto Zedillo, cuando guaruras de su hijo protagonizaron una trifulca con el equipo de seguridad de los U2 en uno de sus varios, cada vez menos triunfales, retornos a suelo azteca. Fue en la gira del *PopMart* cuando noté cómo su chow perdía todo el momentum cuando tocaban rolas chafonas de sus discos recientes y se reencendía de entusiasmo cuando interpretaban las clásicas del *Joshua Tree*, con el público gritando y coreándolas hasta ensordecer incluso al mismísimo baterista. Después del *Innocence* presentaron otros dos discos con el rollo de las canciones para esto y aquello, que una vez más dejaron a todos los escuchas un poco desconcertados o indiferentes.

METAL

El autodenominado heavy metal es un rock pesado que comenzó a distorsionar las guitarras siguiendo la estela de Jimi Hendrix, pero con su lado de balada tierna, cantantes de tenor muy agudo y guitarristas rifados e hiperactivos, que reinó en los ochenta y hasta principios de los años noventa, muchos siglos atrás. Como enviadas por el mismísimo Satanás, muchas bandas no ocultaban su gusto por el dios dinero y el rey de las tinieblas; manifestaban un rechazo absoluto al sistema establecido, pero llevaban un estilo de vida hedonista y autodestructivo cuyo único objetivo era el glamour del estrellato, con sus beneficios económicos y demás lujurias y vicios incluidos. Cuando el poder comenzaba a corromperlo todo y a destruir su esencia, en una esquizogénesis de ideologías, se subdividieron en las aleaciones monstruosas de diferentes metales rockeros con apodos tan rotundos como death, black, speed, hardcore o thrash, que a su vez huyeron lo más lejos posible de lo comercial, lo clásico y cualquier cosa parecida a la elegancia y las *fine arts* para revolcarse en el lodo de la rebeldía más radical, escandalosa, distorsionada y en ocasiones muy agresiva y violenta.

De estos delirios tremendos y satánicos del metal, junto a la actitud del rock pesado y el punk, nació el grunge, pero de eso hablaremos un poco más tarde.

No me voy a clavar en este asunto, pues debe de haber miles de conocedores más expertos que ya habrán tratado el tema, y además no fue un tipo de rock que a mi jefe le fascinara o del que hayamos compartido gran cosa, así que, por razones de espacio, sólo mencionaré algunas de las mejores bandas, y las más famosas. Pero mando una señal de auxilio a las huestes metaleras, y a los superamigos o alumnos de mi padre, a ver si me ayudan...

Bien, después de que Led Zeppelin diera el banderazo de salida, junto con Deep Purple, las bandas más populares del primer heavy metal fueron Judas Priest, Iron Maiden, AC/DC, Queen (en sus inicios), Mötorhead, Megadeth y Black Sabbath, de donde después emergería el chamuco solista de Ozzy Osbourne, que en estos tiempos al fin ha renunciado por motivos de salud, pero aún dejó testimonio de su gran entereza lanzando casi que desde el hospital un material excelente, el *Patient Number 9* (2022). Finalmente, de demonio mayor ha ido convirtiéndose en una de las figuras de la farándula más queridas y autoparodiadas, que con sus programas de televisión se volvió aún más famoso internacionalmente y convirtió a su familia en un fenómeno del entretenimiento. Pero mientras tanto, sin falla, siguió sacando discos de calidad consistente, como si nada pudiera disminuir su ingenio para inventar canciones y juntarse con grandes guitarristas, con resultados siempre muy satisfactorios.

En la segunda ola de bandas greñudas, glamurosas y entalladas en cuero, más maquilladas que sus novias, ya encontramos a Mötley Crüe, Scorpions, White Zombie (después Rob solista), Whitesnake, Def Leppard, Skid Row, etcétera.

Y ya que desconozco tanto del género, pensé en preguntarle a un experto de entre los buenos camaradas y discípulos de José Agustín.

Acudí a Iván Nieblas, el Patas, buen amigo y conocedor de todos los metales pesados, y esto fue lo que nos aportó:

Entre esa camada destacó, sobre todo en México, Quiet Riot, una bandilla de poca monta del circuito angelino, que en su currículum tuvo la suerte de contar con un guitarrista colosal: Randy Rhoads, un güero chaparrito que le hacía ver su suerte al propio Eddie Van Halen.

Sin embargo, en esa etapa con Randy no pasó nada, y éste agarró chamba con Ozzy Osbourne. Su reemplazo fue Carlos Cavazo, otro güero, de padre mexicano pero nacido en el gabacho; más oxigenado que Randy, pero igualmente diestro. Con él Quiet Riot lanzó el disco *Metal Health*, donde tuvieron el tino de hacer un cover a los británicos setenteros de Slade: "Cum On Feel the Noize", así con esa ortografía cabulesca.

En México la tradujeron como "Ven a sentir el ambiente" y fue un mega madrazo. La canción sonaba por todos lados en 1983: radio, televisión y ¡hasta en el refrigerador! Quiet Riot se volvió famoso mundialmente sólo con esa rola, y tanta era su fama que Raúl Velasco, un rucazo ultraconservador que conducía esa infamia de la televisión llamada *Siempre en domingo*, no tuvo más remedio que presentarlos en su programa, para horror de la *gran familia mexicana* y los castos ojos y oídos de la *juventud divis tesoro*.

Por las mismas fechas, 1984, otra banda tuvo ecos similares en México: Twisted Sister. Un quinteto de gandallas estrafalarios que, siguiendo los pasos de los New York Dolls, se travestían y provocaban la ira de los machitos metaleros. Desde luego, se veían como mujerzuelas o suripantas, pero se podían partir el físico con cualquiera (y por lo general salían victoriosos).

Su álbum *Stay Hungry*, donde aparece el cantante Dee Snider (que tiene un vozarrón) haciendo como que mastica un gigantesco huesote chamorresco, contiene su gran hit: "We're Not Gonna Take It":

un himno de rebeldía de la generación joven contra los adultos del represivo conservadurismo norteamericano en la época del siniestro Ronald Reagan.

Desde luego, así como es el mexicano que a todo le encuentra y adecúa a la picardía nacional, la canción fue adaptada y conocida como "Huevos con aceite" (y limón), cosa que en 2016 su cantante comprendió a la perfección, y durante un festival invitó a corear su gran éxito a miles de metaleros locales usando esa traducción mexicana.

Ahora bien, dentro de la escena del glam metal (o como le decían despectivamente, *hair* metal) no todo era sólo pose y trapos de colores. Había bandas verdaderamente dedicadas a componer buenos temas, no sólo a verse bien ante las cámaras de MTV, que ya era el medio en el que había que hacerla o te quedabas fuera de la jugada.

Entre esas bandas y álbumes destacan Ratt y su *Out of the Cellar*, Cinderella con *Night Songs* (con un cantante de tesitura rasposa muy similar al Bon Scott de AC/DC o al Dan McCafferty de Nazareth) y el primero homónimo de L.A. Guns, derivados del truene con los músicos que formarían Guns N' Roses. Todos ellos con marcadas influencias que no venían del glam, onda T. Rex, Bowie, Aerosmith o New York Dolls, sino del blues, uno de los grandes abuelos del rock & roll.

Mención honorífica como imperdibles ochenteros al *Electric*, de The Cult; el *Perfect Strangers*, de Deep Purple, que marcaba el regreso de la alineación clásica del quinteto; *Blackout*, de los Scorpions (con una portada loquísima del loquísimo pintor Gottfried Helnwein); *Blizzard of Oz*, de Ozzy Osbourne; y *Killers* y *The Number of the Beast*, de Iron Maiden, representativos de sus dos grandes vocalistas; *Ace of Spades*, de Motörhead, que era el primer aviso de lo que luego se convertiría en el thrash metal; *Vivid*, de Living Colour, una anomalía en sí misma, pues son un grupo de afroamericanos mezclando el metal con el funk y el soul; y *Back in Black*, el álbum funeral de Bon Scott, cantante de AC/DC que murió de hipotermia cuando sus cuates lo dejaron bien pedo durmiendo en el asiento trasero del auto en pleno invierno londinense.

En los años 90 el terreno metálico se subdividió como si fuera la tabla periódica de los elementos. La consigna general era llevar todo al extremo, un tanto en esta lógica machista (o deportiva, según se quiera ver) de "a ver quién la tiene más grande".

Así que las bandas comenzaron a medirse entre ellas en esos términos: el más rápido, el más ruidoso, el más satánico, el más brutal, el más sanguinario, el más lento, el más auténtico, el más ininteligible, el más repulsivo, y así hasta el infinito.

Es así como nacieron los infinitos multiversos metálicos del grind, el noisecore, el black metal (con un derivado noruego: el true norwegian black metal, de corte ultranacionalista y purista), el brutal death metal, el doom, el groove metal, el gore, el metal técnico (que se refería a la técnica de sus ejecutantes, que debían ser virtuosos de sus instrumentos y fusionaban géneros como el jazz y el progresivo con el metal). El universo metálico es infinito y, como el propio universo, hasta el día de hoy sigue en constante expansión con las fusiones más insospechadas.

Finalmente, concluiré, por razones de espacio, diciendo que, para cuando yo era un adolescente, las bandas dominantes eran Metallica (que sigue allá arriba en ese reinado; recuerdo con una sonrisa la vez que vinieron a México con Monster Magnet, banda pesada y cienciaficcionera que mucho agradó al Jefe J. A.), gansitos como Poison y Van Halen (excelente guitarrista, nadie lo duda), pero también sonaban los rudos como Sepultura, Slayer y Testament, sobrevivientes del thrash, y especies extintas de vocalistas como Danzig. También me tocó presenciar el nacimiento de la tremenda Pantera y escucharlos delirar, hasta que mataron a su guitarrista en pleno escenario.

Y aquí vuelve a intervenir el Patas, quien tiene algo que agregar:

Hablando de Monster Magnet, es digno destacar el nacimiento de un género peculiar a mediados de los 90: el stoner rock.

Su traducción literal es "rock de mariguanos", y hay una razón para ello. La música de estas bandas era perfecta para darse unos buenos jalones de greñas, de coliflor tostada, de espinaca del diablo, de zacate sagrado, y dejarse llevar por su ritmo.

Lo peculiar del stoner rock es que representó una puerta de salida a la mencionada competencia metalera, que francamente comenzaba a ser ridícula de tan extrema. Este subgénero conservaba la distorsión, sin llegar a exagerar, y se fusionaba con la psicodelia en una mezcla que seguramente habría despertado algún flashback de LSD en Don José A.

Estos músicos mamaban de la ubre de los grupos pesados de los 70: Sabbath, Purple, Mountain, Cream, Hendrix, Blue Cheer, Pink Floyd, Grand Funk Railroad y oscuras joyitas como Black Widow, Dust, Sir Lord Baltimore, Edgar Broughton, Hard Stuff, Bang y Captain Beyond, entre muchos otros. La diferencia es que actualizaban el sonido a las ventajas tecnológicas de los 90, con álbumes que, si bien conservaban la esencia de los 70, eran una nueva versión de lo que en México se llamó "la onda gruesa".

Destaca, desde luego, el mencionado Monster Magnet con su *Dopes to Infinity* ("Pachecos hasta el infinito", el título lo dice todo), donde muestran notorias influencias del rock cósmico de Hawkwind y buen guitarrazo rocanrolero.

También se debe mencionar a Kyuss y su tercer álbum, *Welcome to Sky Valley*, quienes han sido catalogados como "el Sabbath del stoner", en el entendido de ser los progenitores del estilo.

De igual manera deben pasar por aquí sus hermanos un poco más punkys, fanáticos del skate y las camionetas Dodge tipo van: Fu Manchu y el ruidoso *In Search Of...*, lleno de buenos viajes envueltos en densas capas de fuzz. Por cierto, que Fu Manchu es el nombre de aquel villano de origen chino de las novelas de Sax Rohmer y encarnado en varias películas en las que destacan sus delgados y largos bigototes.

Y para completar la cuarteta perfecta del stoner, el trío Sleep dio vida a un experimento loquérrimo: grabar una canción de ¡una hora de duración! Algo que ni Iron Butterfly, los Doors ni Paul McCartney hubieran pensado jamás. La rola apareció en un álbum bajo el nombre de *Dopesmoker* (un indicador más evidente que "Fumamota" no puede haber).

Estos "cuatro grandes" influenciaron a la vez a toda la escena del rock pacheco (etiqueta que a la gran mayoría no le gustaba porque ni siquiera les gustaba la mota), en la que destacan nombres como Queens of the Stone Age, Wolfmother, Kadavar, Orange Goblin, Spiritual Beggars, Corrosion of Conformity, Down, Uncle Acid and the Deadbeats y Nebula, entre un listado enorme de bandas que tomaron estos parámetros y los adaptaron, expandieron y fusionaron con otras influencias, según sus propias necesidades de expresión.

Así fue. Gracias, Iván, por ayudarnos a pintar este lienzo y moldear esta aleación con más realismo.

Volviendo a mi adolescencia, entre los últimos años de apogeo metalero me tocó atestiguar el nacimiento de una de sus grandes leyendas, los efímeros pero incomparables Guns N' Roses, a los cuales tuve el placer de escuchar cuando eran chavitos y vinieron al Palacio de los Rebotes a estrenar su disco *Use Your Illusion I & II*, por una casualidad y con boleto regalado por Maru Vargas, una buena amiga de la familia. Me pareció que eran una máquina de tocar rock duro y asombroso, muy bien aceitada. Estaban en su mejor momento, aunque acababan de cambiar de bataco y uno de sus miembros los había abandonado debido al ritmo exagerado de su consumo de drogas y alcohol, que de hecho truncó la carrera de los gonzos y provocó su prematura desbandada. Pero en aquellos días, como si fuera nada, sacaron una serie de éxitos en sus primeros tres discos que les han dado para vivir el resto de sus vidas con el prestigio de superestrellas de rock. Slash continuó activo dándole a su guitarra tan chingona y virtuosamente como sólo él sabe, con diferentes invitados y cantantes. Recientemente hicieron las paces, después de muchos años y de que Axl saliera a cubrir a Brian Johnson, vocal de AC/DC, cuya garganta no pudo más, como suele pasar en el metal; supongo que Slash comenzó a perdonarlo por las constantes broncas del pasado, la mayoría por los panchos de Mr. Rose (que desde luego es bipolar). El caso es que se reunieron, se comportan como adultos y dan giras de conciertos por el mundo, una vez más. Ni siquiera que Axl se rompiera literalmente una pierna los detuvo en su afán de recorrer el globo otra vez como amigos, con casi todos los integrantes originales, aunque difícilmente se pueda decir que sean los mismos. Pero cuando vuelvo a oír su música, me sumerjo en el río caudaloso de nuestra juventud.

Las bandas que le gustaban a mi jefe eran menos, como demuestran las que aún se encuentran en su colección de discos, pero están Led Zeppelin, Deep Purple, AC/DC y Black Sabbath, por decir algo, y había joyitas como Great White, quienes dieron un par de grandes discos y luego desaparecieron tras una tocada en la que el escenario se incendió y más de setenta personas murieron, incluido uno de los guitarristas de la banda.

Ya más cerca de estas fechas vino la última camada de metaleros, donde se recuerda a bandotas como Tool (que incluye A Perfect Circle y Puscifer), System of a Down, Korn, Slipknot, Rammstein, Godsmack y oscurantistas neosatánicos como Marilyn Manson. Así mismo suenan todavía muchas bandas de metal progre en festivales europeos principalmente, y olas de metal oscuro al estilo Lacuna Coil que invadieron por un rato, creando sus réplicas gringas; lo mejor me parece Tool, que durante un tiempo fue una de las bandas favoritas de mi jefe, quien compró todos sus discos originales, que además siempre traen sorpresas chidas. Una nueva amiga (ok, mi ex más reciente) me compartió asombrosas voces femeninas como Jinjer, con una cantante muy guapa pero que ruge como un demonio recién salido del averno…

Algunas bandas dinosaurio siguen vivas, como Judas Priest, que en 2023 presentaron un excelente nuevo material, con su vocal libre de alcohol y drogas desde hace años; AC/DC, que sigue adelante pese a las bajas y retornos en sus filas; los Guns, que siguen de gira intentando revivir con un disco nuevo, y Ozzy Osbourne, que por órdenes del doctor y su esposa Sharon se quedó en casa y canceló su gira.

¿Algo más que aportar, camarada Iván Nieblas, alias *el Patrullas*?:

Derivado de los gustos de José Agustín, que de cierta manera tendían hacían el espectro un poco más oscuro, ambiental y cinemático, de seguro habría gozado bastante y no habría dudado en recomendar las incursiones mentales que proporcionan las bandas de lo que se denomina como post-metal, un movimiento que ha ido cobrando fuerza poco a poco a partir de la llegada del siglo XXI.

En esta subdivisión, como su nombre lo dice, quiere ir más allá de lo que los límites metaleros le marcan. Se hace énfasis en la emoción, en plasmar una atmósfera introspectiva que se va expandiendo a lo largo de los temas. Las guitarras, ruidosas, son el centro. La voz no siempre se expresa mediante letras definidas, a veces son solo gritos o lamentos, y la palabra no siempre está presente, aunque, como en todo, hay excepciones.

Habría que buscar este material para irse adentrando con paso firme a un mundo que seguro guarda muchas recompensas para quienes encuentran en la saturación de los sentidos un oasis de gozo: háganse de Russian Circles (*Empros*), Godflesh (*Hymns*), Cult of Luna (*Salva-*

tion), Isis (*Oceanic*), Earth (*HEX*), Mogwai (*Young Team*), Godspeed You! Black Emperor (*Lift Your Skinny Fists Like Antennas to Heaven*), Pelican (*Australasia*) y Boris (*Flood*), por citar sólo algunos.

En fin, el metal, pese a ser el patito feo de la música, goza de cabal salud, y en México existe una alta demanda de conciertos metaleros. Basta revisar el calendario mensual para encontrarse con que al menos la mitad de los shows están dedicados al metal y todos sus derivados.

Así pues, agradecemos a Iván Nieblas sus aportaciones para este capítulo. Concluiremos a dúo diciendo que las greñas y cabezas rapadas aún se sacuden en festivales nacionales como el México Metal Fest, Horrid Days, Candelabrum (en León), los desaparecidos Domination y Dragón Rojo (este último en Tijuana), el accidentado Knotfest y el siempre polémico Hell & Heaven, que reúnen buenas bandas que acá y en el mundo siguen adelante, con sus muertos a cuestas, pues el show debe continuar, diría su majestad Freddie Mercury.

ROCK MEXICANO

En estos días es imposible llevar un conteo de todas las bandas de rock mexicanas, y es mucho más amplio el espectro si hablamos de rock en español, que a finales de los ochenta se multiplicó en muchas expresiones originales y diversas de lo que ya se puede considerar buen rock. Por el lado más fresa llegaron de España y Argentina varias bandas que se presentaron como una ola de nuevos grupos latinos denominada "Rock en tu idioma", que si bien incluyó algunas olvidables también contó con buenas propuestas, como la muy bailable Radio Futura, el amanecer de Soda Stereo, las finísimas payasadas de Los Toreros Muertos o el metal histriónico de los Héroes del Silencio. También de España, Joaquín Sabina se reveló como el poeta de las calles madrileñas y México lo aceptó como un paisano del rock iberoamericano cuando llegó con su *Viceversa*, donde destacaba ya como invitado Javier Gurruchaga y su Orquesta Mondragón. De Argentina, sobresalen los capos Charly García y Fito Páez. Por el lado mexica se incluía en la misma camada a los ya legendarios Caifanes, una de las bandas más grandes de México, y también a Maná, una de las más exitosas, muy fresas con crema, pero con una innegable capacidad para engendrar éxitos uno tras otro, desde aquel entonces hasta ya bien entrados en el nuevo siglo. Bueno y a los chingados Enanitos Verdes y los Hombres G, roqueritos con dientes de leche para adolescentes prepubertos, pero de melodías frecuentemente pegajosas y divertidas. Por esos mismos abriles, la Maldita Vecindad y los Hijos del Quinto Patio, con Sax y Roco Pachukote al frente, comenzaba a crecer en un éxito que ya nunca decayó en popularidad y el gusto del público azteca, manteniéndose como punta de lanza de la ideología libertaria de los noventa neozapatistas y plato fuerte de cientos de festivales multitudinarios, hasta que recientemente conocimos la cruel noticia de que habíamos perdido al inolvidable Sax (hasta siempre, carnal). Por ahí he visto al Roco armando mitotes con cierta célebre orquesta o sonora en algo llamado La Vecindad Santanera, como siempre creando fusiones de un rock que cruza las fronteras con otros géneros tradicionales de música popular mexicana, mientras La Maldita continúa viva, con alguna ayuda de sus amigos…

En este punto, me permito incluir una lista básica, un breve cancionero de rolas neozapatistas que me aportó el camarada Benja Anaya, extraída de su ensayo al respecto; aunque algunas de las bandas son extranjeras, se nacionalizaron zapatistas por su apoyo a esta causa siempre viva:

Andrés Calamaro y el sub Marcos, "Dignidad rebelde"
Chichimeca, "Ramona", "Señor comandante"

Steven Brown / Nine Rain, "Jaranero"
Arturo Meza, "La rebeldía de la luz"
Óscar Chávez, "Cuando pienso en Chiapas"
Café Tacvba, "Flores del color de la mentira"
León Gieco, "El señor Durito y yo"
Coro de Acteal, "Derecho de las mujeres"
Gerardo Enciso, "Daga"
Skaparrapid, "Abajo en el sur"
Manu Chao, "Radio Bemba", "EZLN... Para todos, todo", "Mentira"
Marina Rossell, "Emiliano Zapata"
Aztlan Underground, "Lyrical Drive-By"
Panteón Rococó, "Abajo y a la Izquierda", "Gracias, compañeros musicales"
Salario Mínimo, "La dosis"
Los Cojolites, "Señor presidente"
Ismael Serrano, "México insurgente"
Benjamín Anaya, "Actualización constante"
Roberto González, "Ramona"
Dusminguet, "Son del campesino"
Real de Catorce, "Crecimiento cero"
Santiago Feliú, "Declaración de principios"
Quetzal, "Todos somos Ramona"
Olmeca, "Ramona"
Ya Basta!, "Lucha y fiesta"
Maná y Santana, "Justicia, Tierra y Libertad"
Banda Bassotti, "Corrido de Lucio Cabañas"
Brujería, "Revolución"
Rhythm Activism, "Venimos a la guerra"
Guillermo Velázquez y los Leones de la Sierra de Xichú, "Para que conste"
Lila Downs, "Smoke"
Nina Galindo, "Himno zapatista"
Santiago Behm, "Donde el hierro mata"

León Chávez Teixeiro, "En esta ciudad"
Durito y Los Twin Tones, "La moraleja"

Por otro lado, les presto mi máquina del tiempo para volver al pasado de los barrios más bajos y las clases más oprimidas, donde proliferó el rock denominado "urbano", el de los chavos banda, ese movimiento proletario de inadaptados y marginales muy relacionado con las drogas y el alcohol, con una vida más ruda y cruda. Los carteles de propaganda para las tocadas de esta cofradía de guerreros callejeros siempre estaban por toda la ciudad anunciando eventos en colonias bien alejadas del sur o el centro de la gran ciudad, en zonas suburbanas de pobreza extrema o cualquier arrabal; era un rock emanado de hoyos fonkis, asentamientos irregulares o paracaidistas y colonias perdidas de la Nueva Tenochtitlán. No discriminaba a nadie, sino que representaba al pueblo más dolido y resistente. Entre las bandas que siempre se podían leer en esos carteles, con sus letras personalizadas y logos como emblemas de banderas crípticas, estaban El Haragán y Compañía, Liran' Roll, Heavy Nopal, Charlie Montana, Banda Bostik, Tex Tex, Sam Sam, Luzbel, Graffiti 3X, Espécimen, Interpuesto, Isis, a veces Botellita de Jerez, pero invariablemente, hasta arriba, el Tri de Alejandro Lora.

Poco después, nuevas bandas salidas de diferentes regiones del país y más difíciles de clasificar comenzaron a hacer ruido, como los bluseros de Follaje y Nina Galindo, la primera dama del blues mexicano; Real de Catorce, liderados por José Cruz, con quienes mi jefe hizo apariciones en vivo leyendo mientras aquellos tocaban muy rifado (les deseamos mucha luz y blues); o La Castañeda y La Lupita (con su adaptación rockteña de Los Tigres del Norte, corridos que años después merecieron un homenaje roquero en forma), grupos que se fueron sumando al repertorio en español. Llegó también Café Tacvba con su estilo alegre y desmadroso; su éxito fue inmediato, creció en calidad exponencialmente y mantienen su buena estrella aún hoy en día. También el rock rupestre sostiene hasta hoy sus buenos momentos; tras la muerte de Rodrigo González, la estafeta la tomaron cumpas como Rafael Catana, Armando Rosas (y su Camerata Rupestre), Fernando Delgadillo, Armando Palomas, Nina Galindo, Grupo Qual, Gerardo Enciso, Betsy Pecanins y Leticia Servín. Por mi rancho de Mugrelos ronda también el camarada Kristos, aún creativo como casi todos estos valedores, y recientemente por la gran Tenochtitlán se ha visto merodear en esta escena a mi carnal el Rudo Gómez (salud, ese barrio), o a un tal Nono Tarado, rolando por las calles de la vieja ciudad de hierro.

Punto y aparte completamente es el compositor y letrista Jaime López, que a veces se incluye con los rupestres pero que ha incursionado en cualquier otro género que haya querido con gran puntería: es una mezcla de Dylan, Chava Flores y el Piporro por su agudeza e ingenio, gusto por las rimas ingeniosas y lo norteño; una consistente carrera de excelentes discos lo respalda como uno de los mejores compositores mexicanos, nacido del inagotable manantial del rock, el folk, el rupestre o como quieran llamarlo. Gracias a él, Cecilia Toussaint tuvo su mejor momento como cantante en el disco *Arpía*, de excelente corte roquero, casi metalero (en aquellos días, sólo ese disco y *El loco*, de Luzbel, me sonaban a rock pesado), que dio algunas de las mejores canciones de nuestro país en lo que a rock femenino se refiere. Ellos dos, por cierto, cultivaron una amistad con mi papá cuando eran una de las parejas roqueras más creativas de México. Con la Toussaint recuerdo que fuimos un evento de mi jefe en el inolvidable foro La Última Carcajada de la Cumbancha (L.U.C.C.), donde ella me pareció alta como un árbol, muy bella y elegante; y don Jaime, el autor de clásicos irrepetibles de nuestro rocanrol ("La Calle de la Soledad", "Tres metros bajo tierra", "Castillos en el viento", "Chilanga banda", "¡¿Qué onda ese?!", "Caite cadáver" y un largo etcétera), le mandó hartos abrazos a mi jefe, con un brillo especial en sus ojos de animal

341

nocturno, cuando tuve el privilegio de entrevistarlo para la revista *Rolling Stone* por la presentación de su disco *Por los arrabales* (2008).

Un lugar muy especial en mi altar de rock azteca es para la bellísima Rita Guerrero y la genial banda de rock gótico Santa Sabina, que dieron algunos de los más perrones discos que la música moderna haya producido, especialmente *Símbolos* (1993) y *Babel* (1995) me fascinan. Un recuerdo imborrable fue el concierto en homenaje a mi padre que realizaron en Saltillo, organizado por el carnal Pedro Moreno, en el cual muchos le aplaudimos a rabiar a don J. A. en un teatro lleno de sus lectores hasta que se apagaron las luces; cuando se elevó un enorme telón rojo y los reflectores se reencendieron en color rojo, amarillo y púrpura, apareció Rita acariciando un micrófono plantado en el suelo con enredaderas de rosas rojas y espinosas, y un puñado de locos le demostramos una devoción que rayaba en el enamoramiento, mientras ella, supersexy cual una verdadera diva oscura, con toda su belleza, inteligencia y claridad, cantó las del *Símbolos* para don José Agustín, con toda la fuerza de su magnífica voz. Al día siguiente volamos todos juntos (me refiero a toda mi familia y toda la banda de Sabinos) en la misma avioneta, de vuelta a la Ciudad de México, y en las alturas compartí un toque y unos tragos de aguardiente con el maestro Poncho, bajista y brazo derecho de Rita en toda la aventura de la Santa Sabina, que terminó trágicamente cuando la Guerrero falleció víctima de cáncer, dejando a toda su familia roquera, incluidos Max, de Los Músicos de José, y su hijo Claudio (además de un servidor y miles de fans), huérfanos de su voz, su presencia, su carisma y su talento incomparables, así como su claridad en los dilemas más importantes de este país. Entre las filas de Santa Sabina desfilaron excelentes músicos, entre los que destaca Alejandro Otaola, quien mantiene una excelente música como solista.

En aquel evento, que ocurrió en agosto del 94, también participaron Juan Villoro, Enrique Serna, Daniel Sada, Emmanuel Carballo,

José de Jesús Sampedro, Ricardo Yáñez y Donald Schmidt, entre otros simpatizantes, admiradores, colegas, herederos y demás almas afines a la obra de José Agustín. Fue un viaje inolvidable para toda la familia que lo acompañamos.

Condimentados con la amistad pachequérrima de los caricaturistas de Jis y Trino, que dibujaban sus portadas, la banda guadalajarense El Personal también se destacó por sus letras que parodiaban sin piedad la moral y rigidez del México del siglo pasado, con bromas pesadas para toda la humanidad y ellos mismos, cortesía del ingenio mordaz de Julio Haro en la cabina de un piloto desaparecido, pues falleció prematuramente víctima del sida en los años en que ese virus se convirtió en una epidemia mundial y no existía ningún tratamiento. Te extrañamos, máster.

Combos más rudos y explosivos, como la Cuca, también de Guadalajara, tomaron los escenarios por asalto, haciendo un escándalo chingón y sacudiendo las buenas conciencias como una jaula de pericos, con irreverentes y divertidas letras que pusieron a bailar a los amantes del rock pesado y el desmadre mexicano. Poco después llegaría Molotov para cambiar todas las reglas del juego con su rock rapero irreverente, ácido, contestatario como las mejores horas del Lora, letras ingeniosas y retorcidas; sin censura ni escrúpulos y decididamente provocadores, parecían querer demoler la hipocresía y falsedad de la sociedad mexicana mediocre y conformista. Son una auténtica bomba que le movió el tapete al rock en nuestro país y tuvo éxito incluso en el extranjero. Se autodefinieron como guarros y patanescos, homofóbicos y misóginos, y esta pandilla de gandallas se ganó el odio de las feministas más recalcitrantes, del gobierno y los colectivos gays por sus ataques sin pudor y bromas muy llevadonas contra todo aquello que les caía en gracia o los hacía encabronar. Y a pesar de todo, la verdad es que los cumpas de esta bandota son excelentes músicos y letristas. Otra banda que ya mezclaba el rock con el rap, como Molotov, fue el efímero pero rotundo trío de Resorte. Por esos días, el primer dúo de auténtico hip hop mexicano, Control Machete, también llegó partiendo madres y abriéndose camino a puros machetazos y artillería pesada. Pero del arte de las rimas parlaremos un poco más adelante.

Hablando de antros, hay que agradecer la necia perseverancia de algunos espacios como el L.U.C.C., antes mencionado, que han resistido por años a las fuerzas represoras. Algunos de ellos aún se mantienen de pie presentando eventos de bandas nacionales y extranjeras. Es la tradición del Tutti Frutti, los Rockotitlanes, el Bull Dog, el Dada X, la Pulquería Los Insurgentes, los Faros, El Circo Volador, el Tianguis del Chopo y otros más efímeros como La Obra Negra, en el corazón de Tepito, y muchos congales más que han intentado tirarle esquina al rock mexicano, convirtiendo sus hoyos fonkis por toda la ciudad en una alternativa a los festivales con nombre de chela y el Vive Cochino, que ofrecen boletos a precios de sultán para conciertos donde sólo la presencia de alguna superbanda extranjera hace soportables los abusos de Ticketmaster, entre mil y una bandas más comerciales que lo adornan y sus pinches chelas de a millón.

Por suerte, a la par de estas tendencias enajenadas hay siempre excelentes bandas inclasificables, como La Barranca, a quienes entrevisté para la *Rolling* cuando andaban promocionando su disco *Providencia* (2008), en el que volvían a compartir bataco con sus cumpas, los Caifanes: el valedor Alfonso André. Recientemente tuve el gusto de invitar a José Manuel Aguilera a celebrar la obra del José Agustín en la Pulquería Los Insurgentes, en la Roma, donde este maestro se rifó varias de sus buenas rolas instrumentales y me permitió leer el mero final de *Cerca del fuego* mientras tocaba su versión de la rola de Erik Satie. Por cierto, han de saber que esta banda compuso una canción con ese nombre en honor a la novela del jefe. Después los invité a repetir este elegante ensamble para la celebración con cenizas presentes de mi padre, en el palacio de Bellas Artes, e incluso nos complacieron con su versión de "The House of the Rising Sun", que mi papá solicitó se escuchara en su funeral, así que esto fue lo más cercano a cumplir su último deseo.

Otras agrupaciones cien por ciento originales, como los Cabezas de Cera, Luz de Riada o Austin TV son de lo mejor que pasó por el ya célebre, siempre generoso y combativo Multiforo Alicia.

Por cierto que últimamente Nacho anunció el fin de sus apuestas intergalácticas, después de muchos años y miles de bandas que le agradecemos por ese espacio, por toda la música y la hermandad regalada, pero después contratacó en un nuevo foro aún más grande y se aventuró a seguir con su incansable labor. Varias veces mi padre y yo tambor participamos en diferentes eventos, y siempre hubo un lugar muy especial en el corazón de Alicia para las letras rocanroleras de José Agustín, como la presentación de su ensayo *La contracultura en México*, donde participó el querido Carlos Martínez Rentería; o la de *Vida con mi viuda*, en la que Austin TV se aventó unas rolas muy chidas, como sólo ellos saben viajarse. Esa vez yo desperté en el escenario vacío, al día siguiente, sin saber a qué horas la fiesta había terminado; todos se habían ido y yo había colapsado, inconsciente, allí donde me dejaron dormir. Finalmente, a principios del 2022 celebramos ahí el último evento en pro de la literatura visionaria de mi jefe, con el Villoro y el Patas y la Paty Peñaloza y mis carnales, Andrés y Jesús Ramírez Bermúdez. Se rifaron varias bandas, entre ellas Belafonte, Las Cobras y Teresa Cienfuegos... Decimos ¡salud! por la muerte del viejo y el renacimiento del nuevo Multiforo Alicia, por Nacho y todos sus secuaces, que nos han dado un gran banquete para locos, pordioseros, ganadores y perdedores con mucho estilo.

De igual forma he conocido a solistas sin etiquetas que puedan explicarlos, como mi carnal el guitarrista Benjamín Anaya, quien tras la extinción de su banda Restos Humanos/Fieles Difuntos continuó su sendero en solitud, siempre afiliado a las buenas causas perdidas, pero justas y necesarias; o fenómenos inexplicables, como el saxofonista Germán Bringas, un vato buena onda, de técnica asombrosa, a quien pude conocer en el Circo Volador.

Del lado de las damas, Julieta Venegas despegó como un cohete que sigue agarrando altura, lo mismo que Ely Guerra, quien con su álbum *Sweet & Sour, Hot y Spicy* (2004) se subió a una nube tormentosa y genial, con sabor también a otra diva llamada PJ Harvey, pero Ely hoy en día se distingue como una de las artistas más modernas, originales y talentosas de este país. Como después Natalia Lafourcade, estas damas se volvieron referentes obligados del rock femenino en español, con prolíficas carreras llenas de aciertos y éxitos.

Y cómo olvidar los aquelarres anarquistas de las Ultrasónicas, a quienes tuve el gusto de cotorrear personalmente, entrevistadas para un intento de Much Music en el canal Once; lástima que se desbandaron un buen rato, aunque celebro que finalmente se reagruparon sin la Bulbo, que se fue de solista, porque eran como la esperanza de una banda retadora de Molotov en la interminable guerra de los sexos. Siempre hay por ahí una banda de puras féminas armando buen desmadre, como The Centellas, las Bloody Benders, Las Navajas o las Fuzzerellas, y ahora escuché que andan dando su gira unas chicas superguapas y bien producidas, con el nombre de The Warning, triunfando cabronas por ahí. Suerte para todas ellas. También me gusta Carla Morrison. ¡Oh!, y no olvidemos a La Perra Power Dúo, claro está. Pero si se desea una investigación más a fondo en el tema, se puede recurrir al libro de la escritora (de libros y canciones) Tere Estrada, *Sirenas al ataque. Historia de las rockeras mexicanas* (2000), que es una buena enciclopedia de rock de reinas, hasta el año en que fue editado.

Del cono sur sigue llegando más rock latino, como Juanes, Jarabe de Palo (RIP), cuyo líder se volvió muy querido por la afición mexicana, antes de su trágica muerte. O la Aterciopelada o los Babasórdidos…

En la actualidad, los festivales del Vive Latino y los otros de las chelas se han apoderado de la escena rocanrolera y anexas, asegurando la visita de algunas bandas extranjeras de gran nombre para garantizar que algunos se chuten también a las agrupaciones nacionales y promover las apuestas de las disqueras. Y aunque cada vez presentan carteles con bandas más desconocidas para un servidor, ya sea apoyados por disquera y festival o desde la independencia, he disfrutado de buenas rolas con algunos de ellos, como los Daniels, División Minúscula, Jumbo, Enjambre, los Bunkers (de Chile, pero también andan rolando por acá), San Pascualito Rey, Bengala, Hello Seahorse!, la melancólica sensualidad de MexFutura o las mezclas de folclor mexica y rock de Ampersan, de lo mejor en estos tiempos tan difíciles... y así un largo etcétera, casi interminable, de camaraderías que ya no pueden ser clasificadas, pues todas tienen sus propios caminos y propuestas. A la mayoría la desconozco, de modo que si ustedes pueden recomendar algunas, nuestra casa siempre está abierta al tiempo y a la nueva música clásica, la voz del Gran Espíritu, de donde quiera que provenga.

El libro *Sonidos urbanos* hace un recuento exhaustivo hasta el 2005, con 150 conjuntos. Esto ya se ha intentado tal cual en diferentes libros que recopilan las bandas rockeras de diversos estados de la república, como el *Radiografía del rock en Guerrero*, del camarada Jaime García Leyva, *el Jaguar*, editado por mis carnales de La Cuadrilla de la Langosta, y que contó con prólogo de José Agustín y algunos garabatos de su servilleta. Recientemente me rolaron un mp3 (*Morelos al ataque: Una historia nunca antes contada. Reconstrucción sonora, 55 años de rock morelense 1961-2016*) que recopila todos los grupos que han desfilado nomás en nuestro estado de Mugrelos: son más de 642 canciones, grabadas a lo largo de varias décadas. Recomendable para todos los que creen que la única buena banda que ha salido de esta región es Zoé, cuyos méritos los hicieron destacar internacionalmente, pero el vocal, León

Larregui, ya se lanzó a ser solista, con igual éxito. Y hablando de libros de rock, debemos apuntar los libros de José Luis Paredes, *Pacho*, ex Maldita Vecindad, que acabó convirtiéndose en promotor de las culturas alternativas; así como *Neozapatismo y rock mexicano*, de Benjamín Anaya; o el reciente *Rupestre, el libro*, coordinado por Jorge Pantoja, que enumera a todos aquellos que, armados sólo con una guitarra y armónica al cuello, han dado la vida por las letras, las calles y la música independiente, siempre fresca y original, que nos regalan estas bandas de un solo hombre. No podría dejar de mencionar *Los 100 discos esenciales del rock mexicano* y después la reedición recargada *200 discos chingones del rocanrol mexicano*, de David Cortés y Alejandro González Castillo. También las mencionadas *Sirenas al ataque* y *Del negro al blanco. Breve historia del ska en México*, de Aída Analco y Horacio Zetina; los ensayos de Violeta Torres y Hugo Serna: *Rock-Eros en concreto* y *Culturas alternativas e identidades en resistencia*, respectivamente; *El camino triste de una música*, de Jorge García Ledesma; *Cultura contracultura*, con textos de José Agustín, Jodorowsky, Fadanelli, Da Jandra, Felipe Ehrenberg, Sergio Monsalvo, Naief Yehya y otros más, compilado por Carlos Martínez Rentería. Más los legendarios *Crines*, *Huaraches de ante azul* y *Banquete de pordioseros*, que el jefe apadrinó.

Ya que mencionamos a los principales promotores del rock en México, no se debe olvidar a las estaciones de radio que han luchado por existir a la par del sustento que nos anima a escribir todo esto, la música: La Pantera, Rock 101, Radioactivo y Reactor, y las estaciones de varias universidades, incluidas la UNAM y Radio Tepoztlán, de Jorge Munguía Espitia, que recientemente se unió a la Asociación Mundial de Radios Comunitarias, y que yo suelo disfrutar en la carretera hacia el Tepozteco, nuestra montaña sagrada. Hoy en día la cosa se mueve más en las redes sociales, donde figuras públicas virtuales, o *influencers*, sea lo que eso sea, son los encargados de revelar noticias y descubrir estrellas, criticar discos y lo que usted guste;

pero no todos son unos inútiles, algunos realmente sáben del oficio y aman su trabajo y lo que promocionan. Tal es el caso del Patas, buen camarada que recién conocí y quien confesó su adoctrinamiento en las letras de José Agustín; como locutor, Iván Nieblas se entera y descubre los asuntos del rock a través de la internet aun antes que el resto de los mortales. También sintonizo la radio cuando voy manejando, acá en mi tierra: la estación de la UAEM por ejemplo, y disfruto la programación de camaradas como Patricia Godínez y don Hugo Tenorio, muy buenas rolas con ellos a bordo en el auto rojo que mi jefe dejó atrás, volando a mil kilómetros por hora. Qué decir de Margot Cortázar, quien desde su trinchera como una puntual locutora de radio, comercial y pública y productora de podcasts lleva la bitácora de mil armonías y diariamente toma el pulso del rock en México y etcétera, y a quien debo un infinito agradecimiento por ayudarme a terminar este texto.

PUNK

De esto sí habló el jefe, pero por si sigues encabronado, ahí te van las bandas imprescindibles: después de la muerte por sobredosis de Sid Vicious y tras el asesinato de la Nancy, que acabó de rematar a los rudísimos Sex Pistols, Johnny Rotten intentó continuar con una banda llamada Public Image Ltd. y trabajó en solitario también, sin mucho éxito, además de que recientemente, ya radicado en los E. U., se volvió republicano y anunció que votaría por Trump, una pena para el hombre que sacó el concepto de anarquía de las universidades y lo distorsionó, retorció y liberó como una bestia huracanada en las calles de Londres; y de ahí propagó su derrota victoriosa, al resto del todo el mundo y hasta los futuros no muy lejanos, contra toda predicción de la industria discográfica y el sistema en general.

The Clash resultó con mucho ser el grupo de punk más inteligente y combativo, versátil y longevo, además de que el entrañable
Joe Strummer, que ha merecido varios documentales, vivió en México en sus últimos años y murió poco después de formar la banda
Los Mescaleros, dejando un par de discos excelentes antes de largar-
se al más allá o lo que haya, si es que lo hay. Mi jefe adoraba las bandas de este estilo y tenía su buena colección de ellos; le movía especialmente el *Sandinista*.

Pero aunque mi jefe no los haya disfrutado personalmente, yo
quisiera agregar en este submundo a La Polla Records, Negu Gorriak,
Ska-P y Mano Negra, y posteriormente a Manu Chao como solista,
pues me parecen un ejemplo perfecto de esta migración creativa, o de
cómo el rock, incluido el punk, alrededor del planeta, tiene esta capacidad de adaptación darwiniana.

Los Ramones fueron la cara gringa, que siempre sonó un poco
menos amarga que la inglesa, y aunque nadie niega que fueron ellos
los que realmente incubaron este género del rock punk por primera
vez (incluso los punks ingleses como Strummer lo reconocen), también fueron los que más se domesticaron durante su breve apogeo, e
incluso trataron de ser más comerciales, aunque su estilo original indudablemente influenció a varias generaciones y muchos artistas posteriores, como reconocieron varias bandas chidas en el disco *We're a
Happy Family* (2003), un tributo a los Ramones.

También estaban chingones los Television, que recientemente
lamentaron la muerte de su cantante; y la Blondie en sus inicios, antes
de volverse una asquerosa discotequera con "Corazón de vidrio". Recuerdo también a los Buzzcocks y los Cramps, grandes arqueólogos
y rescatadores de las *oldies* más underground, que provenían de las
pandillas de rebeldes sin causa de los años cincuenta. Otras banderas perronas del punkerismo fueron (o son): Black Flag, Misfits, Dead
Kennedys, Green Day, la belleza inmisericorde de la cantante de los

Distillers y un largo etcétera en el que no voy a incluir a las mil y una bandas de happy punk como Sum 41, Good Charlotte, etcétera, porque francamente a mí me saben a cerveza con agua, o mota sintética.

Ya sólo quisiera mencionar que si bien por su radicalización el punk no tenía mucho futuro y se convirtió en esta versión diluida, también emigró al tecno vía el cyberpunk, a los skapunkeros, los movimientos anarkos o hasta el psychedelic trance y demás mutaciones que a la fecha lo mantienen como un cadáver exquisito muy insepulto, que aún gusta de espantar a las buenas conciencias y contagiar a otros muertos vivientes con su aquelarre sin esperanzas, gobiernos ni dioses.

Le pregunto al camarada Nieblas qué tiene que decir sobre los orígenes del punk en nuestro México lindo y esto es lo que me cuenta:

En México, durante los años 80, surgieron los primeros punks chilangos; desde las zonas marginadas, como era de esperarse. Algunos de ellos derivaron de las congregaciones de pandillas que abundaban en la ciudad, como los legendarios Sex Panchitos Punk de Tacubaya, que a menudo se confrontaban con los BUK (Banda Unida Kiss) por el control del territorio.

También estaban los Mierdas Punks de Neza, Los Pitufos, Los Musgos, Los Ches de la Buenos Aires, Los Ahujetas, Los Esleids, Los Salvajes, Los Cabazorros, Los Verdugos Punk, Los Crudos y chingomil bandas más. Estos grupos de jóvenes fueron llamados "chavos banda" y se reunían en las calles de sus barrios para disfrutar de la caguama banquetera, el rock pesado y el punk que salía de sus grabadoras portátiles.

Asediados por la policía capitalina, era natural que dieran salida a su rencor social haciendo destrozos y dos-tres actos delictivos, que fueron magnificados por la prensa amarillista y los medios para distraer de los verdaderos problemas que enfrentaba la ciudad y el país.

Otros punks decidieron formar grupos musicales para ventilar su rabia contenida. Entre ellos se debe mencionar a Polo Pepo con su legendario himno "San Felipe es punk"; Los Yaps, que eran como los Ramones de San Bartolo Ameyalco; Rebel D' Punk; el Síndrome del Punk, capitaneado por el llamado "padre padrino del punk": el Amaya LTD.

Ya hacia finales de la década, cuando el punk rock se fue transformando en el hardcore más agresivo, una nueva generación de jóvenes formó bandas que hoy en día se han vuelto leyendas. Entre ellas, las más destacadas son Histeria, Ley Rota, Colectivo Caótico, Virginidad Sacudida, Vómito Nuclear, SS-20, Masacre 68, Attoxxxico, Coprofilia, Kkaaooss Subterráneo, Xenofobia, Descontrol y Solución Mortal.

Caso aparte fue el de Dangerous Rhythm, una banda de punk que podríamos decir era más privilegiada, pues tocaba en los bares y lugares de colonias con mayor poder adquisitivo. Era un punk más melódico, que terminaría incluyendo ritmos latinos y caribeños en su música, a la usanza de The Clash, por lo que cambiaron de nombre, castellanizándolo a Ritmo Peligroso.

Ahí concluye el Patrullas su paseo por el amanecer del punk mexica. De regreso al presente, o a nuestro futuro no muy lejano, en el mundo feliz de los happy punkers "mexicanos", sólo algunos de sus ejemplos más convencionales tuvieron cierto éxito comercial, brevemente, mientras decenas de grupos se extinguieron en su condición de subterráneos o siguen peleando por sobrevivir. Pero si bien toda una generación después de los dosmiles se encadenó a esta forma de rebelión punk más amaestrada que salvaje, heredera del estilo de chicle malgastado con sabor a adrenalina de los Ramones, e influenciada por bandas gabachas como NOFX, Green Day o Blink 182, el happy punk mexica no ha tenido la repercusión que tuvo en E. U. y que sí tuvieron acá el metal, el ska, el rock urbano o en tu idioma, prin-cipalmente porque las decenas de bandas que desfilaron por el Alicia (Hulespuma, Spalding Gray, Gula, Axpi, Allison, etc., etc.) sonaban todas muy parecidas y solían cantar con un pésimo inglés, lo que evidenciaba un malinchismo bastante ridículo que se creía por demás superado, con pronunciaciones indescifrables hasta para ellos mismos. Desgraciadamente, la pobreza de su repertorio los ha degradado de huracán a tormenta tropical y de vanguardia a tendencia, que ya no es novedad y sólo alegra a quienes la interpretan con harta enjundia y metanfetamina en las venas, para darle prisa al mal paso. Al principio me gustaron muchas rolas, como las bandas gabachas que editaban discos contra las guerras de los Bush o las imitaciones nacionales que amablemente nos roló Nacho Pineda, el Alicio mayor, directo de su flamante disquera Alicia Records, pero con el tiempo quedó claro que, al menos en México, este movimiento de punkeros moderados no levantaría el vuelo y tampoco tenía mucho futuro, como sus predecesores del verdadero punk.

Le pregunto don Patas qué sabe de esto del punk, para que esta investigación tenga más realismo, y se arranca:

Desde luego, la historia del punk tuvo su gran momento a finales de los 70 y buena parte de los 80, para luego derivar en el punk melódico o happy punk de los 90. Después, con la llegada del futurista año 2000, le dio por mezclarse con diferentes géneros que van desde el blues hasta el pop.

Pero, como dijo Jack el Destripador, vamos por partes.

Mientras el mundo estaba muy ocupado con Michael Jackson y Madonna, en los 80 el hardcore y el post-hardcore estaba con todo. Sus más destacados exponentes serían Minor Threat, Hüsker Dü, los rastafaris de Bad Brains, los Descendents, The Wipers, Mission of Burma, The Replacements, Flipper, Agnostic Front, Cro-Mags, el escatológico GG Allin, Dead Kennedys (con el demente Jello Biafra al frente), Youth of Today, Suicidal Tendencies y Discharge, sólo por mencionar a algunos.

Para los 90, sin duda quienes dominaron el espectro comercial fueron Green Day y The Offspring. Pero había mucho más que solo ese par. Ahí estaban circulando los Dropkick Murphys, con sus tonos celtas. Operation Ivy, Rancid y Less Than Jake sumaron los sonidos del ska al guitarrazo punk. Igualmente hay que mencionar el contestatario *The Shape of Punk to Come*, de los suecos Refused. Bikini Kill se convertiría en un emblema de la protesta femenina que prevalece hasta nuestros días. Social Distortion, Bad Religion y Pennywise imprimían melodías memorables a su punk, sin llegar a ser completamente complacientes como los mencionados Green Day y The Offspring.

En la primera década de los 2000 las cosas se pusieron interesantes con bandas que ofrecían una gran diversidad de sonidos. The Fall of Troy fue uno de los primeros grupos de aquello que se llamó el emo (por emocional). Su disco *Doppelgänger* se considera una de las primeras muestras de este nuevo derivado del punk. De igual manera se sumarían a esta nueva corriente Thursday, con su álbum *Full Collapse*, y Against Me!, con una onda cargada hacia el folk-punk, y que fue una de las primeras bandas capitaneadas por una persona transgénero: Laura Jane Grace.

Por otro lado encontramos a Death from Above 1979, con un álbum de solo 35 minutos llamado *You're a Woman, I'm a Machine*, en una onda que se llamó dance punk.

También estaba la histeria sonora de los texanos At the Drive-In, con el ya clásico *Relationship of Command*. Este quinteto manejaba un post-hardcore que daba saltos entre lo progresivo, el art rock y lo emo. Al final el grupo se dividiría en dos: Sparta, quienes continuaron por el camino del post-emo y las melodías más convencionales, y The

Mars Volta, cuyos integrantes declaraban que ellos querían sonar más a King Crimson y Pink Floyd, logrando un híbrido en el que suenan el metal, la salsa, el progresivo y la música experimental.

Actualmente ya le dicen punk a muchas cosas. Al garage rock de The Hives, al blues desfachatado de los White Stripes, al pop descuidado de los Viagra Boys, al noise rock de las niponas Otoboke Beaver y, genuina y merecidamente, al hardcore feminista de War on Women y también a una banda fantástica cuya cantante ha sido calificada como la Iggy Pop femenina: Amyl and the Sniffers.

El punk, sin duda, continuará su marcha imparable, cuestionando y vociferando las verdades que sean necesarias para incomodar, con el objetivo de poner a funcionar la materia gris y, por lo menos, no caer en las trampas que nos tiende el entorno social manipulado por las instituciones del Estado.

Bien dicho, compa, le digo a este valedor, pues yo tambor estoy contra este maldito sistema corrupto, cien por ciento. ¿Y tú qué? ¿Nada te encabrona del mundo en el que vivimos? Qué carajo: ¿quién está con nosotros?

SURF

El surf, el ritmo que nació casi a la par de la pasión californiana por deslizarse con una tabla sobre las olas (un deporte extremo exportado por los nativos y exploradores del antiguo Hawái), es un género putativo del rock de principios de los años sesenta. Se le relaciona principalmente con un tal Dick Dale, cuyo estilo para tocar la guitarra eléctrica, con singulares solos que sonaban acuáticos, parecía relatar la emoción suprema del surfista o deslizador sobre las crestas y bajo los túneles de la marea. Existió en el precámbrico, con grupos como The Ventures, The Surfaris, etcétera. Por el lado fresa, los Beach Boys

fueron una fábrica de éxitos para un público blanco inocente y jugue-
tón que llevó su trabajo a caminos más interesantes con el tiempo, de
la mano de su líder Brian Wilson. Otras bandas fueron los Straitjac-
kets y The Bomboras.

En los noventa, el surf tuvo su renacimiento en los E. U., im-
pulsado en gran medida por los soundtracks de Tarantino en *Perros de
reserva* y *Pulp Fiction*.

En México también hubo un revival del surf en los noventa, durante los cuales reinaron Lost Acapulco, Yucatán A Go Go, los Esqui-
zitos, Telekrimen, Los Magníficos, Espectroplasma y Los Cavernarios
(que le dedicaron un par de rolas a personajes de la novela *De perfil*:
"Queta Johnson" y "Los Suásticos"), así como un sin fin de bañistas
disfrazados con máscaras de luchadores que se turnaban por salir en el
escenario del Alicia y otros pocos antros con apertura a las expresiones
tribales de la juventud desenfrenada, primordialmente chilanga pero
también de otros estados; todos ellos hartos de los moldes de entretenimiento vacío que proponen las disqueras insensibles y televisoras
enajenantes del maldito sistema corrupto, de modo que crearon esta corriente de agua sonora sin ayuda de la industria comercial.

REGGAE Y SKA

Después vinieron las generaciones del reggae y el ska, que tuvieron
su apogeo en los festivales Raztekas, en los años noventa, que reunieron lo mejor del género en Latinoamérica, inspirados por luminarias
como el gran Jimmy Cliff y los varios hijos (pero principalmente Ziggy)
de Bob Marley, que tras su muerte se convirtió en un mártir de la religión rastafari. Allí, bandas como los Rastrillos, Salario Mínimo, Antido-
ping y Los de Abajo retomaron su legado de insurrección, justicia, amor
y paz, y tuvieron buenos tiempos que todavía reverdecen.

Este renacimiento de los ritmos jamaiquinos llegó a su clímax con esos conciertos multiestelares, pues muchos mexicanos, hastiados de injusticias, represión y cero legalización, buscaban aplicar a la vida diaria del mexicano las enseñanzas de Bob Marley, la reggae-terapia playera y canábica de Jimmy Cliff, Peter Tosh, Laurel *Lorenzo* Aitken, los Skatalites y un ejército rastafari de damas y caballeros salidos de Kingston, principalmente artistas menos famosos, pero siempre fieles a estos principios luminosos y libertarios, como la guapa y versátil Nneka, directo de Nigeria pero radicada en Alemania. Y es que parte de la gracia del reggae y el ska es que todas las *oldies* y un gran número de éxitos se pueden coverear, o se prestan para traducirse al lenguaje de estos géneros. Y así, el reggae se volvió una lengua pacifista universal, que lleva su mensaje de armonía de puerto en puerto, pues adonde quiera que va, siembra su mensaje de amor y paz.

Debemos recordar que esta migración ya había pasado en los E. U. y antes en Inglaterra, durante la desesperanzada era del punk en los ochenta, cuando el reggae y el ska se volvieron un lado soleado de Londres para sobrevivir a los callejones sin salida de un reino desencantado, con bandas como: UB40, Madness, Bad Manners, The Selecter, The English Beat o los Specials. En las costas del pacífico californiano, grupos chidos como The Toasters, No Doubt, Voodoo Glow Skulls, Less Than Jake, Streetlight Manifesto, The Mighty Bosstones, Sublime o Rancid hicieron un ruido semejante, con un estilo más punkero que en el caso de los Sublimes los mandó temprano a la tumba, mientras que los Rancios hasta hace poco seguían presumiendo de ser los últimos en caer, los que cerrarán el antro y apagarán la luz.

En México este resurgimiento ocurrió poco después que en E. U. y la Gran Bretaña, en los noventa, con las grandes tocadas y reventones de la capital y varios estados de la república amenizados por las bandas nuevas de ska, que se complementaban con toneladas de mota, chelas y cualquier droga que el skato pudiera conseguir para anestesiar las tragedias de la época, de preferencia sin olvidar los ideales libertarios.

Por esos rumbos creció la enredadera del ska entre hartos clones del surf y poco después cientos de replicantes del llamado "happy punk". Entre los primeros skatos (no me refiero a los que practican el deporte de las patinetas, que es otra tribu urbana que mucho ha destacado en la contracultura como una influencia positiva y constante, sino a aquellos que gustan de oír, bailar o interpretar el ritmo fiestero del ska) destacó Panteón Rococó por la potencia en vivo de su pequeña orquesta de intérpretes, aunque ellos trataron de expandir su estilo a una gama mayor de tonalidades, fusionando rock con ska, punk, cumbia y cualquier ritmo del mundo que pudieran incorporar, pues a la fecha siguen evolucionando y dando guerra por la izquierda junto a nuestro neozapatismo trasnochado, una causa en la que sigo gravitando. El apoyo al movimiento de liberación nacional los unía con toda una generación de excelentes y supervitales músicos, como los pachangueros de Salón Victoria, los rudos de Sekta Core!, los aguerridos de La Tremenda Korte, La Matatena y tal cantidad de grupos que no puedo mencionarlos a todos, pero que se pueden encontrar en los discos editados por PP Lobo Rekords, que allá por el 98 rondaban en la forma de cassettes y cds en el Chopo. Hubo otros más domesticados, como Los Estrambóticos, que a veces refinaban juntos en la misma fonda que yo, en la Santa María la Ribera; o la Santísima Trinidad, que tuvieron disco grabado con los alicios. Esta escena se nutrió de un buen guato de conjuntos de otros estados, especialmente del norte, como El Gran Silencio, Tijuana No!, los ortodoxos de Inspector, Dulcinea de Morelia (saludo a mi Capitán Colibrí Calderas) y un buen de bandas que no puedo mencionar, pero que también aparecieron en las recopilaciones de la *Skuela de baile*, un compilado que recuperó a varias de estas bandas, que en su mayoría ya no están activas. Otra recopilación que dejó testimonio de sus anhelos revolucionarios fue la antología de la revista *Rebeldía* titulada EZLN: *20/10 El Fuego y la Palabra*, donde todo un festival de artistas de diversos géneros apoyaron la causa neozapatista, igual que en los discos *Detrás de nosotros estamos ustedes* o *Artisti uniti per gli zapatisti del Chiapas* y otros muchos más que no podemos revisar aquí, pero que ya están inscritos en el libro *Neozapatismo y rock mexicano*.

De otros países también se consideraron bandas hermanas, especialmente Mano Negra y después al Manu Chao en solitario, que con su inmortal *Clandestino* (1998) y la trilogía de discos que le siguieron, un día y una noche llenó todo el zócalo chilango de la neo Tenochtitlán con su reventón de alegría, esperanza y rebelión con olor a mariguana. Ahí estuve yo en la línea de fuego, fue uno de los mejores momentos de mi vida, a pesar de llevar a cuestas, como casi todos, un corazón bien roto y forzando la makinita a todo lo que daba. Las 1001 pandillas que llegaron hasta la primera fila, como yo, conformaron un frente de batalla que de pronto corrió como una estampida por todo el Zócalo, mientras la multitud se abría a su paso como los mares de la Biblia. Así dimos varias vueltas, mientras yo corría consciente de que si tropezaba, la jauría humana probablemente me aplastaría sin darse cuenta; pero no fue así, corrimos entre carcajadas, hasta que finalmente volvimos triunfantes, al centro y hasta adelante, frente al escenario, a punto para que empezara un concierto delirante.

También estaban Los Fabulosos Cadillacs, Todos Tus Muertos, Lumumba (y después Fidel Nadal solito) y los Bersuit, todos estos argentinos; así como la No Smoking Orchestra de Kusturica (directo de la ex Yugoslavia), los gitanos punkeros de Gogol Bordello (Nueva York) y no se puede dejar de mencionar a Ska-P (de España). Todos ellos fueron miembros honorarios de un movimiento contradictorio, la era del ska mexica, que buscaba recuperar alguna infancia perdida mientras reivindicaba las causas zurdas; como actores de una obra trágica, pero con personajes de espíritu festivo, tal cual escuché decir alguna vez al Roco de la Maldita, que por años fueron el plato fuerte en estas tocadas de cada fin de semana, en diferentes puntos de la Ciudad de México y sus alrededores, sumando su propuesta carnavalesca a las costras de carteles que publicitaban los diferentes eventos y conciertos sabatinos, de las múltiples banderas chilangas.

Todo esto ocurrió durante los años de la insurrección indígena, zapatista y chiapaneca, a la cual estas bandas acompañaron hasta el final de esa revolución perdida. Hicieron de esa época un sueño muy particular y especial, al menos para mí, el soñador delirógeno que escribe esto, con mucho cariño y respeto.

DARK

El rock oscuro o gótico, que como es evidente se sumerge en las profundidades más desconocidas del alma, nació del punk inglés y se popularizó en México con el surgimiento de The Cure (provocando, cual reacción en cadena, el nacimiento de una de las bandas más queridas y valiosas de nuestro país, Los Caifanes, cuyo estilo de vestir siempre de negro y con los pelos parados como espectro emigró hasta acá desde la lluviosa Inglaterra). El estilo de La Cura se extendió por el mundo con su mezcla, perfectamente bipolar, de las canciones más tristes, depresivas y melancólicas de la humanidad desde las sinfonías de Mahler, y al mismo tiempo rolitas casi infantiles de tan alegres que capturan la esencia del enamoramiento juvenil y extrañamente no le restan puntos para tener el puesto principal del gótico y un lugar muy arriba en la historia del rock en sí, (*Disintegration*, de 1989, es de lo más bello que jamás he oído). Además, siguen activos, y este año en que escribo esto han prometido nuevo disco y gira por toda la Tierra, como suelen hacer periódicamente, después de revivir ya varias veces en cada década con material nuevo, si no cada vez mejor (pues sus discos clásicos son inalcanzables), sí de un nivel de apasionamiento intenso e hipnótico que los mantiene entre las grandes bandas de todos los tiempos.

Lo gótico se nutre de literatura, como los poetas malditos (Baudelaire, Edgar Allan Poe, Rimbaud), de los mitos y leyendas de terror, de las mitologías (celta, egipcia, etc.), de libros considerados prohibidos (como *Los cantos de Maldoror*, el marqués de Sade o el barón Masoch) y abraza el vampirismo, la estética del bondage y el sadomasoquismo (el disco *Velvet Underground & Nico* embonaría perfecto en esta onda), los trajes de cuero y la lencería, todo en tonos oscuros o de plano negros, buscando una vibra misteriosa y críptica en la línea de pintores como Escher, el Bosco, Brueghel el Viejo, Goya, Doré, H. R. Giger o Arturo Rivera.

Poco más debajo de La Cura está el mártir de la generación, Joy Division, con su poderoso estilo un tanto cuanto epiléptico, pero igualmente hermoso y profundo, que se volvió inmortal con la muerte de su líder, Ian Curtis, quien ha merecido documentales y película biográfica. Bauhaus es quizá la banda gótica por excelencia, que después se dividió en Peter Murphy solista y los Love and Rockets, tal vez para el bien de todos, pues ambos por separado dieron discos perrones, dignos de atesorarse. Mi papá se azotaba chido con el *Sweet F.A.* (1996) de los Rockets y especialmente con la canción "Judgement Day". Murphy sigue sorprendiendo a la fecha, colaborando con Trent Reznor, por ejemplo, o concretando la reunión de Bauhaus, que dio una última gira furiosa antes aceptar la muerte de su luz. Y cómo no revisar la belleza terrible de Siouxsie and the Banshees y sus hechizos de druida, una diva muy guapa que después se volvió más fresita, pero igual estaba bien. El maestro Nick Cave and The Bad Seeds, que desde esos inicios drogados y su sendero de perdición se levantó como una bestia roquera de dimensiones celestiales y se ha convertido en un nuevo mesías del rock, sobreviviendo a sus terribles tragedias familiares, y acompañado siempre de su carnal Warren Ellis sigue hasta arriba de la jerarquía del rock; desde su disco de baladas *The Boatman's Call* (1997), cada vez se acerca más a ser algo como un nuevo Leonard Cohen, si bien desde ya tiene la estatura de un Morrison cualquiera, pues puede dar presentaciones verdaderamente catárticas y todo un río de grandes melodías fluye de sus discos, cada vez mejores.

The Smiths es otra banda imprescindible de la ola oscura y del rock en sí, que luego se desintegró para dar vida a la carrera solista de Morrissey, que se convirtió en todo un divo al estilo Juan Gabriel, pero dark; como antes de él lo fue Mercury, e igual de fértil en la calidad y cantidad de sus éxitos, es hoy un ícono del movimiento gay, como Juanga, si uno gusta de o no se espanta con su estilo de galán alfa, pero extrañamente afeminado.

Y permíteme recordarte los infinitos mundos sonoros y paisajes auditivos de Dead Can Dance, de Lisa Gerrard y Brendan Perry, un par de músicos y cantantes multifacéticos que juntos crearon su propio universo de leyendas armónicas, pero que provienen de los inicios de la escena gótica; una banda hermana de This Mortal Coil, pues incluso compartían sus artistas, un combo de belleza difícil de igualar. También está la máquina demoledora de los Sisters of Mercy, que le fascinaba a mi padre, lo mismo que los Fields of the Nephilim y sus misterios embrujados, disfrazados como vaqueros de ultratumba. Pero antes de todos ellos, en el principio, existió la gravedad de los eslovenos Laibach. En México llegaron a tener bastante éxito bandas como Christian Death o Lacrimosa… Y no dejen de escuchar la poesía de Noir Désir, de Francia, con su cantante feminicida y expresidiario, Bertrand Cantat, que sigue arrastrándose por los barrios bajos de París.

También hay que mencionar a Depeche Mode, una banda que salió del tecnopop, el punk y el dark para crear su propio coctel de rock sensual y elegante, que pegó durísimo en México con su "Personal Jesus" y desde entonces tienen una base de fans sólida, como su carrera llena de cortes excelentes; los ya legendarios Clan of Xymox; Cocteau Twins; la belleza deformada de Nina Hagen y Diamanda Galás (aunque ella era más artística), salida del submundo del panchormance, pariente de los Einstürzende Neubauten, una banda que representó una ruptura total con todo lo que antes se hiciera en cuanto a música.

EL SONIDO DE NUEVA YORK

El New York sound lo engendró el maese Lou Reed, y se puede disfrutar en su estado más puro en discos como el titulado simplemente *New York* (1989). Se lo contagió por un tiempo a David Bowie, que desde luego, en su carácter de espíritu vagabundo polifacético, jugueteó con esta corriente y muchas otras. Es un género del rock en sí mismo, entre cuyos fundadores hallamos también a Iggy Pop y su banda los Stooges, quienes practicaron este rock de poder crudo y sin adornos por el gusto de tocar en las calles, pues es como el equivalente gringo al rock urbano de acá. Patti Smith tambor proviene de esta camada y aún se le nota en los discos que saca de cuándo en cuándo, aunque se haya convertido al cristianismo católico; como la sacerdotisa, poeta incendiaria y chamana/curandera del rock que ha sido, siempre será recordada además como la madrina del punk y estandarte del más alto rock femenino de protesta. Recientemente, se podría decir que The Strokes tiene una marcada influencia de este ritmo y estilo, que apesta a la Quinta Avenida y tiene el dulce aroma del Central Park inyectado en las venas.

INDIE/ALTERNATIVO

R.E.M., Blind Melon, Pixies, 4 Non Blondes, Wilco, Arcade Fire, Clap Your Hands Say Yeah... la lista de todo lo que cabe en estas etiquetas sería interminable, pero vamos a denunciar algunos por deporte, y para darnos una idea de la versatilidad iconoclasta que representa: Jane's Addiction es una de mis bandas favoritas de todos los tiempos, que estaba entre el metal y el punk, pregrunge, y cuyo vocal, Perry Farrell, es un artista plástico multidisciplinario, DJ y fundador del épico festival Lollapalooza; pero además contaba con Dave Navarro, uno de los guitarros más impresionantes del mundo mundial. Esto nos lleva a los Red Hot Chili Peppers (hermana de la anterior, pues incluso intercambiaron guitarrista y fluidos corporales) banda que ha resultado mucho más longeva e irreductible; con Flea, su insólito bajista siempre en resistencia, y junto a las rimas raperas de Anthony Kiedis han madurado cual buen vino: son punta de lanza de la cultura playera californiana y ya son leyenda también, aunque siguen activos y editando discos.

PJ Harvey, mi reina, su alteza roquerísima, es nada más una de las compositoras más chingonas que haya nacido en los E. U. en los últimos tiempos, una diosa del rock como nunca antes se vio y difícilmente se verá, con un ramillete de discos, todos geniales. Mi padre, José Agustín, se clavó durísimo con ella y la reverenciaba como a todo lo que un roquero quiere de una mujer. En ese nivel están los Cowboy Junkies, de los hermanos Timmins, con la bella Margo a la cabeza; poco más abajo en esta jerarquía recordamos también a la Mazzy Star, inmortales aun cuando *one hit wonders*; o qué tal Juliette Lewis and the Licks, la mujer más excitante del rocanrol (o una de ellas), salida como una diabla feroz del filme psicótico *Natural Born Killers*, que ya nunca pudo embonar en los moldes del sistema y se volvió una eterna disidente con un estilo de guitarras grungeras y voces orgásmicas. Los locos de Primus, conocidos principalmente en todo el mundo por la rola que abre *South Park*; The Offspring, una banda post punk harto juguetona; los Queens of the Stone Age, aunque supongo ellos pueden catalogarse de rock pesado y ya, son unos chingones con un estilo repetitivo pero efectivo y siempre muy cachondeable; Sonic Youth, Talking Heads, Garbage, Black Rebel Motorcycle Club, los Dandy Warhols (carnales tan bohemios como usted o yo); los Von Bondies (y todas las bandas del soundtrack del filme erótico e independiente *9 Songs*); White Stripes, con el incomparable Jack White y su guitarra delirante...

El género es muy flexible o tiene un gran corazón, porque caben muchos. Pero basta, porque en serio, esta lista podría extenderse por varios días.

GRUNGE

Conocido también como el sonido de Seattle, el grunge emergió de las actitudes más antisistema del punk y la potencia del metal en sus facetas distorsionadas como el thrash, pero se nutrió de todo el espectro del rock para crear un nuevo movimiento que, a pesar de sus raíces anarquistas, vino a destronar al heavy metal y llegó a pervertirse como rey del *mainstream* del rocanrol en los noventa. También tumbó al *Dangerous*, de Michael Jackson, del número uno en ventas cuando un grupo desconocido llamado Nirvana, formado por tres mocosos resentidos, cual retador proletario contra la superindustria, sacó su disco *Nevermind* (1992) con la icónica imagen del bebé que bucea por un dólar (quien, por cierto, hace poco perdió la demanda contra la banda por abuso y pornografía infantil) y llegó al primer lugar del *hit parade* en los Estados Unidos; en ese momento el mundo supo que un nuevo y quizá el último gran género del rock había llegado, con el sonido como de un trueno que aún retumba en el cielo, la Tierra y el infierno. Allí se quedó "Smells Like Teen Spirit", en el número uno por varias semanas o meses; no contento con eso, Kurt Cobain abrió las puertas del superéxito para todos sus amigos drogadictos y anarquistas de Seattle.

Si en el mundo lo que más hay son canciones de amor y desamor, se puede decir que el grunge es la música de la ira, la furia y el descontento, y se nota especialmente en las letras y guitarrazos del Kurt, que gritan protestas descorazonadas, llenas de paisajes suburbanos como inframundos, abandonados a la desesperanza y la desolación: un rechazo absoluto a la sociedad estadounidense establecida. Sacaron sólo cuatro discos más, incluyendo el *Unplugged* de MTV (una bonita costumbre acústica que dejó muy buenas ondas y que fue lo último digno que hizo ese canal, otrora tan chido y ahora tan repulsivo), además de un triste "grandes éxitos" que sólo incluía como novedad la definitiva "You Know You're Right" (que Kurt quería llamar "I Hate Myself and Want to Die") y tres álbumes póstumos con todas las sobras, lo que quedó regado en el piso tras el certero escopetazo con el que Cobain se voló la tapa de los sesos, quitándose la vida, harto de su adicción a la heroína y atormentado por su corta vida en este inframundo del grunch. Más trágico, radical y comprometido con el punk no se puede ser: una vida y muerte fugaces con un legado eterno y pase directo al club de los 27. Pero el legado de Nirvana ya estaba destinado a ser leyenda.

Sin embargo, varias bandas les precedían y acompañaban a Nirvana en esta hazaña casi vikinga de derrotar en éxito y ventas a los metaleros glamurosos con greñas más largas y mejor peinadas que Rapunzel, al mismo tiempo que le sacudió la jaula al imperio del pop, catalizando la furia y el desencanto de bandas como los Pixies o Jane's Addiction.

Las bandas más subterráneas, y que se consideran las verdaderas precursoras del grunge, son los Melvins, aunque empezaron como metal; Mudhoney, que por ahí siguen dando guerra; y Green River, de 1984, que entre el punk y el hardcore se consideran quizás los primeros gruncheros. Mother Love Bone, también con miembros de Pearl Jam, es pionera de este estilo irónico, ruidoso, enardecido, delirógeno y transgresor; así como Mad Season y Temple of the Dog, donde coincidieron Eddie Vedder, de Pearl Jam, y Chris Cornell, de Soundgarden, las otras dos bandas más potentes y famosas del apodado grunge. Fue una época en que estos cumpas, muchos de ellos amigos de la infancia radicados en Seattle, conflagraron varios intentos de asaltar la industria musical, con sus discos como ataques terroristas contra el sistema establecido y el *mainstream*. Pero la mayoría de estos grupos no lograron ese éxito tan indeseable, o cuando finalmente algunas lo alcanzaron, este los devoró a casi todos con sus promesas capitalistas, haciendo corto circuito con sus ideales anarkos y desencadenando una ola de clones e imitadores, gambusinos oportunistas salidos de los callejones y las disqueras, explotando sin piedad esta veta del rocanrol hasta drenarla de toda su sangre. Pero el demonio de la morfina y la heroína crecía en sus venas, siempre amenazando con destronar las ilusiones de estos jóvenes rockeros; y en muchos casos lo logró, al arrebatarle la vida también a Layne Staley, el oscuro y misterioso vocal de Alice in Chains, quizás las más severas de todas estas bandas pioneras de las mayores distorsiones del rock. Así mismo, con una pequeña ayuda de las drogas duras, finalmente se derrumbaron hasta los más rudos, como los Stone Temple Pilots y Soundgarden. Más adelante visitaremos sus tumbas.

Fue una colisión entre la industria musical y este estilo crudo y visceral, de la que casi sólo salió adelante Pearl Jam, la otra gran esperanza del rock pesado que proviene de esta era convulsa y genocida, plagada de jeringas de heroína, quienes pudieron sobreponerse a esta tormenta que se apoderó por unos años casi del mundo entero con su rock duro y sin concesiones, pues tocaba el alma rota de la juventud de los noventa. Pero todo culminó con el disparo que acabó con el buen Kurt, un balazo que resonó en todos los rincones del reino y dio el grito de salida para el fin del milenio. El ambiente de los noventas ya era sombrío para empezar, pues la percepción era que los jipis ya habían intentado cambiar el mundo por las buenas y fueron aplastados y los punks trataron de rebelarse por las malas y escapar, pero también fueron reprimidos, buscando exterminarlos en donde surgieran. El metal se había comercializado, arrodillándose ante el dios dinero. Así que el futuro no se veía nada prometedor, pues todos intuíamos o teníamos conocimiento ya de los desastres que vendrían, los que hoy en día padecemos y parecen querer llevarnos a la extinción.

Otro combo que gestó esta vanguardia demoledora fueron los Screaming Trees, que hace muy poco perdieron a su fundador, Mark Lanegan (1964-2022), quien en su corta vida se forjó una leyenda suicida en el rocanrol, con su música depresiva a cuestas y acompañado de buenos amigos, al estilo de Jim Morrison y Lemmy Kilmister (de Motörhead y ex Hawkwind). Me asombran las canciones devastadas de Lanegan, en especial de solista, primero con buenos guitarrazos de grunch clásico, pero también muchas acústicas o casi, aunque también exploró frecuencias electrónicas, una versatilidad que lo convirtió en un verdadero trovador con un repertorio amplio y muy fértil, pero cuyas canciones te llevan hacia esta montaña maldita y sus grutas de armonías asombrosas, hirviendo con una tristeza agobiante y evidentes tendencias autodestructivas. Esta ideología nihilista, retorcida y con fuertes pulsiones de muerte se puede escuchar con toda claridad en su rolilla "Skeleton Key", que abre el portón hasta el corazón del grunge, pues con el tiempo y tras su muerte Mark se convirtió en otro caído de esta música inmisericorde, y en uno de los elementos más interesantes de toda esta bola de cabrones. Ahora se le revalora y relaciona con sus otros camaradas de generación, abatidos en la batalla de las bandas grungebrias.

Billy Corgan, el también longevo sobreviviente de esta era y líder de los estruendosos y tiernos Smashing Pumpkins, decía que Kurt Cobain era el único compositor de su generación que consideraba su digno rival, pero la verdad es que Lanegan era un músico aún más dotado que los otros dos, aunque su carrera es mucho menos conocida. Una gran injusticia.

El más célebre y grave caso fue Kurt Cobain (1967-1994), desde luego, pero hay otro caso más oscuro, pues si bien todas las bandas de este periodo o estilo tienen una marcada tendencia a las tinieblas, hay otro cantante y compositor, esta vez fallecido por sobredosis de heroína, que en su corta vida sentó las bases para otra banda mitológica de Seattle: Layne Staley (1967-2002), de Alice in Chains, el vocal más necrófago y ensombrecido de toda esta pandilla de delincuentes juveniles, convertidos en roqueros superestrellas, pero a quienes irónicamente ni el dinero ni la fama los salvó de sus personajes radicales-libres; al contrario, los hundió más en la depresión, al convertirse en parte de un sistema de comercialización que detestaban. Pero hablemos también del talentoso Scott Weiland (1967-2015), de los Stone Temple Pilots, hallado muerto durante su gira con una banda llamada los Wildabouts, después de intentar levantarse varias veces de sus adicciones (una constante en todos los artistas del tremendo grawnch) y de tratar suerte con los ex Guns N' Roses en la fugaz banda Velvet Revolver. Y hay que hablar de Chris Cornell (1964-2017), el *frontman* de Soundgarden, otra banda poderosa y pilar de este subgénero del rock, cuya potente voz lo emparenta todavía con el metal. Cuando se separaron se formó la banda Audioslave, con el guerrillero Tom Morello de Rage Against the Machine, con la cual tuvo bastante éxito, aunque nunca tanto como las bandas de las cuales ambos provenían. Así que, tras su ruptura, Chris hizo una excelente carrera de solista y se reunió con sus viejos carnales de Soundgarden en 2016, poco antes de perecer, también por la vía del suicidio, en un hotel, como todo un rockstar decadente, después de su último concierto con sus viejos camaradas, en Detroit, a los 52.

Estos cuatro forman los pilares funerarios que sostienen a perpetuidad esta corriente de ruido musical, considerada por muchos como la última gran época del rock. Con el trágico final de todos estos cumpas, pero especialmente con el de Kurt Cobain, se perdió la esperanza de ver la evolución que pudieron alcanzar este y otros muy buenos compositores. Casi que sólo sobrevivieron Pearl Jam y Eddie Vedder, además de los Smashing Pumpkins, que no siempre se consideran de esta palomilla, pero en sus momentos más estruendosos yo creo que sí. Además, Billy Corgan, su guitarrista líder y vocal, estuvo al parecer involucrado en un triángulo desastroso con Kurt y la Courtney Love, la notoria rockera y excelente actriz, madre de Frances *Bean* Cobain y vocalista del grupo Hole, considerado más punk o alternativo que grunge, pero que tuvo su mejor momento con la ayuda de Cobain y Corgan en el breve lapso en que, convertidos en estrellas de la farándula y odiándolo, vivieron su romance tormentoso, narcotizado y destinado a la perdición, tras sus quince minutos de infamia. Esta tragedia ha sido diseccionada en el excelente documental *Montage of Heck*, y antes con mucha saña en el conspiranoico *Kurt y Courtney*. Descansa en paz, maestro, te extrañamos, nos wachamos pronto. Nos vamos así como estamos, viejo amigo, no nos llevamos nada.

Esta vertiente del rock, el fucking grunge, deja tras de sí tal rastro de destrucción que pareciera Ucrania o Palestina recién bombardeadas, llenas de letreros oxidados que advierten NO ENTRE, ALÉJESE, PELIGRO MORTAL, con altares de calaveras y huesos cruzadas aquí y allá, enredados en espirales de alambres filosos; el paisaje nos prohíbe regresar a ese género, y hoy en día ya nadie se atreve a traspasar o rebasar ese nivel de intensa profundidad, distorsión, desdicha y drogadicción: NO CRUZAR, ENTRE BAJO SU PROPIO RIESGO, rezan las letras garabateadas con sangre y vómito negro, que marcan la frontera de la locura y llevan al desolador reino del mejor y más ruidoso rocanrol de todos los tiempos.

Si The Who, los Stooges, las New York Dolls y Patti Smith se consideran los padrinos del punk, Neil Young sería el *godfather* del grunch, como dejó en claro el Kurt cuando garabateó en su carta suicida: "Es mejor quemarse que desaparecer", una cita directa de la "Hey Hey, My My (Into the Black)" del maese Young, que irónicamente también reza: "El rocanrol no morirá jamás". El 5 de abril del 2024 se cumplieron treinta añejos de la muerte del Cobain y veintidós de la de Staley, que en un extraño caso de sincronicidad, o acaso deliberadamente, también murió ese día, tan nefasto para la historia del rocanrol.

Devastado, como sobreviviente de una guerra, el bajista de Nirvana, Krist Novoselic, se retiró a vivir una vida pacífica, aunque de vez en cuando participa en algún homenaje a los caídos del *grawnch*; pero el baterista, Dave Grohl, demasiado joven e incapacitado para rendirse, siguió en la batalla y creó los Foo Fighters, que son más bien metal o alternativo y mucho más ligeros y positivos, pero han logrado una carrera consistente y mucho éxito, con discos notables como el doble *In Your Honor* (2005); aunque jamás llegaron a tener la contundencia ni trascender al Olimpo del rock, como sí se recordará siempre a Nirvana. Pero sin duda merecen un lugar de honor por salvar los anhelos de vivir de muchos que quedamos traumados tras la muerte de Kurt Cobain y el prematuro fin de Nirvana, la banda mortuoria que con sólo cinco discos de estudio sacudió al mundo como un terremoto de gran magnitud, derrumbando el tablero del rock & roll como lo conocíamos y las murallas del fin de siglo, cuando tumbó de un portazo la entrada al nuevo milenio para que lo invadieran todas sus huestes desesperanzadas, pero también para abandonar después a su suerte a sus miles de rabiosos y descorazonados admiradores, quienes hasta este día seguimos prendiéndoles veladoras a estos valedores y nos preguntamos cómo podría haber sido todo si se hubiera podido cambiar el mundo para bien; salvarnos del curso de colisión en que nos encontramos, en vez de aceptar calladamente la muerte de nuestros amigos, héroes y profetas del rocanrol, nosotros los sobrevivientes del grunge y el punk, que para bien o para mal tenemos que seguir viviendo, siempre en la lucha por vencer o morir.

BRITPOP (OLA INGLESA)

A finales de la década de los ochenta, desde el Reino Unido cayó del cielo otra ola de excelente rocanrol que revivió la competencia entre los E. U. e Inglaterra por demostrar quiénes tienen las mejores bandas. Llegaron como un alivio los polémicos Stone Roses, quienes, aunque sólo hicieron un disco estando juntos y otro durante una efímera reunión, se grabaron para siempre en la historia del mejor rock, si bien sus miembros, como suele pasar en las bandas del U. K., acabaron odiándose (léase los Beatles, Pink Floyd, Oasis, etcétera). Hubo bandas inimitables, como Pulp, del genial Jarvis Cocker, con una carrera brillante de puros discos perrones del mismo nivel de calidad, que crearon una atmósfera respirable para la juventud de aquellos días, devolviéndoles las ganas de vivir al salir de las horas extra en fábricas, de las madrigueras con drogas duras, las calles inundadas de smog, bajo el puño de hierro de la realeza y su imperio inglés y un cielo siempre lluvioso. Al terminar los Pulpos, Jarvis salió para arriba y adelante como soliloquio y por ahí anda brillando aún, con ocasionales reuniones con su vieja bandera.

Radiohead comenzó como una banda que parecía una respuesta al grunge gringo, con su escandalosa canción "Creep" que sonaba hasta en la sopa, hasta quemarla por completo, pero los Cabezas de Radio continuaron sacando discos cada vez más locos, ambiciosos y mejores, que llegaron a un clímax de perfección de su estilo en OK Computer (1997), pero poco después se revelaron como un proyecto futurista en Kid A (2000) y comenzaron su viaje al infinito y más allá del horizonte, hacia donde nadie nunca había llegado, o acaso sólo un puñado de geniecillos de las computadoras, como Unkle, Massive Attack o DJ Shadow, quienes, dirigiéndose al futuro de la electrónica como una nave espacial y máquina del tiempo, años luz adelante de la mayoría de los músicos de generación, se convirtieron, con cada disco o proyecto alternativo, en una vanguardia que sumaba todos los mejores atributos del rock y la electrónica. En el caso de Radiohead, esta evolución o mutación radical, que en su momento fue una apuesta tan arriesgada y les costó hartas críticas, al final se les reconoció como poco menos que la mejor banda del mundo en su momento; aunque algunos los tomaron por pretensiosos con sus revoluciones tecnológicas, al final Thom Yorke ha resultado uno de los compositores más fértiles y complejos en la historia del rock y de la música, que parece saber lo que pasará mañana o lo inventa en el camino, guiándonos por exploraciones grandiosas que cada vez viajan más lejos, con un disco nuevo tras otro. Aunque recientemente amenazaron con desarmarse, o transformarse en otra banda con el risible nombre de The Smile, les regalamos una sonrisa a Yorke y a su brazo derecho Jonny Greenwood, y esperamos sepan llegar a buenos puertos sonoros.

Oasis, una triunfadora banda de rock entre pesado y cursi, formada por los peleoneros hermanos Gallagher, dio muy buenos discos y supo colarse al reino de las superestrellas de rock. Sus melodías sonaban clásicas, dotadas de una cínica influencia beatlemaniaca, y también como algo nuevo, con un estilo entre de románticos y buscapleitos, etílico e intoxicado, engreído y arrogante; fueron como una inyección de adrenalina, en sus mejores momentos. Tras divorciarse, los Gallagher siguen con nuevas bandas, pero hay que mantenerlos muy separados. Por años sostuvieron una competencia de popularidad con

Blur, de Damon Albarn, que con un toque un poco más punk al final no aguantaron la presión y decidieron romper su taza, pero Damon siguió adelante con un proyecto de personajes animados con su voz y la de muchos invitados, llamado Gorillaz, un combo que da la vuelta al mundo con su propuesta ultra moderna de videos y cantantes virtuales, presentando una imaginería asombrosa en la tradición visual de Peter Gabriel, los Chemical Brothers, Björk, Tool, NIN o David Bowie. Por último, no puedo dejar de mencionar a Muse, que al principio era muy comparado con Radiohead, pero con el tiempo se fue más hacia el metal progre y sacó una serie de discos magistrales, como *Black Holes and Revelations* (2006), que les permitieron infiltrarse en el selecto círculo celestial de las superbandas que llenan estadios en todo el mundo y de las cuales sólo quedan hoy en día unas cuantas afortunadas que comparten banquetes con los dioses del Olimpo, el Nirvana, el Mictlán y el Valhalla.

Otros conjuntos que se consideran de esta ola inglesa son: Elastica; The Verve (injustamente catalogados como *one hit wonders*); los supergays travestistas de James; Travis; los melancólicos de Keane y Placebo; Manic Street Preachers; los irreverentes Charlatans; los retro sesenteros Inspiral Carpets; los prendidísimos Stereophonics y Franz Ferdinand, y etcétera, etcétera, etcétera.

HIP HOP/RAP, RAP METAL

Algunos dirán que el rap y la cultura del hip hop, con sus graffiteros y breakdancers, no tienen ya nada que ver con el rock, o que de hecho fue una ruptura total del personal afroamericano con la música de los blancos, y que creando el arte de las rimas buscaron un nuevo camino ante la sobrepoblación de imitadores de los otros géneros que antes crearon los negros: blues, jazz, rhythm & blues, funk, soul, disco, etcétera… Pero como árboles que comparten raíces y frutos, al parecer todos los caminos llevan a Roma, o se conectan. Todo empezó con DJ (*disc jockey*: aquel que pone los discos en una fiesta o estación de radio) como Grandmaster Flash, que descubrieron los sampleos y los scratchs y comenzaron a musicalizar el nuevo baile del breakdance. Siguió el graffiti en Nueva York y otras ciudades, y después vinieron los MC, o maestros de ceremonias: los encargados del micrófono en las *parties*, que comenzaron las batallas de raperos insultándose y burlándose unos de otros, buscando el flujo de palabras más veloz e ingenioso. El hip hop había nacido.

Pronto esta música se popularizó por el planeta entero como una forma de canto y protesta, para denunciar la realidad de los barrios bajos, por lo que tuvo gran recepción en los países del tercer mundo. Run DMC hizo su rola con Aerosmith ("Walk This Way") y de volada se hizo muy popular entre los blancos. Public Enemy llegó a luchar contra el sistema de frente y sin miramientos, buscando derribar el gobierno racista de los E. U.; en Nueva York, el Wu-Tang Clan hizo su propia historia, considerada de las mejores del rap, y Snoop Dogg le dio el carácter marihuanero a este género. El hip hop nació profundamente contracultural y contestatario, y lo pregonó en un principio; desgraciadamente, después se pervirtió y cedió a los brillos de la fama y la fortuna, volviéndose todo *bling* de joyas y *pool parties*, un descerebrado y ostentoso flujo aburrido de palabrería hueca, plagada de tales apologías por la riqueza material que rayaba en una ironía o parodia del sueño americano, conseguido a cualquier costo y como objetivo principal de una vida vacía dedicada a un hedonismo nihilista. Por ejemplo, Ice Cube con el tiempo se convirtió en actor de películas cómicas familiares, mientras Ice T se dedicó a actuar en filmes y series de acción, haciéndola de poli casi siempre, cuando en sus inicios había hecho unas olas tremendas contra el racismo policial con su banda de rap hardcorero Body Count (por ejemplo, "Cop Killer"), que fue de las primeras bandas, después de Anthrax, en hacer esa mezcla de metal pesado y rap que después explotaron con estruendo bandas como Rage Against the Machine, Aztlan Underground, Biohazard, Korn, Slipknot, Limp Bizkit, Linkin Park y Papa Roach.

Sin embargo, quizás los más emblemáticos fueron los raperos rudos de N.W.A., formado por el Dr. Dre, Ice Cube, MC Ren, Yella e Eazy-E (este último fue el sacrificio humano de esta historia), quienes por cierto ya merecieron su propia película biográfica, recordada especialmente por su guerra contra la policía de Nueva York, a quienes enfrentaron frontalmente con su rola "Fuck the Police". Con el tiempo se volvieron una influencia determinante del género, inventaron el gangsta rap, que retrata la vida del hampa llevada a las rimas del rap, y se enfrentaron al racismo americano con toda su furia, quedando para siempre grabados en la historia del hip hop de Norteamérica como los que empezaron todo el desmadre grueso.

Más tarde, apadrinado por el Dr. Dre, apareció Eminem, el rapero blanco más célebre, con su estilo acrobático, frenético, cómico y psicótico, que expuso su vida en sus letras y se metió en mil líos legales con su expareja y su familia. Fue un fenómeno equivalente a Elvis en el rap, con un estilo que hace malabares con las sílabas, capaz de cantar a velocidades impresionantes. Su historia sacudió a la industria musical y se quedó sin competencia, pero produjo al excelente 50 Cent como retribución a sus carnales Dr. Dre y Snoop Dogg, que lo aceptaron en su *crew* y le enseñaron el camino. Aunque antes los Beastie Boys y los también funkeros de Red Hot Chili Peppers ya habían hecho suyo el rap para los blancos, saliendo victoriosos en esa fusión. Un caso aparte que me encantó fue el rock country/rapero de Everlast, y su disco *Eat at Whitey's* (2000), una fusión un tanto insólita, acaso emparentada con el nefasto, derechista y republicano Kid Rock.

En otras latitudes del globo, como en nuestro país, se volvió muy popular el arte de rimar, relacionado más con la vida en las calles que con el tráfico o el crimen organizado, como en los E. U., temas que acá ya tiene acaparado el narcocorrido. En muchas regiones convulsas de aquí hasta la Patagonia o el lejano Oriente, y si no en China al menos seguro sí en Japón (no se pierdan a DJ Krush), el rap se volvió una válvula de escape para las clases oprimidas y sin voz con la que poder expresar su realidad y representar a sus pandillas o *crews*, hilando la no ficción de sus propias vidas y sentimientos con el ritmo de las arterias y avenidas en cientos de ciudades del mundo.

No tengo chance de parlar sobre este asunto como quisiera en este choro enervante, pero debo decir que el rap es una forma de rebelión y literatura subterránea también en México, en gran parte por la invasión de los cholos de Cypress Hill y los aún más siniestros de Psycho Realm (mis favoritos); desde luego el ya mentado Control Machete; Bocafloja en el viejo DF (hoy CDMX); el combo fronterizo del DJ Payback Garcia (la Aztec Souls Familia: Delinquent Habits, Quinto Sol, el Chivo, etc.); los Akwid, Cartel de Santa o Santa Fe Klan, ya más recientemente. De España sonaba 7 Notas 7 Colores, que me mataba de risa, no te lo pierdas. El Control Machete se hizo parte del bestiario colectivo en la cultura mexicana y gringa cuando participaron en la muy recomendable pista sonora de la ya icónica película *Amores perros*, pero se separaron cuando uno de sus miembros, Fermín, decidió cortar por lo sano y hacer rap cristiano, mientras Pato, su cumpa, siguió dándole a las rimas sin barreras y tuvo hits de solista o a dueto con Celso Piña. Los hipergrifos y superviolentos de Cypress Hill, con los malabares verbales binacionales de B-Real, se popularizaron en México muy cabrón con su disco de canciones "en español" que, aunque un tanto mal hablado, en todos los sentidos, arrimó a cientos de morros a la fogata callejera del hip hop; muchos escuchamos sus rolas hasta memorizarlas como si fueran el padre nuestro. Por si fuera poco, el trío de Sen Dog, B-Real y DJ Muggs apareció en *Los Simpson*, internacionalizándose.

En la escena nacional, hoy en día he oído a un vato nuevo que suena rudo, llamado Alemán y que, ahí nomás, ha colaborado con los Cypress y el Cartel de Santa, y quien a su vez nos recomienda a House of Pain y los Mexakinz. Calle 13, de Puerto Rico, con René el Residente a la cabeza, también fue adoptado por la escena del hip hop nacional, con su estilo muy bizarro de rapear, pero sincero, hiperrealista y combativo.

Les dejo aquí otros conjuntos de rap, por dar algunos ejemplos, que dejaron su marca en la historia del hip hop, pero que ya no podemos desglosar: A Tribe Called Quest, De La Soul y el multifacético Mos Def. Me encanta Broder Ali, tambor. Más comerciales pero infaltables son el imperial Jay-Z y Ja Rule; pero la lista de raperos que llega hasta Kendrick Lamar, por decir otro ejemplo, es ya interminable. En el lado más oscuro del hip hop recordamos la guerra mortal de las costas este y oeste, o Tupac vs. Biggie (dos raperos superdotados), que al final acabó con el asesinato de ambos; yo extraño especialmente a Tupac. Una gran pérdida para este arte de la lengua larga, los versos y las rimas ágiles y sinceras que buscan ser la poesía callejera de aquellos y estos tiempos, pues aunque el mayor éxito del rap parece ir en declive, aún aparecen excelentes raperos nuevos en el mundo para revitalizarlo.

Un capítulo más se merecerían los mejores diyéis de antaño o en activo, como el genial y futurista DJ Krush; o DJ Shadow, el hechicero de los collages auditivos, y muchos más, como DJ Food o DJ Spooky, y etcétera, etcétera (ahí se quedan de tarea en el tintero).

MÚSICA DEL MUNDO (WORLD MUSIC)

Así como dio en el blanco con otros pronósticos, el jefe José Agustín también presagia las fusiones del rock con las tradiciones y el folclor de cualquier parte del mundo, pues en efecto muchas naciones tan diferentes como México, Francia, Japón, Italia, Alemania, España, Islandia (saludos a Björk), Argentina o Canadá se vieron seducidas por el magnetismo del rocanrol. Y es que las formas o estilos que propone, subgéneros como el punk o el reggae, el progre o el metal, y la absoluta libertad y apertura de su esencia, lo han hecho accesible para músicos y escuchas en todas las latitudes del globo. El éxito evolutivo del rock no se debe estrictamente a un ritmo o esquema de cómo hacer una canción o bailarla, sino que su identidad más poderosa reside en la absoluta libertad creativa, que ofrece interminables posibilidades a los músicos sin fronteras.

En esta sección es obligada la mención de Ry Cooder, otro favorito de mi papá, quien junto con Peter Gabriel y Michael Brook hizo mezclas geniales explorando todos los mapas y cartografías musicales del globo, en busca de tesoros perdidos. Juntos nos dieron a conocer cientos de propuestas geniales de música tradicional de diversas regiones del mundo, como Nusrat Fateh Ali Khan, el increíble cantante iraní, o Ali Farka Touré, el guitarrista del blues africano, y a un entrañable combo de son cubano, el Buena Vista Social Club. Incluso crearon sellos discográficos (Real World, International y Putumayo) que dieron la vuelta a la rosa de los vientos, rescatando la música folclórica y fusiones de muchos artistas excepcionales.

Obviamente, esta sección podría ser tan extensa como el mundo es grande, y no tenemos chance de recorrer todas las coordenadas y latitudes que hacen de esta, la música del mundo, un manantial inagotable del cual el rock ha bebido hasta ramificarse por todos los rincones de la tierra, creando fusiones infinitas en cada región adonde se mimetiza con las tradiciones locales.

MÚSICA ELECTRÓNICA (TECNO, CYBERPUNK O INDUSTRIAL, TRIP HOP Y ACID JAZZ)

Llegamos a la última gran vanguardia musical del siglo pasado y el presente: la música electrónica, que si bien ya está a millones de años luz del rock & roll, ambos géneros todavía se tocan como el Dios y el Adán de Miguel Ángel, además de que también ha sido un ala muy extendida de la contracultura, o cultura alterna, que ha permitido a millones escapar de los límites de la sociedad conservadora, los cánones impuestos por las academias, las industrias desalmadas y la masificación del arte en la interred para hacer su propio camino que, como ninguno, ha trazado los senderos hacia nuestros posibles futuros.

Aparte de la faceta de los DJ que brotaron de la escena del hip hop, otras partes del mundo contribuyeron al ascenso de la música electrónica en el gusto de las masas en todo el mundo, especialmente en Alemania y otros vecinos países de Europa, que comenzaron a gestar esta revolución; desde Vangelis, Kraftwerk, Daft Punk o Tangerine Dream, nuevas criaturas computarizadas evolucionaban, escondidas de los grandes dinosaurios del rock. Pero la escena de los raves comenzaba y rápidamente se volvió heredera de los ideales jipis, al menos en cuanto al pacifismo y la libertad sexual, mezclados con el consumo de alucinógenos y tachas para bailar toda la noche, ya que también proviene de las pistas de baile y las mezclas más oportunas de los pinchadiscos. Pronto las bandas, dúos o solistas de la música electrónica llegarían al nivel de las estrellas de rock en popularidad, pero por años fue algo muy subterráneo, a lo cual sólo se accedía a través de un círculo de amistades de confianza que supieran la ubicación secreta del evento de tecno, que generalmente se hacía en algún rincón paradisiaco o al menos un bodegón o fábrica abandonada: refugios ocultos de la sociedad.

Uno de los primeros subgéneros que realmente prendió a estas banderas fue el drum 'n' bass, que protagonizó raves obsesivos con las percusiones y los bajos de ritmo selvático y primitivo a la vez que salido de la ciencia ficción, a todo volumen; canciones como "Block Rockin' Beats" de los Chemical Broders podían repetirse en un loop de varias horas hasta llegar a un éxtasis de baile narcotizado con lisérgicos y los nuevos estimulantes de moda, como el MDMA, servidos en *smart drinks*.

Después vendría el reinado, al menos en México, del progresive y el psychodelic trance, viajes intergalácticos de máxima potencia. También el house, que era más fresón, fue bien recibido, así como un sinfín de repeticiones y variaciones que merecían nuevos nombres. Recuerdo particularmente a Infected Mushroom, que eran psychodelic trance pero también realizaban versiones de clásicos de rock, por ejemplo de los Doors.

Con el tiempo, muchos diyéis alcanzaron fama internacional y los raves se volvieron cada vez más exclusivos, en regiones remotas de zonas turísticas lujosas, a la vez que el género se popularizaba y versiones recalcitrantes poblaban las plazas más paupérrimas del país, casi seguramente del mundo. Artistas como DJ Shadow y Krush se volvieron referencias cultas de la electrónica, y fusiones roqueras como Unkle y Massive Attack irrumpieron en el inconsciente colectivo y las radios de Europa, acompañados de bandas de estéticas oscuras y hermosas como el denso erotismo de Portishead y Tricky. Así dio inicio algo que se conoció como "trip hop", con la participación de camaradas como las Morcheeba y Neneh Cherry. También Thom Yorke, de Radiohead, se lanzó como solista y se alejó lo más que pudo de los guitarrazos para incorporarse a este movimiento electrónico, mientras el visionario camaleón David Bowie hizo lo propio en su innovador *Earthling* (1997), en colaboración con Trent Reznor, de Nine Inch Nails (uno de los mejores representantes del lado oscuro de la electrónica, conocido como industrial o cyberpunk, con bandas precursoras como Ministry y su obsesiva maquinaria trituradora que escupía ritmos radicales como metrallas).

Todo esto ocurrió en sincronía con el despertar de otras frecuencias transgresoras, como los Primal Scream, quienes seducidos por sus computadoras engendraron la fusión de la electrónica con el rock; los prolíficos exploradores de Thievery Corporation y Banco de Gaia, que la fusionaron con *world music*. Por su parte, Moby despegó como una revelación ya incontenible de paisajes auditivos melancólicos o bailables, con más texturas que la ruta de la seda y de una sensibilidad nunca antes conocida en el planeta Tierra. Los neomúsicos realmente parecían venidos de otro mundo, allende las estrellas, o como si acaso recibieran su magia de visitantes extraterrestres, y con ellos el reinado de la música electrónica dio pasos decisivos para volverse omnipresente y proyectarse como un rayo láser hacia las profundidades del siglo XXI.

Cientos de proyectos exploraron todas las posibilidades de las nuevas tecnologías sonoras, como Orbital, The Orb, las muchas caras de Death In Vegas, los chill-outeros Borders of Canada (que hacían ambient exquisito), o Beefcake, que me desconcertó de forma agradable con su "intelligent noise" alienígena; sólo por elegir al azar. Al gran jefe le tocó oír esta forma nueva de hacer melodías y le encantaban algunas propuestas, como el hipercreativo David Holmes o Air Cuba, con su insólito disco muy chido que mezclaba viejos discursos de Fidel Castro con su ritmo superprendido.

Diyéis como Timo Maas y Roni Size se volvieron artistas de culto, clásicos en los festivales similares al Love Parade de Alemania que se repetían en los países que lo aceptaron, pues el techno también se volvió estandarte de la lucha por los derechos LGBTIQ+. Recuerdo rellenar píldoras con polvo cristalizado de MDMA para reventar en algún rave, o vertiendo la tacha en una botella plástica de agua alterada, que acompañaba al fiestero toda la noche mientras bailaba sin parar al ritmo de, por ejemplo, Deep Dish, a quienes se esperaba por días para escucharlos mezclar toda la noche en algún rave; Underworld y New

Order (los sobrevivientes de Joy Division) saltaron al estrellato con el insolente y muy popular soundtrack de *Trainspotting*, una piedra fundamental de esta cultura electrónica y sus copulaciones clandestinas con el rock. También se dieron a conocer proyectos irreverentes, como Aphex Twin, que podían crear música aterradora o muy bella, de ambient celestial, resguardando la puerta de posibilidades musicales prohibidas para la mayoría; eran otra faceta oculta de la electrónica, su lado oscuro. Por cierto, existe una banda reciente llamada Darkside que mezcla rock sicodélico con electrónica y vale mucho la pena.

El electro era la parte ruda del tecno, o de la electrónica, y aliado con las escenas cyberpunk e industrial llevarían la electrónica hasta los últimos niveles del infierno o los abismos del alma, con bandas durísimas de alma ruidosa y absolutamente negativa, de estética retadora, repulsiva y transgresora al máximo, como Ministry, Nine Inch Nails, Skinny Puppy, Jello Biafra o The Prodigy. En México, tuve la experiencia, para bien o para mal, de trabajar haciendo panchormances escandalosos y sin escrúpulos para la precaria escena de este tipo de electro junto a Binaria, un colectivo que aún sobrevive en la gran ciudad y que incluía proyectos como Hocico, Encefalisis, La Función de Repulsa, Veneno para las Hadas y demás compañía en los tiempos en que queríamos probar los límites de la realidad.

De México, en materia de ambient, tenemos a Fax o Murcof, y es imperativo mencionar a los norteños de Fussible, Nortec y compañía, que han creado su propia versión de contracultura y tecnología aplicando este arte moderno a la música popular.

Hoy en día, la cantidad de propuestas y proyectos de tecno, electro y electrónica son incalculables; la escena futurista es rica y prometedora, y aunque yo no soy experto ni mucho menos, me parece que su momento de mayor sorpresa por el momento ha pasado. De ningún tipo de música se pueden esperar más milagros tecnológicos, a no ser que la inteligencia artificial se robe estos ritmos e invente otros ídolos del tecno, esa música obsesiva, robótica y estroboscópica, vulgarmente conocida como "punchis-punchis", que llegó para apoderarse del mundo y lo que queda del alma humana, ese espíritu inquieto y vagabundo que en ningún lugar se refleja más claramente ni alcanza mayor éxtasis y catarsis que en sus danzas y cantares.

BANDA LOCAL

Como reza aquella rola de Molotov: "¡Apoyo incondicional a la banda local!". Un saludo desde acá, en Cuautla, Mugrelos, a mis cumpas Los Juguetes Rotos (que después fue Metalcóatl y Acero), banda que rondará siempre mis recuerdos juveniles y me reventaron un tímpano con su metal pesado que sonaba potente y prometedor... Espero que por algún milagro se conozca al fin el gran talento del Javo, como compositor ya de solista, atrapado sin salida en una pequeña habitación sin ventanas por razones de salud. Y brindo tambor por sus carnales, Ricky y el Roto, y por mi camarada el Jake en trombones y en la bataca el Delfín, que dan vida a la Tanga de Acero, bandera que rifa por mi barrio y anexas. Mis respetos, broders: su fidelidad es una inspiración para toda la organización, y mientras la música suene, no nos rendiremos; este pueblo fantasma necesita de nuestra fe ciega en el rocanrol, ¡luchemos contra el sistema y el reguetón, estamos juntos en esto!

Y mientras paso a saludar al Javo e su jaula, y revisito a La Tanga de Acero de sus carnales menores en algún bar de mala muerte; mientras los veo tocando con mucha fuerza y buena fortuna, me pregunto cuántos buenos rocanroleros no estarán igual de encallados en islas desiertas, lanzando al mar buenas rolas en mensajes embotellados, desconocidos para el mundo, guardianes solitarios de excelentes rolas que el mundo espera conocer. Si los dioses no nos sonríen pronto, podrían perderse, y sin embargo ellos saben cuánto amor fue puesto en estas canciones. Yo soy testigo también de cómo la música jamás abandona a sus fieles, aun si no los convierte a todos en estrellas de rock.

Banquete en el cielo
(o superbandas en el paraíso)

Con la llegada de la internet, que cambió todas las reglas del juego y puso en jaque a la industria de la música *mainstream*, pocas fueron las bandas que pudieron seguir dando la vuelta al mundo en ochenta días, con todo su equipo pa'rriba y pa'bajo; cosa que en los noventa pareció que podría volverse algo que cualquier grupúsculo con cierto éxito podría lograr. Pero pasado el umbral del año dos mil, poco a poco fue reduciéndose el número de los convidados a la mesa de los dioses del rock, y de pronto ya sólo un puñado de bandas pudieron hacerlo, como los Rolling Stones, Pink Floyd, Paul McCartney y Ringo Starr, AC/DC, Iron Maiden, Metallica, U2, The Cure, Guns N' Roses, Aerosmith o Radiohead. Y acaso, ya deslizándose bajo la puerta que se cierra sin piedad, alcanzaron a colarse también Rammstein, Coldplay, Muse, los Arctic Monkeys y Kings of Leon. Pero de pronto eso se acabó y ya sólo se puede esperar la visita de bandas de tal envergadura en los festivales colectivos, donde hay que pagar cantidades exorbitantes para ver a otros cientos de grupillos que uno no conoce o no le gustan, pero se los chuta uno (y a veces se sorprende felizmente) en la necedad de escuchar a alguna banda favorita que no puede llenar ya sola su propio estadio, bajo las voraces expectativas de Ticketmaster y otros monopolios mundiales del entretenimiento.

Pero mientras tanto, bajo esta superficie de inercia, los verdaderos artistas siguen creando o yacen soñando en sus moradas bajo el mar, como la siempre vital escena del folk, en México conocido como folclórico pero que en E. U. comprende lo que acá llamamos rupestres o troveros, músicos que hacen frente a la industria, resistiendo hoy y siempre al invasor, renaciendo con nuevos cantautores decididos a enfrentar la realidad con sus canciones de amor o protesta. Como Dylan (quien convertido en escritor con premio Nobel ha sacado un libro sobre sus insólitos gustos en música, donde me complace descubrir todas nuestras coincidencias), cuyos herederos incluyen a Nick Drake; el genial Sufjan Stevens; el entrañable Micah P. Hinson; desde luego Neil Young, su colega o hermano menor, maestro del rocanrol que no morirá jamás; el recién caído David Crosby y sus otros secuaces; así como la resurrección de Sixto *Sugar Man* Rodríguez, con el increíble documental del 2012; o la bella y atormentada Fiona Apple.

Hemos hablado de las corrientes y vanguardias que han hecho escuela, pero por suerte existen mil y una bandas inclasificables en la ya un tanto cuanto larga y gorda historia del rock, entre las cuales podría mencionar, nomás para probar boca, a los Trashmen, David Byrne y los Talking Heads, el incomparable David Bowie, los mismísimos U2, y la ya extinta R.E.M., que aparte de ser fenómeno de un solo hit en Universal Estéreo, con su inmortal "Losing My Religion", también dejaron una cava bien cargada de buenos discos y momentos muy iluminadores: Thom Yorke los reconoce como su gran influencia y se sabe que Stipe trabó amistad con él y tambor con Cobain, a quien, tal como ayudó a Thom, trató de salvar de sí mismo y de la depresión mortal incluida con la fama y las drogas. También Sinéad O'Connor, que nos arrancó un pedazo gigante de corazón y que acá en la casa es adorada, como de la familia. O qué tal Spiritualized, que mi padre alcanzó a estudiar con la pasión de sus viejos tiempos, enamorándose de esta banda como lo hizo antes de Pink Floyd, escuchándolos día y noche por meses, comprando todos sus discos y escribiendo sobre ellos en algún periódico de circulación nacional, un artículo que se incluye en su último libro de recopilación periodística, *El hotel de los corazones solitarios*. O Arcade Fire, caído en desgracia moral hace poco, pero que con sus tres primeros y geniales discos también hechizaron a mi papá y se adjudicaron el título de "clásico instantáneo" casi por unanimidad.

De vuelta en nuestro terruño morelense, agradezco todo el apoyo, el estilo oscuro y poético del maese Aguilera, de La Barranca, quizás el mejor guitarrista de este país desde Javier Bátiz y Santana. Reconozco el misterioso y seductor electropop de Billie Eilish, promesa de nuevas atracciones fatales, y me fascinan la morra de St. Vincent (no se pierdan su video de "Broken Man") y los mismos Beatles, quienes experimentaron en todos los géneros que les dio la gana y aparte inventaron su propia voz, que, gracias a su resurrección con el docu y los nuevos videos de Peter Jackson, aún le dan la vuelta al mundo como los cuatro vientos en sus buenos tiempos. Por acá escuchamos también indiscriminadamente el afinado motor de los Queens of the Stone Age, brindamos por los ancestros del T. Rex, cruzamos las fronteras con David Lindley y los Texas Tornados. Mi padre adoraba a Los Fugs y mi ex, de quién en este texto hay muchas recomendaciones, que se conservaron para celebrar nuestro romance gitano y fallido, me descubrió a Fink, Chet Faker y las invenciones de los innovadores Young Fathers; así como a TV on the Radio, de paradero desconocido. Igualmente aplaudimos los alaridos ninfomaniacos de los Yeah Yeah Yeahs, el fuego eléctrico de Jesus and Mary Chain, los deliciosos Cigarettes After Sex (aunque hay degenerados que los han clasificado como "ambient dream pop", *whatever tha fuck that is*) y así hasta el infinito... La lista de grupos o corrientes de las buenas ondas musicales del mundo mundial ya no terminará jamás; a muchas de ellas mi padre las coleccionó apasionadamente y nos las compartió a toda su familia, usted y yo incluidos. Esta partitura personal constituye una bitácora aventurada de las infinitas posibilidades de navegación en las rutas marítimas de la música moderna.

Pero vale la pena observar los renacimientos del rock clásico, que como la enredadera siempre viva vuelve a su esencia más primordial. A mi parecer algunas bandas nunca fallan en su eterno retorno a la fuente original de rebeldía y libertad, como ya en este nuevo siglo han buscado retornar a lo simple y puro, sin trucos ni pendejadas, The Black Crowes, The White Stripes, The Strokes, The Vines, The Hives, Arctic Monkeys, The Black Keys… etcétera. O la triste historia de la bellísima Amy Winehouse, quien conectó con el soul, el jazz, el viejo blues y la perdición del alcohol y las drogas, desbarrancándose como los y las más grandes y convirtiendo todas las canciones originales del inmortal *Back to Black* (2006) en un hechizo musical de magia negra, una nueva vuelta de tuerca que enamoró a millones y se subió para siempre al firmamento del rock & roll. Era una compositora fuera de serie y dueña de una voz extraordinaria comparable sólo con las de Aretha Franklin, Tina Turner o Lucha Reyes. Eso sin mencionar su belleza física, que tuvimos el dudoso honor de ver destruirse por todos los vicios antes mencionados y la crueldad del maldito sistema corrupto, que nos robaron a la última gran artista que las diosas del amor y musas del olimpo nos habían regalado. Hasta siempre, mi reina.

Eso me lleva a la recta final de este paseo por las estrellas y los inframundos de la música moderna, pero no podemos irnos sin elevar una plegaria para quienes han caído en nombre del rocanrol, quien quiera que fueran y donde sea que hayan caído; pero especialmente para aquellos que dejaron testamentos grabados en piedra, como la Hermandad de los Rockeros Muertos, que en mi opinión son lo más alto que podemos llegar en los círculos celestiales de la Ciudad Paraíso, el Reino de la luz, el olimpo del rock. Me refiero a Queen, Nirvana, Johnny Cash, Warren Zevon, David Bowie y Leonard Cohen, seis artistas que dejaron, cada uno, un último disco magistral, una *opus magnum* incuestionable que tiene el valor de haberse escrito, cantado y producido cuando la Muerte ya estaba tocando a la puerta de sus estudios de grabación, pues sabían que su tiempo en la Tierra estaba por llegar a su fin; estaban enfermos o heridos fatalmente, y sin embargo se levantaron para morir como los árboles, con los brazos levantados al cielo y cantando algunas de las mejores piezas de su carrera. Me refiero a los álbumes: *Innuendo* (1991); el *In Utero* (1993) y el *Unplugged in New York* (1994); el *American IV: The Man Comes Around* (2002); *The Wind* (2003), *Blackstar* (2016) y *You Want it Darker* (*also* 2016), respectivamente. Y podríamos incluir "Free as a Bird" de Lennon, regresando de entre los muertos para cantar otra vez *with a little help from his friends*. Esto, para mí, es lo más arriba que un compositor de rock puede volar; no tan alto como Beethoven, quizás, pero cerca. Nuestros espíritus se acercan al cielo cuando escuchamos a estos héroes del rocanrol, música clásica de ayer y hoy: brindo por su rastro estelar de luz nocturna, camaradas, aquí y ahora, y hasta siempre.

Y entonces, finalmente: ¿es tan universal, trascendente y abundante el rock como la música "clásica" que permanece en academias y palacios de bellas artes? Respuesta: sólo el tiempo lo dirá, hay que recordar que la música clásica reinó durante más de trecientos años y el rock en serio es una invención más bien reciente en comparación. Pero al parecer el rock ya acompañó a la humanidad hasta el umbral de su posible extinción, otra razón para revalorarlo.

Esta música, uno de los más grandes tesoros que se nos han heredado, fue el sustento espiritual de mi padre durante toda su vida. Él nos contagió de esta adicción a sus hijos y demás familia universal, y hasta sus últimos días, ya en su recámara convertida en un lecho mortal, fue el vínculo principal mediante el cual nos comunicamos con él, con su fuerza vital, su alegría innata, su carisma y brillo natural. Le poníamos su música favorita y él la coreaba o nos recitaba aún fragmentos de sus poesías favoritas, que como sabemos, también es una forma de música sin instrumentos. Así que se fue con esta gran fortuna, este que fue su último alimento cuando se puso en huelga de hambre y ya solo sorbía coca cola con un popote, pero recibía aún con profunda alegría sus viejas canciones, que fueron el último alimento de su alma.

Epílogo y posdata

Desde aquel entonces, primero en los sesenta cuando la idea se concibió y después en los ochenta, cuando se escribió la versión definitiva de este ensayo seminal, *La nueva música clásica* de José Agustín ya convocaba a todos los transgresores y transfronterizos a caminar hacia el futuro incierto del nuevo mundo; y aún nos invoca hoy en día como el eco de un aullido lejano. Vuelve con la fuerza de una premonición, nos llama a las o los amantes de la música, quienes padecemos distintas variaciones de esta musicofilia que, en mi caso, es hereditaria, siempreviva y terminal. Pero esta canción para inmigrantes, este llamado salvaje de la selva urbana, va para todos aquellos interesados incluso en los engranajes filosóficos detrás de las letras y melodías de los compositores, esos que uno se siente tan irremediablemente seducido a intentar memorizar y aprender. Aquí mi jefe desentraña las teorías, hace críticas e investigaciones dignas de las fonotecas, como un guardia de sus obsesiones auditivas. Sentiremos el llamado aquellos que nos apasionamos por las múltiples armonías sónicas, independientemente de la época, el país o el género; encontraremos que este libro es todavía un trago del elixir fresco y embriagador que fue cuando irrumpió tan insolente y seguro de sí mismo, como el primer día de su primera edición o su concepción. Como todas las letras vivas del jefe, esta serie de pequeños audio-ensayos contagia su pasión por los autores, intérpretes y bandas que habitan sus páginas, y nos invita a pasear o navegar por toda la noche profunda, en el cielo fantástico de la música, el arte predilecto de los dioses, las musas y la humanidad; nos reúne alrededor de su fogata intemporal a quienes hacemos de la música una parte esencial de nuestras almas y espíritus, pues nos dota de una luz invisible que nos acompaña durante toda nuestra vida y un pedazo del más allá. Este libro nos llama hoy otra vez a alumbrar sus letras rítmicas esta noche, bajo el reflector de su controvertida propuesta y el carácter contracultural en las letras del jefe, don J. A., el joven escritor iconoclasta plagado de ideas rebeldes, concebidas algunos años antes de que fuera mi padre.

Se trata de un texto insólito, un coctel exótico y alucinógeno, no sólo extraño en la historia de la investigación musical mexicana y los ensayos sobre nuestra cultura moderna, sino incluso una rareza dentro de la propia producción de José Agustín. Es un placer vuelto presagio, como los que sólo él supo darse y compartir con los simpatizantes de ese poderoso movimiento cultural de alcances ya longevos e internacionales, conocido simplemente como rocanrol, rock & roll, o el rock a secas: la gran roca rodante sobre la que algunos millones de locos aun rolamos hoy. Salud, Jefe, tus lectores, amigos y familia te saludamos; mil y un gracias por toda la música, y por todo lo demás. Hasta siempre.

Discografía básica de 1980
a la actualidad

Quisiera agregar los siguientes agradecimientos a todos los y las involucradas en la realización de este banquete, a quienes leyeron y aportaron al texto y a los habitantes de La Isla de Encanta, que me ayudaron a conformar la lista complementaria al final de este libro. Me refiero a Pedro Moreno, Andrés y Jesús Ramírez Bermúdez, Aldo Reyna, Mariel Argüello, Valdemar Ayala Gándara, Brian Price, Edgardo Bustamante, René Roquet, Asael Grande, Bruno Bartra, Silvestre Vibrero, Omar Reveles, José Buil, Hermann Bellinghausen, Karen Lizama, Benjamín Anaya, Iván Nieblas, el Patas y, especialmente, a Margot Cortázar.

Además, también considero justo y necesario extender agradecimientos a todos los y las involucrados en la realización de los tributos rockeros ofrecidos en apoyo a la memoria de la vida y obra de José Agustín, así como a quienes fueron decididos camaradas y simpatizantes de su causa en los años dorados del rocanrol: Juan Villoro; Nacho Pineda y el Multiforo Alicia; Belafonte Sensacional; Emiliano Escoto y la Pulquería Los Insurgentes; el espíritu de Carlos Martínez Rentería y los compas de Generación; José Manuel Aguilera y La Barranca;

Leticia Luna y todas las personas que hicieron posible el homenaje de cenizas presentes en el Palacio de Bellas Artes; Guillermo Briseño y la Feria del libro de Minería; Javier Merino y la Biblioteca Pública Municipal Abraham Rivera Sandoval, de Cuautla; Pedro Friedeberg; Luis Humberto Crosthwaite; Nina Galindo; José Cruz y Real de Catorce; el maese Jaime López; el Brujo Javier Bátiz y, por último, a los espíritus siempre vivos de Parménides García Saldaña y Rockdrigo González. Etcétera, etcétera (ustedes saben quiénes son). A todos y todas, mil y un gracias.

1980

Rush
Moving Pictures (1981)
Die Haut & Nick Cave
Burnin' the Ice (1983)
Ray Manzarek
Carmina Burana (1983)
Brian Eno
Apollo (1983)
Charly García
Clics modernos (1983)
Piano Bar (1984)
New Order
Power, Corruption & Lies (1983)
Rodrigo González
Hurbanistorias (1984)
The Smiths
The Smiths (1984)
The Queen Is Dead (1986)

Tom Waits
  Rain Dogs (1985)
Tears for Fears
  Songs from the Big Chair (1985)
Fito Páez
  Giros (1985)
Casino Shanghai
  Film (1985)
Los Prisioneros
  Pateando piedras (1986)
Real de Catorce
  Real de Catorce (1987)
Cecilia Toussaint
  Arpía (1987)
Sinéad O'Connor
  The Lion and the Cobra (1987)
El Personal
  No me hallo (1988)
Mano Negra
  Patchanka (1988)
  Puta's Fever (1989)
The The
  Mind Bomb (1989)
The Stone Roses
  The Stone Roses (1989)
Pixies
  Doolittle (1989)
The Cure
  Disintegration (1989)

1990

Soda Stereo
Canción animal (1990)
Dynamo (1992)
Los Prisioneros
Corazones (1990)
Fobia
Fobia (1990)
Caifanes
Caifanes Vol. II (El Diablito) (1990)
El silencio (1992)
AC/DC
The Razors Edge (1990)
Jane's Addiction
Ritual de lo Habitual (1990)
John Zorn
Naked City (1990)
Depeche Mode
Violator (1990)
Iggy Pop
Brick by Brick (1990)
Sonic Youth
Goo (1990)
Pantera
Cowboys from Hell (1990)
El Haragán y Compañía
Valedores juveniles (1990)
Guns N' Roses
Use Your Illusion I y *II* (1991)

Stevie Ray Vaughan & Double Trouble
The Sky Is Crying (1991)
Red Hot Chili Peppers
Blood Sugar Sex Magik (1991)
Size
Size (1991)
Pearl Jam
Ten (1991)
Nirvana
Nevermind (1991)
In Utero (1993)
MTV Unplugged in New York (1993)
Metallica
Metallica (1991)
La Maldita Vecindad y los Hijos del Quinto Patio
El circo (1991)
R.E.M.
Out of Time (1991)
Automatic for the People (1992)
Lenny Kravitz
Mama Said (1991)
Queen
Innuendo (1991)
Joe Satriani
The Extremist (1992)
Gin Blossoms
New Miserable Experience (1992)
Cuca
La invasión de los blátidos (1992)
Leonard Cohen
The Future (1992)

Fito Páez
El amor después del amor (1992)
Banda Bostik
Viajero (1992)
PJ Harvey
Dry (1992)
To Bring You My Love (1995)
Tijuana No!
No (1992)
The Black Crowes
The Southern Harmony and Musical Companion (1992)
Rage Against the Machine
Rage Against the Machine (1992)
Santa Sabina
Símbolos (1993)
La Castañeda
Servicios generales II (1993)
Neil Young
Unplugged (1993)
James
Laid (1993)
The Smashing Pumpkins
Siamese Dream (1993)
Morphine
Cure For Pain (1993)
Like Swimming (1997)
Wu-Tang Clan
Enter the Wu-Tang (36 Chambers) (1993)
Counting Crows
August and Everything After (1993)

Beastie Boys
Ill Communication (1994)
Botellita de Jerez
Forjando patria (1994)
Alice in Chains
Jar of Flies (1994)
Eric Clapton
From the Cradle (1994)
Charly García
La hija de la lágrima (1994)
Hello! MTV *Unplugged* (1995)
Café Tacvba
Re (1994)
Oasis
Definitely Maybe (1994)
(What's the Story) Morning Glory? (1995)
John Oswald
Grayfolded: Transitive Axis (1994)
Jeff Buckley
Grace (1994)
No-Man
Flowermouth (1994)
Portishead
Dummy (1994)
Aphex Twin
Selected Ambient Works Volume II (1994)
Nine Inch Nails
The Downward Spiral (1994)
The Fragile (1999)
Soundgarden
Superunknown (1994)

Morrissey
Vauxhall and I (1994)
Primal Scream
Give Out but Don't Give Up (1994)
Hole
Live Through This (1994)
Pulp
His 'n' Hers (1994)
This Is Hardcore (1998)
The Rolling Stones
Voodoo Lounge (1994)
Nick Cave and the Bad Seeds
Let Love In (1994)
The Boatman's Call (1997)
Los Tigres del Norte
El ejemplo (1995)
Cypress Hill
Cypress Hill III: Temples of Boom (1995)
Nusrat Fateh Ali Khan & Michael Brook
Night Song (1995)
Supergrass
I Should Coco (1995)
The Cardigans
Life (1995)
Radiohead
The Bends (1995)
OK Computer (1997)
Elastica
Elastica (1995)
Mad Season
Above (1995)

Garbage
Garbage (1995)
The Charlatans
The Charlatans (1995)
Blur
The Great Escape (1995)
13 (1999)
Azul Violeta
Globoscopio (1996)
The Wallflowers
Bringing Down the Horse (1996)
Tool
Ænima (1996)
Patti Smith
Gone Again (1996)
Dead Can Dance
Spiritchaser (1996)
Beck
Odelay (1996)
David Torn
What Means Solid, Traveller? (1996)
DJ Shadow
Endtroducing… (1996)
Lucybell
Viajar (1996)
Lucybell (1998)
Control Machete
Mucho barato (1997)
El Gran Silencio
Libres y locos (1997)

Spiritualized
Ladies and Gentlemen We Are Floating In Space (1997)
La Barranca
Tempestad (1997)
Björk
Homogenic (1997)
David Bowie
Earthling (1997)
Hours (1999)
The Verve
Urban Hymns (1997)
Buena Vista Social Club
Buena Vista Social Club (1997)
Massive Attack
Mezzanine (1998)
Manu Chao
Clandestino (1998)
Plastilina Mosh
Aquamosh (1998)
Fat Boy Slim
You've Come a Long Way, Baby (1998)
Hole
Celebrity Skin (1998)
Marilyn Manson
Mechanical Animals (1998)
Manic Street Preachers
This Is My Truth Tell Me Yours (1998)
Olu Dara
In the World: From Natchez to New York (1998)
Unkle
Psyence Fiction (1998)

Lost Acapulco
4 (1998)
The Chemical Brothers
Surrender (1999)
Gustavo Cerati
Bocanada (1999)
Zurdok
Hombre sintetizador (1999)
Moby
Play (1999)
Jim O'Rourke
Eureka (1999)
Panteón Rococó
A la izquierda de la Tierra (1999)
Muse
Showbiz (1999)
Tom Waits
Mule Variations (1999)
Death in Vegas
The Contino Sessions (1999)

2000

María Gabriela Epumer
Perfume (2000)
David Holmes
Bow Down to the Exit Sign (2000)
Morphine
The Night (2000)

The Hives
Veni Vidi Vicious (2000)
No Doubt
Return of Saturn (2000)
A Perfect Circle
Mer de Noms (2000)
Billy Bragg & Wilco
Mermaid Avenue Vol. II (2000)
Queens of the Stone Age
Rated R (2000)
The Dandy Warhols
Thirteen Tales from Urban Bohemia (2000)
Gorillaz
Gorillaz (2001)
Radiohead
Kid A (2001)
Gotan Project
La revancha del tango (2001)
Tool
Lateralus (2001)
Muse
Origin of Symmetry (2001)
Hullabaloo Soundtrack (2002)
The Strokes
Is This It (2001)
The White Stripes
White Blood Cells (2001)
Elephant (2003)
System of a Down
Toxicity (2001)

Zoé
Zoé (2001)
Kinky
Kinky (2002)
Sigur Rós
( ) (2002)
Craig Armstrong
As If to Nothing (2002)
Panteón Rococó
Compañeros musicales (2002)
Wilco
Yankee Hotel Foxtrot (2002)
Moby
18 (2002)
Múm
Finally We Are No One (2002)
The Vines
Highly Evolved (2002)
The Flaming Lips
Yoshimi Battles the Pink Robots (2002)
Robert Plant
Dreamland (2002)
Johnny Cash
American IV: The Man Comes Around (2002)
Tom Waits
Alice / Blood Money (2002)
Radio Futura
Caja de canciones (2003)
Placebo
Sleeping with Ghosts (2003)

Telefunka
Electrodoméstico (2003)
Rufus Wainwright
Want One (2003)
Thievery Corporation
The Richest Man in Babylon (2002)
Austin TV
La última noche del mundo (2003)
Fontana Bella (2007)
M83
Dead Cities, Red Seas & Lost Ghosts (2003)
Yeah Yeah Yeahs
Fever to Tell (2003)
Waren Zevon
The Wind (2003)
The Mars Volta
De-Loused in the Comatorium (2003)
The Distillers
Coral Fang (2003)
Arcade Fire
Funeral (2004)
Neon Bible (2007)
Interpol
Antics (2004)
Patti Smith
Trampin' (2004)
Morrissey
You Are the Quarry (2004)
Porter
Donde los ponys pastan (2005)

Babasónicos
Anoche (2005)
Antony and the Johnsons
I Am a Bird Now (2005)
Brian Eno
Another Day on Earth (2005)
Shakira
¿Dónde están los ladrones? (2005)
Audia Valdez
EL (2005)
Fiona Apple
Extraordinary Machine (2005)
Oasis
Don't Believe the Truth (2005)
Ry Cooder
Chávez Ravine (2005)
Death Cab For Cutie
Plans (2005)
My Morning Jacket
Z (2005)
Devendra Banhart
Cripple Crow (2005)
Black Rebel Motorcycle Club
Howl (2005)
Daft Punk
Discovery (2005)
Belle And Sebastian
The Life Pursuit (2006)
Placebo
Meds (2006)

Gustavo Cerati
Ahí vamos (2006)
Ely Guerra
Pa' morirse de amor (2006)
Instituto Mexicano del Sonido
Méjico Máxico (2006)
Thom Yorke
The Eraser (2006)
Cat Power
The Greatest (2006)
David Gilmour
On an Island (2006)
Amy Winehouse
Back to Black (2007)
Richard Hawley
Lady's Bridge (2006)
Porcupine Tree
Fear of a Blank Planet (2007)
The Incident (2009)
Arctic Monkeys
Favourite Worst Nightmare (2007)
Humbug (2009)
Vampire Weekend
Vampire Weekend (2007)
Enjambre
El segundo es felino (2008)
Nortec Collective
Nortec Collective Presents: Bostich + Fussible | Tijuana Sound Machine (2008)
Lambchop
OH (ohio) (2008)

Fleet Foxes
Fleet Foxes (2008)
Hello Seahorse!
Bestia (2009)
The Dead Weather
Horehound (2009)
Memory Tapes
Seek Magic (2009)
Wild Beasts
Two Dancers (2009)
Vivian Girls
Everything Goes Wrong (2009)
Compilados:
I'm Your Man. Motion Picture Soundtrack (2006)
Twin Peaks Music: Season Two Music And More (2007)

2010

LCD Soundsystem
This Is Happening (2010)
Enjambre
Daltónico (2010)
The National
High Violet (2010)
El Guincho
Pop negro (2010)
Danger Mouse & Sparklehorse
Dark Night of the Soul (2010)
Apparat
The Devil's Walk (2011)

M83
Hurry Up, We're Dreaming (2011)
Zoé
MTV *Unplugged/Música de fondo* (2011)
Tom Waits
Bad as Me (2011)
David Byrne & St. Vincent
Love This Giant (2012)
Rodríguez
Searching for Sugar Man. Original Motion Picture Soundtrack (2012)
David Lynch
The Big Dream (2013)
Arctic Monkeys
AM (2013)
The War on Drugs
Lost in the Dream (2014)
David Maxim Micic
Eco (2015)
Who Bit The Moon (2017)
The Last Shadow Puppets
Everything You've Come to Expect (2016)
Leonard Cohen
You Want It Darker (2016)
David Bowie
Blackstar (2016)
Caterina Barbieri
Patterns of Consciousness (2017)
Silvana Estrada
Lo sagrado (2017)
Thom Yorke
Anima (2019)

Belafonte Sensacional
Soy piedra (2019)

2020

The Strokes
The New Abnormal (2020)
Thurston Moore
By the Fire (2020)
Green Day
Father Of All Motherfuckers (2020)
AC/DC
Power Up (2020)
Pearl Jam
Gigaton (2020)
Bob Dylan
Rough and Rowdy Ways (2020)
Ozzy Osbourne
Ordinary Man (2020)
Caterina Barbieri
Fantas Variations (2021)
Foo Fighters
Medicine at Midnight (2021)
Kings of Leon
When You See Yourself (2021)
The Killers
Pressure Machine (2021)
St. Vicent
Daddy's Home (2021)

Nick Cave & Warren Ellis
Carnage (2021)

Gustavo Cerati
14 episodios sinfónicos (2022)

Jack White
Fear of the Dawn (2022)

Spiritualized
Everything Was Beautiful (2022)

The Smile
A Light for Attracting Attention (2022)
Wall of Eyes (2023)

Kendrick Lamar
Mr. Morale & the Big Steppers (2022)

Fantastic Negrito
White Jesus Black Problems (2022)

Interpol
The Other Side of Make-Believe (2022)

Diles que no me maten
Obrigaggi (2023)

Young Fathers
Heavy (2023)

Gorillaz
Cracker Island (2023)

Depeche Mode
Memento Mori (2023)

Peter Gabriel
I/O (2023)

The Last Dinner Party
Prelude to Ecstasy (2023)

Four Tet
Three (2024)

Kim Gordon
The Collective (2024)

Agrega aquí las bandas que, a tu parecer, debimos haber incluido: